权威·前沿·原创

皮书系列为
"十二五""十三五"国家重点图书出版规划项目

智库成果出版与传播平台

中国社会科学院创新工程学术出版资助项目

中国民族发展报告（2020）

ANNUAL REPORT ON THE DEVELOPMENT OF ETHNIC IN CHINA (2020)

民族地区决胜全面小康

中国社会科学院民族学与人类学研究所
中国社会科学院铸牢中华民族共同体意识研究基地／编
主　编／王延中
副主编／方　勇　尹虎彬　丁　赛

社会科学文献出版社
SOCIAL SCIENCES ACADEMIC PRESS (CHINA)

图书在版编目（CIP）数据

中国民族发展报告. 2020：民族地区决胜全面小康 / 王延中主编. -- 北京：社会科学文献出版社，2020.10
（民族发展蓝皮书）
ISBN 978 - 7 - 5201 - 6597 - 6

Ⅰ. ①中… Ⅱ. ①王… Ⅲ. ①民族发展 - 研究报告 - 中国 - 2020②民族地区 - 小康建设 - 研究报告 - 中国 - 2020 Ⅳ. ①D633.1②F127.8

中国版本图书馆 CIP 数据核字（2020）第 069402 号

民族发展蓝皮书
中国民族发展报告（2020）
——民族地区决胜全面小康

主　　编 / 王延中
副 主 编 / 方　勇　尹虎彬　丁　赛

出 版 人 / 谢寿光
组稿编辑 / 宋月华
责任编辑 / 周志静

出　　版 / 社会科学文献出版社 · 人文分社（010）59367215
地址：北京市北三环中路甲 29 号院华龙大厦　邮编：100029
网址：www.ssap.com.cn
发　　行 / 市场营销中心（010）59367081　59367083
印　　装 / 三河市东方印刷有限公司

规　　格 / 开 本：787mm × 1092mm　1/16
印 张：19.25　字 数：286 千字
版　　次 / 2020 年 10 月第 1 版　2020 年 10 月第 1 次印刷
书　　号 / ISBN 978 - 7 - 5201 - 6597 - 6
定　　价 / 178.00 元

铸牢中华民族共同体意识系列

主要编撰者简介

王延中　山东东平人。北京大学社会学博士，中国社会科学院民族学与人类学研究所所长、研究员，《民族研究》主编，中国社会科学院研究生院教授，兰州大学等高校兼职教授，兼任中国民族学学会会长、中国人类学民族学研究会副会长。目前主要从事民族理论与民族政策、民族地区发展、劳动社会保障等问题研究，主持“21世纪初中国少数民族地区经济社会发展综合调查”“民族团结云南经验”等重大项目和中国社会科学院西藏智库办公室工作，获得国务院政府特殊津贴、“新世纪百千万人才”工程国家级人选、文化名家暨“四个一批”人才等荣誉称号。

方　勇　江苏淮安人。中国社会科学院民族学与人类学研究所党委书记，教授。兼任中国世界民族学会常务副会长、《世界民族》杂志主编等职务。曾被国务院授予享受政府特殊津贴“突出贡献专家”。主持国家及省部级重要科研项目、重大国情调研项目和基地项目多项，在国内外刊物上发表论文70多篇。

尹虎彬　朝鲜族，辽宁宽甸人，法学博士。中国社会科学院民族学与人类学研究所副所长、研究员。中国民族语言学会会长、中国民俗学会副会长。主要学术领域为民俗学、中国少数民族文学。主持完成中国社会科学院级重大课题多项。主要著作有《古代经典与口头传承》（专著）、《故事的歌手》（译著）等。

丁　赛　中国社会科学院民族学与人类学研究所民族经济研究室主任。

研究专长为西部民族地区经济发展、少数民族劳动力流动、收入分配等。目前已在《中国社会科学》、《经济研究》、《民族研究》、《经济学（季刊)》、*The China Quarterly*、*China Economic Review*、*Review of Income and Wealth*、*Feminist Economics*、*The Review of Black Political Economy*、*Review of Disability Studies: An International Journal* 等中外文学术期刊发表论文40余篇，出版专著两部。主持并参与了多项国家社科基金重点及一般项目、中国社会科学院创新工程项目等。

摘　要

党的十八大报告向世人宣告“确保到二〇二〇年实现全面建成小康社会宏伟目标”。2015 年《中共中央国务院关于打赢脱贫攻坚战的决定》提出：“举全党全社会之力，坚决打赢脱贫攻坚战。”党的十九大报告发出了“决胜全面建成小康社会”的动员令，脱贫攻坚力度空前，成效显著，全面建成小康社会的目标指日可待。

2018～2019 年民族地区特别是“三区三州”贫困发生率显著下降；脱贫攻坚取得决定性成效。总体而言，民族地区和“三区三州”在脱贫攻坚和全面建设小康社会进程中的成功经验体现为：高度重视、高位推动脱贫攻坚工作；目标明确且层层夯实责任，发挥了集中力量办大事的制度优势和制度高效。着力脱贫攻坚工作的提质增效，财政投入和对口援助增速加快，全国形成合力，集中力量攻坚克难。以产业扶贫为主导因地制宜不断创新扶贫方式、以脱贫攻坚统揽经济社会发展全局，注重健全稳定脱贫的长效机制。党建扶贫发力，各级党政军企事业单位定点、驻村、结对认亲等帮扶措施多样，扶志与扶智相互融合，多方协同助力脱贫攻坚。

同时，本书也分析了民族地区现实中面临的挑战和问题，认为主要集中在：深度贫困地区脱贫任务艰巨，防止返贫的相关工作还需进一步加强，因地制宜确定对摘帽县和脱贫人口的扶持政策的持续时间有很大难度；产业扶贫中优势特色产业占比有待提高，一些产业发展后劲乏力，自我发展能力还未真正养成；贫困人群的市场竞争意识不强，自我发展内生动力不足的问题很难短时间扭转，贫困地区教育基础薄弱，贫困代际传递的阻断还需进一步努力。本书的“三区三州”分报告在结合当地具体现实基础上，分别总结了更为详尽的脱贫攻坚做法、经验和遇到的困难和问题，并基于此在宏观政策、政府干部和个体层面提出了相应的对策建议。

本书重点研究了“三区三州”脱贫攻坚的实践进程与取得的成效，同时包括了民族地区旅游扶贫、易地搬迁扶贫、产业扶贫、央企扶贫和独龙族整族脱贫的专题报告，为民族地区特别是“三区三州”完胜脱贫攻坚和全面建成小康社会提供了现实参照。

目　录

Ⅰ　总报告

Ⅱ　地区分报告

Ⅲ　专题报告

皮书数据库阅读**使用指南**

总　报　告

General Report

B.1
民族地区脱贫攻坚与决胜全面小康的成就、经验与挑战

王延中　丁　赛*

摘　要： 2018～2019年民族地区特别是"三区三州"贫困发生率显著下降，脱贫攻坚取得决定性成效。总体而言，民族地区特别是"三区三州"在脱贫攻坚和全面建设小康社会进程中的成功经验体现为：高度重视、高位推动脱贫攻坚工作，目标明确且层层夯实责任，发挥了集中力量办大事的制度优势和制度效率；着力脱贫攻坚工作的提质增效，财政投入和对口援助增速加快，全国形成合力，集中力量攻坚克难；以产业扶贫为主导因地制宜不断创新扶贫方式、以脱贫攻坚统揽经济社会发展全

* 王延中，中国社会科学院民族学与人类学研究所所长、研究员；丁赛，中国社会科学院民族学与人类学研究所民族经济研究室主任、研究员。

局，注重健全稳定脱贫的长效机制；党建扶贫发力，各级党政军企事业单位定点、驻村、结对认亲等帮扶措施多样，扶志与扶智相互融合，多方协同助力脱贫攻坚。现实中面临的挑战和问题主要集中在：深度贫困地区脱贫任务艰巨，防止返贫的相关工作还需进一步加强，因地制宜确定对摘帽县和脱贫人口的扶持政策的持续时间有很大难度；产业扶贫中优势特色产业占比有待提高，一些产业发展后劲乏力，地区自我发展能力还未真正养成；贫困人群的市场竞争意识不强，自我发展内生动力不足的问题很难短时间扭转，贫困地区教育基础薄弱，贫困代际传递的阻断还需进一步努力。为此，本文在宏观政策、政府干部和个体层面提出了相应的对策建议。

关键词： 脱贫攻坚　全面小康社会　产业扶贫　教育扶贫

《中共中央国务院关于打赢脱贫攻坚战的决定》自 2015 年开始实施，2018 年又发布了《中共中央国务院关于打赢脱贫攻坚战三年行动的指导意见》；2019 年国务院扶贫开发领导小组印发了《关于解决“两不愁三保障”突出问题的指导意见》。上述政策的出台彰显了党中央对脱贫攻坚的高度重视，“一个都不能少”的决心，上下协同一致将攻坚克难真正地落到实处。

党的十八大以来，全国累计减少贫困人口 8239 万人，每年都保持减贫 1200 万人以上①。《政府工作报告（2019 年）》指出，截至 2018 年底全国农村贫困人口减少到 1660 万人，贫困发生率降至 1.7%；全国 832 个贫困县中有 436 个摘帽，全国 12.8 万个贫困村有 10.2 万个脱贫，区域性整体贫困明显缓解②。

---

① 徐惠喜：《中国减贫成就举世瞩目》，《经济日报》2019 年 10 月 17 日第 6 版。

② 李克强：《政府工作报告（2019 年）》，中国政府网，http://www.gov.cn/zhuanti/2019qgln/2019lhzfgzbg/。

2019 年，全国 340 个左右贫困县摘帽、1000 多万人实现脱贫①。

从人类发展和世界范围来看，扶贫是一项永恒使命。世界银行 2018 年报告中提出："到 2030 年终结极端贫困。促进共享繁荣。"相应确定为两大目标：第一个目标是减少全球每天生活费不足 1.90 美元人口所占比例；第二个目标是提高各国最贫困 40% 人口的收入。中国是第一个实现联合国千年发展目标的国家，是发展中国家的典范。这不仅是人类历史上的奇迹，也使国际社会对消除贫困的斗争充满信心，并为世界可持续发展做出贡献②。2018 年，第 73 届联合国大会通过关于消除农村贫困的决议，把中国倡导的"精准扶贫"理念与实践写入其中，中国为全球消除贫困提供了经验③。

我国从改革开放初期的救济式扶贫，经过救济式扶贫与开发式扶贫相结合的探索，到如今的精准扶贫、精准脱贫，全国各地特别是民族地区以及深度贫困的"三区三州"在 2018 ~2019 年通过旅游扶贫、产业扶贫、生态扶贫、党建扶贫等各种方式，不断创新扶贫模式，不断提高贫困地区的可持续发展能力，走出了一条中国特色的减贫道路。

一 "三区三州"和民族地区脱贫攻坚成效（2018~2019年）

2019 年是新中国成立 70 周年，也是全面建成小康社会的关键之年，民族地区特别是深度贫困的"三区三州"以习近平新时代中国特色社会主义思想为指导，深入学习领会习近平总书记关于扶贫工作重要论述，认真贯彻《中共中央国务院关于打赢脱贫攻坚战三年行动的指导意见》，经过各级政

① 《经济日报》评论员：《平凡书写伟大实干笃定前行——学习习近平主席二〇二〇年新年贺词》，《经济日报》2020 年 1 月 3 日第 3 版。

② 《为中国扶贫成就点赞》（保加利亚媒体刊文），《经济日报》2020 年 1 月 3 日第 8 版。

③ 徐惠喜：《中国减贫成就举世瞩目》，《经济日报》2019 年 10 月 17 日第 6 版。

府不懈努力，2019 年全国 340 个左右贫困县摘帽、1000 多万人实现脱贫[①]。

民族地区自脱贫攻坚战启动至今，扶贫成效举世瞩目，2018 年民族地区贫困发生率降至4%，虽然高于 1.7% 的全国贫困发生率，但和 2017 年相比，降低了 2.9 个百分点；贫困人口减少了 429 万人（见表 1）。但从相对值看，2017 年民族八省区贫困人口占全国贫困人口比例为 33.9%，2018 年却上升至 36.3%。2019 年，民族地区和“三区三州”的脱贫攻坚已进入最后冲刺阶段，面临最难啃的硬骨头。

表 1　民族八省区、全国贫困人口和贫困发生率比较

年份	贫困人口（万人）		贫困发生率（%）	
	民族八省区	全国	民族八省区	全国
2013	2562	8249	17.1	8.5
2014	2205	7017	14.7	7.2
2015	1813	5575	12.1	5.7
2016	1411	4335	9.4	4.5
2017	1032	3046	6.9	3.1
2018	603	1660	4.0	1.7
2019	119	—	0.79	—

注：表中 2013～2016 年数据摘自张丽君、吴本健、王飞、马博等著《中国少数民族地区扶贫进展报告（2017）》（中国经济出版社，2017，第 4～5 页），2017 年和 2018 年数据摘自刘小珉、丁赛著《西藏脱贫攻坚研究报告》，2019 年数据摘自《国家民委主任：民族八省区贫困人口发生率已从 4% 下降到 0.79%》（经济日报－中国经济网，2020 年 1 月 11 日，http://www.ce.cn/xwzx/gnsz/gdxw/202001/11/t20200111_34102676.shtml）。

（一）“三区三州”脱贫攻坚迈出坚实步伐

2019 年，中央财政专项扶贫资金增量 200 亿元主要用于“三区三州”等深度贫困地区；“三区三州”资金到位率超过 3 年计划的 95%，项目完工

① 《经济日报》评论员：《平凡书写伟大实干笃定前行——学习习近平主席二〇二〇年新年贺词》，《经济日报》2020 年 1 月 3 日第 3 版。

率超过 85%；“三区三州”贫困人口由 2018 年的 172 万人减少到 2019 年底的 43 万人，贫困发生率由 8.2% 下降到 2%，贫困发生率下降幅度比西部地区平均水平高出 3.6 个百分点①。

2018 年，新疆除南疆四地州外的地区绝对贫困问题基本解决，新疆全区 53.7 万人脱贫、513 个贫困村退出、3 个贫困县摘帽，全区贫困发生率降至6.51%②。2019 年，新疆脱贫攻坚取得决定性进展，预计实现 64.5 万贫困人口脱贫、976 个贫困村退出、12 个贫困县摘帽，贫困发生率降至 1.2%③。2018 年，南疆四地州共有 48.69 万贫困人口实现脱贫、513 个贫困村退出，贫困发生率由 2017 年底的 18.3% 下降至 2018 年底的 10.51%。④

截至 2018 年底，西藏已实现 55 个贫困县（区）摘帽，摘帽总数居全国首位。实现“4714 个贫困村（居）退出、47.8 万人脱贫，贫困发生率由 2015 年之前的 35.2% 下降到 6% 以下”，⑤ 目前剩余的 19 个贫困县（区）基本达到摘帽条件，正在接受或刚刚通过第三方考核评估。可以说，西藏率先在深度贫困地区“三区三州”中实现整体脱贫⑥。

甘肃临夏州在 2018 年投入财政扶贫资金 26 亿元、同比增长 108%，整合涉农资金 27.8 亿元，全年有 11.22 万人脱贫，实现贫困村退出 160 个，

---

① 曹红艳、黄俊毅、陆敏：《三大攻坚战取得关键进展》，《经济日报》2020 年 1 月 5 日第 2 版。

② 雪克来提·扎克尔：《新疆维吾尔自治区政府工作报告（2019 年）》，《新疆日报》2019 年 2 月 14 日第 1 版。

③ 王兴瑞：《新疆脱贫攻坚取得决定性进展》，《新疆日报》2020 年 1 月 7 日，http：//www.xj.xinhuanet.com/2020－01/07/c_ 1125430431.htm。

④ 王兴瑞：《全区脱贫攻坚战线收缩至南疆四地州》，《新疆日报》2019 年 2 月 22 日第 1 版。

⑤ 常川：《西藏脱贫成效连续 3 年获国办表扬　今年将确保剩余 19 个贫困县摘帽》，中国西藏新闻网，2019 年 5 月 26 日，http：//www.xzxw.com/xw/201905/t20190526_ 2633714.html。另外，西藏自治区扶贫办最近发布的有关 2015 年左右的贫困人口、贫困发生率的数据与国家民委 2018 年公布的《2017 年民族地区农村贫困监测情况》相关数据，有一定差异，可能的原因是西藏自治区扶贫办最近公布的相关数据是后来动态调整的数据。当然，无论哪个口径，都可以说明脱贫攻坚以来西藏减贫的成就。

⑥ 参见本书刘小珉《西藏自治区深度贫困破解与决胜全面小康社会建设》一文。

贫困发生率下降到8.97%，临夏市实现脱贫摘帽①。

四川凉山彝族自治州截至2018年底，实现19.9万人脱贫、500个贫困村退出；完成易地扶贫搬迁11.2万人，建成彝家新寨302个、藏区新居1675户，改造农村危房2.3万户、土坯房8.82万户，66.6%的贫困群众住上好房子②。2018年，凉山州剩余贫困人口30.9万人，贫困发生率为7.1%，剩余贫困村618个，整体性贫困问题得到根本改变，深度贫困状况显著减轻③。2019年底23.8万人、445个村达到脱贫退出标准，完成14.1万人脱贫、318个村退出任务，实现雷波、甘洛、盐源、木里4县脱贫摘帽④。

云南怒江州2018年有19个贫困村出列、3.02万贫困人口脱贫，独龙族实现整族脱贫。2019年底基本实现全州贫困人口“两不愁三保障”总体目标，高质量完成9万人脱贫、146个贫困村出列、贡山县摘帽，普米族实现整族脱贫⑤。

（二）民族地区脱贫攻坚取得显著成效

民族地区在2018~2019年全面实施脱贫攻坚三年行动方案，并以中央脱贫攻坚专项巡视和脱贫攻坚成效考核发现的突出问题为导向全力抓好问题整改落实。民族八省区强力推进脱贫攻坚并取得了显著成效。

内蒙古2018年深入推进精准扶贫精准脱贫，减贫23.5万人，10个国贫旗县、13个区贫旗县摘帽⑥。2019年，内蒙古全区剩余的20个贫困旗县已经

---

① 马相忠：《政府工作报告——2019年2月19日临夏回族自治州第十五届人民代表大会第四次会议上》，临夏回族自治州人民政府网，2019年3月20日，http://www.linxia.gov.cn/Article/Content?ItemID=6b9e05e3-a641-497d-8290-4c982bff03ae。

② 苏嘎尔布：《2019年凉山彝族自治州政府工作报告》，《凉山日报》2019年2月14日第2版。

③ 参见本书郭晓鸣、高杰《四川省凉山州深度贫困破解与全面小康社会建设》一文。

④ 苏嘎尔布：《2019年凉山彝族自治州政府工作报告》，《凉山日报》2019年2月14日第2版。

⑤ 李文辉：《怒江傈僳族自治州政府工作报告（2019）》，《怒江报》2019年4月15日第3版。

⑥ 摘自布小林《2019年内蒙古自治区政府工作报告——2019年1月26日在内蒙古自治区第十三届人民代表大会第二次会议上》，内蒙古自治区人民政府网，2019年2月1日，http://www.nmg.gov.cn/art/2019/2/1/art_4213_250873.html。

完成旗县自查、盟市初审和自治区第三方实地专项评估检查，将按程序公告全部摘帽退出，剩余的676个贫困嘎查村全部出列，全年实现14.1万贫困人口脱贫，贫困人口减少至1.6万人，贫困发生率由11.7%下降到0.11%①。

广西2012～2018年累计减少贫困人口825万人，年均减贫117万人，贫困发生率从18%降至3.7%。2019年实现125万以上贫困人口脱贫，1268个贫困村出列，预计21个贫困县摘帽，全区农村贫困发生率降至1%以下，脱贫成效保持全国前列②。

宁夏2018年50个深度贫困村脱贫出列，盐池县实现高质量脱贫退出，隆德、彭阳、泾源3县基本具备脱贫摘帽条件。易地扶贫搬迁2.5万人，减贫11.5万人，贫困发生率下降到3%③。2019年，宁夏贫困发生率下降到0.47%，脱贫攻坚战迈出了关键性步伐。其中，原州、海原、同心、红寺堡4县（区）可望脱贫摘帽，109个村脱贫出列，10.3万贫困人口脱贫④。

贵州2018年减少贫困人口148万人、贫困发生率下降到4.3%，14个贫困县成功脱贫摘帽，易地扶贫搬迁入住76.19万人⑤。2019年贵州省出台了《中共贵州省委贵州省人民政府2019年脱贫攻坚夏秋决战行动令》，指出2019年减少农村贫困人口110万人以上；有脱贫任务的19个非贫困县剩余农村贫困人口全部脱贫；已脱贫摘帽的33个县剩余农村贫困人口全部脱贫；2020年拟脱贫摘帽的县剩余农村贫困人口全部脱贫。全面完成易地扶

① 《内蒙古脱贫攻坚取得决定性进展——自治区政府召开新闻发布会通报打好脱贫攻坚战情况》，内蒙古新闻网，2020年1月10日，http://inews.nmgnews.com.cn/system/2020/01/10/012830693.shtml。

② 陈武：《政府工作报告——2020年1月12日在广西壮族自治区第十三届人民代表大会第三次会议上》，广西壮族自治区人民政府门户网站，2020年1月19日，http://www.gxzf.gov.cn/gxyw/20200119－791654.shtml。

③ 摘自咸辉《2019年宁夏回族自治区政府工作报告——2019年1月27日在宁夏回族自治区第十二届人民代表大会第二次会议上》，宁夏回族自治区人民政府网，2019年2月3日，http://www.nx.gov.cn/zwxx_11337/wztt/201902/t20190203_1275152.html。

④ 《宁夏脱贫攻坚4县区有望摘帽　贫困发生率降至0.47%》，中国新闻网，2020年1月11日，https://www.chinanews.com/gn/2020/01－11/9057223.shtml。

⑤ 摘自谌贻琴《贵州省政府工作报告》（2019年1月27日），《贵州日报》2019年2月12日，http://district.ce.cn/newarea/roll/201902/12/t20190212_31455683.shtml。

贫搬迁188万人的搬迁入住任务①。

云南2018年减少贫困人口151万人，贫困发生率由2015年的14.03%下降到2018年的5.39%；2018年贫困村出列2298个，有33个贫困县申请脱贫摘帽专项检查②。2019年云南聚焦迪庆、怒江、昭通等深度贫困地区，着力解决"两不愁三保障"突出问题。确保130万贫困人口净脱贫、2457个贫困村出列、31个贫困县摘帽、7个"直过民族"整族脱贫③。

2018年青海省实现526个贫困村退出、17.6万贫困人口脱贫，贫困发生率由2017年的8.1%下降到2.5%，12个计划退出县也有望顺利实现摘帽④。2019年，青海省投入财政专项扶贫资金62.38亿元，同比增长27.9%；其中省级专项资金26.39亿元，同比增长81.7%，增幅为历年最高。当年剩余170个贫困村退出，7.7万贫困人口脱贫，17个计划退出贫困县可望顺利"摘帽"，区域性整体贫困问题得到有效解决⑤。

二　民族地区脱贫攻坚的实践经验

在脱贫攻坚进入决战和决胜的关键时点，2018～2019年民族地区特别是"三区三州"建构了政策扶贫、专项扶贫、行业扶贫、金融扶贫、援助扶贫、党建扶贫、基建扶贫等多方面协同推进的大扶贫格局；从产业、就业、生态、教育、健康、社会保障等与贫困家庭和个人休戚相关的各个方

---

① 《中共贵州省委贵州省人民政府2019年脱贫攻坚夏秋决战行动令》，《贵州日报》2019年7月13日。

② 《云南省脱贫攻坚取得了决定性胜利》，中国日报网，2019年1月31日，https://baijiahao.baidu.com/s?id=1624137667437191151&wfr=spider&for=pc。

③ 阮成发：《云南省人民政府工作报告（2019年）》，云南省人民政府网，http://www.yn.gov.cn/ztgg/2019gzbg/。

④ 《2018年脱贫目标顺利实现　青海将全力攻坚深度贫困》，新华网，2019年2月22日，http://www.qh.xinhuanet.com/2019-02/22/c_1124152107.htm。

⑤ 马正军：《来自青海脱贫攻坚的报告》，《西宁晚报》2020年1月17日第A6版，http://www.xnwbw.com/html/2020-01/17/content_193868.htm。

面深入实施扶贫项目和扶贫工作。特别是在巩固脱贫成果、有效减少返贫风险和预防可能发生的新的贫困风险、落实易地搬迁工作的后续工作、增强贫困地区、贫困群众内生动力和自我发展能力等方面扎实推进，不断有新举措。

民族地区推进脱贫攻坚和决胜全面建成小康社会的主要经验有以下四个方面。

（一）高度重视、高位推动脱贫攻坚工作；目标明确且层层夯实责任，发挥了集中力量办大事的体制优势和制度效率

十九大报告指出：要动员全党全国全社会力量，坚持精准扶贫、精准脱贫，坚持中央统筹省负总责市县抓落实的工作机制，强化党政一把手负总责的责任制[①]。民族地区和三区三州脱贫攻坚工作中凸显了这一点。

西藏自治区设立了脱贫攻坚指挥部，总指挥长由自治区党委常委、常务副主席担任。脱贫攻坚指挥部从各行业相关部门抽调精干力量，组建成立政策保障、规划设计、转移就业等 11 个专项组，地、县、乡也相应成立指挥部。这样一来就建立起了各级主要领导亲自抓、分管领导具体抓和相关部门协调配合的工作机制，形成较大合力，破解脱贫攻坚涉及面广、工作内容多且复杂的难题，确保了脱贫攻坚各项工作顺利推进。

党政干部帮扶是南疆四地州脱贫攻坚的一支重要力量。2016 年，新疆启动“民族团结一家亲”活动，11 万名自治区本级行政事业单位干部职工，全部都要与南疆四地州基层各族群众“一对一”结对认亲，定期走动走访，真诚扶贫帮困，宣传政策法律，为巩固和加强新疆民族团结工作寻找新的抓手[②]。2018 年，新疆向南疆派出 7 万多名干部、在 1 万多个村开展“访惠聚”

① 习近平：《决胜全面建成小康社会　夺取新时代中国特色社会主义伟大胜利——在中国共产党第十九次全国代表大会上的报告》（2017 年 10 月 18 日），《十九大以来重要文献选编（上）》，中央文献出版社，2019。

② 杨明方：《11 万干部职工将与南疆基层群众结对认亲》，人民网，2016 年 10 月 16 日，http：//xj. people. com. cn/GB/n2/2016/1016/c188518 - 29150994. html。

驻村扶贫工作。同年，新疆为南疆四地州 1289 个深度贫困村选派第一书记 1289 名，其中厅级干部 31 名、处级干部 869 名、处级年轻储备干部及其他优秀骨干 389 名；自治区高校选派 1289 名工作队员，其中懂双语的 546 名①。

2018 年，四川省在既有的 10 个扶贫专项方案基础上，又专门为凉山出台 12 个方面 34 条政策措施，投入各级财政专项扶贫资金 37.08 亿元；出台了《凉山州脱贫攻坚综合帮扶工作队选派管理实施方案》，并选派 5700 多名干部组成综合帮扶工作队，分赴凉山州 11 个深度贫困县开展为期三年的脱贫攻坚和综合帮扶工作②。

青海、云南、广西、宁夏、内蒙古等地的省区级主要领导同志深度参与扶贫工作，亲自部署、亲自推进、亲自督促落实，"五级书记"抓脱贫攻坚工作职责到位，不断深入推动脱贫攻坚工作。

经党中央批准，2018 年 10~11 月进行了十九届中央第二轮巡视——中央脱贫攻坚专项巡视。其中包括了民族地区的内蒙古、广西、云南、西藏、青海和新疆③。2019 年根据国务院扶贫开发领导小组部署，对民族八省区和"三区三州"所在省区进行了脱贫攻坚督查。基于督查情况反馈，民族地区和"三区三州"将脱贫攻坚国家考核反馈问题整改落实作为重大政治任务，主动查找差距，开展专项治理，推动整改落实。进一步压实脱贫攻坚责任，全面推进脱贫攻坚工作的提质增效。

传统发展经济学认为经济增长具有减贫作用的涓滴假说④、20 世纪 60

---

① 《2018 年扶贫简报第 52 期》，新疆维吾尔自治区扶贫开发办公室网，2018 年 3 月 27 日，http://fpb.xinjiang.gov.cn/xjfp/zwfpjb/201803/25565fbb889949ae87fff1f5acf102cb.shtml。

② 《坚决啃下凉山深度贫困这块硬骨头》，《四川日报》2018 年 6 月 21 日，http://www.sohu.com/a/237607465_626643。

③ 《中央脱贫攻坚专项巡视整改进展情况公布》，新华网，2019 年 5 月 17 日，http://www.xinhuanet.com/politics/2019-05/17/c_1124505031.htm。

④ H. Chenery, M. S. Ahliwalia, C. Bell, J. H. Duloy and R. Jolly, *Redistribution with Growth: Policies to Improve Income Distribution in Developing Countries in the Context of Economic Growth*, Oxford: Oxford University Press, 1974. World Bank, *World Development Report (2000/2001): Attacking Poverty*, New York: Oxford University Press, 2000. D. Dollar and A. Kray, "Growth is good for the Poor", *Journal of Economic Growth*, 2002 (3), pp. 1-43.

年代一些国家随着经济增长出现的“贫困化增长”① 和之后逐渐形成的“益贫式增长”② 等学术理论和观点表明，虽然很多国家的经验证实经济增长具有减贫作用，但经济增长对减贫作用的大小取决于经济增长中伴随的结构特征和相配套的保障性措施③。有研究证实我国从20世纪80年代中期以后，贫困人口的下降速度开始明显减缓④，也就是说我国经济增长带来的脱贫成效呈现了递减态势。在我国经历了较长时间的经济快速增长后，地区发展不平衡、城乡收入差距扩大、贫困人群基数大的问题不仅影响到经济发展成果的共享，也不利于未来的经济发展。很多国家的经验都表明，缩小经济发展差距不是一件轻而易举的事情，如果考虑到一些非经济因素，情况就更为复杂。为此，发挥集中力量的优势和制度效率打赢脱贫攻坚，建成全面小康不仅功在千秋，而且从国际上看是任何国家都无可比拟、不可想象的。

（二）着力脱贫攻坚工作的提质增效，加大财政投入和对口援助，全国一盘棋集中力量攻坚克难

面对国际经济发展不确定和不稳定因素增多，国内经济下行压力加大的背景，国家坚持实施积极的财政政策和稳健的货币政策，加强扶贫力量，加大资金投入，强化社会帮扶，大幅度增加地方政府专项债券和一般性转移支付。

2018年，中央下达财政安排专项扶贫资金1060.95亿元，财政部将新增的200亿元资金全部用于支持深度贫困地区脱贫攻坚。其中，120亿元新增资

---

① L. Whitfield, “Pro-Poor Growth: A Review of Contemporary Debates”, Copenhagen: Danish Institute of International Studies, Elites, Production and Poverty Research Program (DIIS), 2008.

② M. Ravallion, “Growth, Inequality and Poverty: Looking Beyond Averages”, *World Development*, 29 (11), 2001, pp. 1803-1815.

③ 李培林、魏后凯主编《中国扶贫开发报告（2016）》，社会科学文献出版社，2016，第89页。

④ 赵人伟、李实、卡尔·李思勤主编《中国居民收入分配再研究》，中国财政经济出版社，1999。

金用于支持“三区三州”脱贫攻坚，并明确除中央财政安排给“三区三州”的新增资金外，“三区三州”所在省区要按照不低于2017年的资金规模，保障“三区三州”投入力度；其他省份也要统筹安排资金，加大对深度贫困地区脱贫攻坚的支持力度①。在专项扶贫资金中安排民族八省区为486.19亿元，占全国的45.83%；安排西藏66.86亿元，占民族八省区的13.75%②。2019年，中央财政专项扶贫资金为1260.95亿元，增量200亿元主要用于“三区三州”等深度贫困地区；“三区三州”资金到位率超过3年计划的95%，项目完工率超过85%③；民族八省区的专项扶贫资金在全国的占比为47.2%，超过2018年1.37个百分点（见表2）。

表2　民族八省区2019年获得的中央财政专项扶贫资金及占比情况

	中央财政专项扶贫资金(万元)	占全国比例(%)
全　　国	12609512	—
民族八省区	5952072	47.20
内 蒙 古	245813	1.95
广　　西	840092	6.66
贵　　州	1042417	8.27
云　　南	1275383	10.11
西　　藏	735129	5.83
青　　海	359887	2.85
宁　　夏	290930	2.31
新　　疆	1162421	9.22

注：表中数据来自《2019年中央财政专项扶贫资金分配出炉有4省份获超百亿》（人民网，2019年5月21日，http://politics.people.com.cn/n1/2019/0521/c1001-31096398.html）及在此基础上的计算。

① 施哥：《中央拨付2018年财政专项扶贫资金1060多亿元》，新华网客户端，2018年5月4日，https://baijiahao.baidu.com/s?id=1599526665586294489&wfr=spider&for=pc。

② 根据下述资料中的相关数据整理、计算，《财政部关于拨付2018年财政专项扶贫资金的通知》，中华人民共和国财政部网，2018年5月15日，http://nys.mof.gov.cn/ybxzyzf/lsbqdqzyzf/201805/t20180515_2894746.html。

③ 曹红艳、黄俊毅、陆敏：《三大攻坚战取得关键进展》，《经济日报》2020年1月5日第2版。

内蒙古 2018 年民生支出占一般公共预算支出的 70.1%。各级财政投入扶贫资金 147.9 亿元，增长 21.6%①，占内蒙古 2018 年一般公共预算支出的 3.1%②，并启动了京蒙扶贫协作三年行动③。2019 年内蒙古各级财政先后投入扶贫专项资金 99.23 亿元，中央安排了 24.58 亿元、同比增长 5%，自治区本级投入 44.87 亿元、同比增长 7%④。2019 年京蒙扶贫协作使 14.54 万贫困人口从中受益。全年投入各级财政援助资金 15.33 亿元，引进企业 107 家，帮助 3.45 万贫困人口实现区内外就业。此外，中央单位直接投入帮扶资金 2.08 亿元，引入帮扶资金 5.66 亿元，引进项目 214 个，带动 8.7 万贫困人口增收，选派挂职干部 54 人，培训基层干部和技术人员 3.4 万人次，贫困人口转移就业 1959 人。在内蒙古深入开展“万企帮万村”行动中共有 891 家企业与 2092 个嘎查村结对，累计投入 28.7 亿元，实施项目 2171 个，带动贫困人口 13.24 万人。有效发挥“中国社会扶贫网”的作用，全区累计注册近 60 万人，累计捐赠次数 10 万余次，捐赠金额 236 万元⑤。

广西 2018 年坚持把改善人民生活作为重中之重，财政支出 80.5% 用于民生领域⑥；深入推进精准脱贫攻坚战，投入财政、政府债券、扶贫小额信贷等各类资金近 700 亿元，全力打好“五场硬仗”⑦。2019 年，广西得到中

---

① 摘自布小林《2019 年内蒙古自治区政府工作报告——2019 年 1 月 26 日在内蒙古自治区第十三届人民代表大会第二次会议上》，内蒙古自治区人民政府网，http://www.nmg.gov.cn/art/2019/2/1/art_4213_250873.html。

② 根据《中国统计年鉴 2019》计算得到。

③ 摘自布小林《2019 年内蒙古自治区政府工作报告——2019 年 1 月 26 日在内蒙古自治区第十三届人民代表大会第二次会议上》，内蒙古自治区人民政府网，2019 年 2 月 1 日，http://www.nmg.gov.cn/art/2019/2/1/art_4213_250873.html。

④ 《内蒙古脱贫攻坚取得决定性进展——自治区政府召开新闻发布会通报打好脱贫攻坚战情况》，内蒙古新闻网，2020 年 1 月 10 日，http://inews.nmgnews.com.cn/system/2020/01/10/012830693.shtml。

⑤ 韩雪茹：《决战决胜共圆小康之梦——2019 年内蒙古脱贫攻坚述评》，《内蒙古日报》2020 年 1 月 10 日，https://baijiahao.baidu.com/s?id=1655306973226212250&wfr=spider&for=pc。

⑥ 《广西财政支出八成用于民生》，《人民日报》2019 年 1 月 30 日第 13 版，http://society.people.com.cn/n1/2019/0130/c1008-30597663.html。

⑦ 陈武：《广西壮族自治区政府工作报告（2019 年）》，《广西日报》2019 年 2 月 3 日。

央财政扶贫专项资金 84 亿元，自治区财政用于民生支出较 2018 年增长 9.6%[①]。

贵州 2018 年安排预算内资金 170 多亿元用于脱贫攻坚，占一般预算公共支出的 3.4%[②]；其中深度贫困地区近 60 亿元。对 16 个深度贫困县，2018 年和 2019 年省级财政每年再各安排专项资金 1 亿元。同时，“扎实推进东西部扶贫协作和定点扶贫，深入推进与澳门特别行政区扶贫合作，积极推进国有企业‘百企帮百村’、民营企业‘千企帮千村’行动。扶贫云、扶贫专线作用充分发挥。全面启动实施乡村振兴战略，‘四在农家·美丽乡村’小康行动完成投资 802 亿元”[③]。

云南省 2018 年将财政支出的 70% 以上用于民生，争取医疗卫生领域中央预算内投资建设项目（健康扶贫工程专项）18 个，争取中央资金 7.79 亿元[④]。教育、医疗、住房“三保障”工作积极推进，农村低保标准提高到每人每年不低于 3500 元。沪滇、粤滇扶贫协作深入推进。

西藏 2016 年脱贫攻坚战略实施以来，中央财政不断加大对贫困地区的扶持力度，2019 年中央专项扶贫资金高达 1261 亿元，连续 4 年每年增加 200 多亿元[⑤]。2018 年西藏统筹整合各级各类财政涉农资金 167.3 亿元，易地扶贫搬迁累计投入 144.9 亿元，入住 21.8 万人[⑥]。据课题组对被访农牧民家庭的不完全统计，西藏农牧民实际收入超过 2/3 来自政府转移性收入，[⑦]贫困农牧民收入结构中政府转移性收入的份额更高。

---

① 陈武：《广西壮族自治区政府工作报告（2020 年）》，广西新闻网，2020 年 1 月 19 日，http://www.gxnews.com.cn/staticpages/20200119/newgx5e239ad7-19195763.shtml。

② 根据《中国统计年鉴 2019》和《贵州省政府工作报告（2019 年）》计算得到。

③ 摘自谌贻琴《贵州省政府工作报告》（2019 年 1 月 27 日），《贵州日报》2019 年 2 月 12 日，http://district.ce.cn/newarea/roll/201902/12/t20190212_31455683.shtml。

④ 《云南省卫计委：关于健康扶贫资金项目安排情况的公示》，搜狐网，2018 年 7 月 24 日，https://www.sohu.com/a/242934381_100189957。

⑤ 《财政部：今年安排中央专项扶贫资金 1261 亿》，《人民日报》2019 年 7 月 17 日。

⑥ 摘自齐扎拉《西藏自治区政府工作报告（2019 年）》，《西藏日报》2019 年 1 月 29 日，http://district.ce.cn/newarea/roll/201901/29/t20190129_31385381.shtml。

⑦ 资料来源：《墨脱县“十三五”产业精准扶贫规划》，资料提供部门：墨脱县扶贫开发办公室，资料提供时间：2018 年 5 月 23 日。

青海省2018年累计投入各类专项扶贫资金114.4亿元，同比增长8.6%。其中，中央财政专项扶贫资金34.28亿元，省级专项扶贫资金14.52亿元，同比分别增长35.2%和38.3%①。2018年对口援助的江苏省共安排年度帮扶资金2.75亿元，其中江苏省本级落实资金2.39亿元，市区两级落实资金0.36亿元，县均超过3000万元。在深化交流合作方面，两省签订“1+2+10”帮扶合作协议，涉及教育交流、医疗卫生、人才智力、就业创业、文化旅游、生态环保等多个方面，协作领域不断拓展②。

宁夏2018年在财政增收压力加大的情况下，将76%的财力用于保障和改善民生。持续深化闽宁扶贫协作，打好产业、就业、金融、教育、健康扶贫等政策组合拳，投入财政扶贫资金109.2亿元，扶贫小额贷款覆盖率达85%，贫困地区农民收入增幅高于全区农民2个百分点。进一步提高城乡居民基础养老金、低保救助和孤儿养育津贴标准③。

2018年，新疆有19个援疆省市投入扶贫资金104.03亿元；挂职干部1484人，选派专业技术人才2535人；有1716个社会组织帮扶3438个贫困村，投入资金2.26亿元；有1157家民营企业投入资金12.87亿元帮扶23.78万贫困人口，光彩行动投入公益扶贫基金276万元；军队援建“八一爱民学校”14所，投入援建资金6078万元，对口帮扶贫困县9所县级医院；有16家中央单位定点帮扶27个贫困县，投入资金1.83亿元，实施项目131个④。2019年，新疆安排财政扶贫资金375.67亿元⑤。此外，19个对口援疆省市继续聚焦脱贫攻坚和民生领域，投入援疆资金188.19亿元，

---

① 《2018年青海省投入114亿元全力保障脱贫攻坚》，《青海日报》2019年3月4日，http://nc.mofcom.gov.cn/channel/fpzt/article.shtml?columnType=fpxw&id=968301。

② 参见本书杜青华《青海省深度贫困破解与决胜全面小康社会建设》一文。

③ 摘自咸辉《2019年宁夏回族自治区政府工作报告——2019年1月27日在宁夏回族自治区第十二届人民代表大会第二次会议上》，宁夏回族自治区人民政府网，2019年2月3日，http://www.nx.gov.cn/zwxx_11337/wztt/201902/t20190203_1275152.html。

④ 《2018新疆亮出脱贫攻坚成绩单》，人民网新疆频道，http://xj.people.com.cn/GB/188750/390030/391235/index.html。

⑤ 王兴瑞：《新疆脱贫攻坚取得决定性进展》，《新疆日报》2020年1月7日，http://www.xj.xinhuanet.com/2020-01/07/c_1125430431.htm。

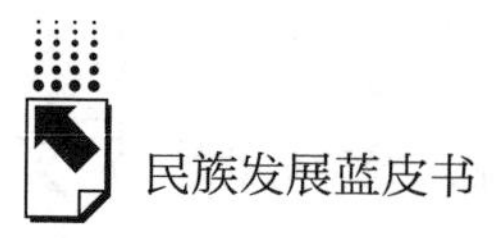

实施援疆项目1935个，有力支持了新疆脱贫攻坚、民生改善和经济发展等各项工作①。

2018年，四川省在既有的10个扶贫专项方案基础上，又专门为凉山出台12个方面34条政策措施，投入各级财政专项扶贫资金37.08亿元；选派5700多名干部组成综合帮扶工作队，分赴凉山州11个深度贫困县开展为期三年的脱贫攻坚和综合帮扶工作②。

很多研究证实，具有高投资率的国家或地区，其缩小发展差距的速度更快③。经济学和公共选择理论认为资源配置效率和再分配之间具有本质的区别。也就是说经济增长所需的资源配置通过无形之手——市场的配置就能引导社会从帕累托可能性边界内的各点走向边界上的某点。而在公共选择中，通常认为是再分配过程的帕累托最优，要求集体选择过程比市场更少一些无政府主义。换言之，在公共物品的配置中，以一种政治过程分配集体行动的利益问题要比私人物品的配置中以一种市场交换分配利益的问题更清晰④。我国的脱贫攻坚既是以国家为主体对发展滞后的贫困地区的高投资，从经济学视角也可视为是扩展的再分配过程。短期看，通过密集式大量投资，特别是基础设施方面的投资带动贫困地区的经济快速增长，从2013年民族八省区的经济强劲增长已经予以证实；从长期看，是要通过再分配方式以迅速提高分配效率，为未来全国的经济发展奠定基础。脱贫攻坚不仅事关全面小康社会的建成，更是我国着力解决好发展不平衡不充分问题，大力

---

① 关俏俏：《集中力量攻克深度贫困堡垒——南疆四地州脱贫攻坚正全力冲刺》，新华网，2020年1月20日，http://www.xinhuanet.com/politics/2020－01/20/c_1125486513.htm。

② 《万众一心夺取凉山州脱贫攻坚全面胜利 四川发起总动员》，《川报观察》2018年6月20日，http://www.sc.xinhuanet.com/content/2018－06/20/c_1123009607.htm。

③ Richard A. Easternlin, "Why Isn't the Whole World Developed?", *Journal of Economic History*, March, 1981, 47 (1): pp. 1－19. Abramovitz Moses, "Rapid Growth Potential and Its Realization: The Experience of Capitalist Economics in the Postwar Period", *Economic Growth and Resources: The Major Issues*, Vol. 1, ed. by Edmond Malinvaud, London: Macmillan Press, 1979, pp. 1－30. Abramovitz Moses, "Catching up, Forgoing Ahead, and Falling Behind", *Journal of Economic History*, June, 1986, 46 (2): pp. 386－406.

④ 〔英〕丹尼斯·C. 穆勒：《公共选择理论》，韩旭、杨春学等译，中国社会科学出版社，2011，第50页。

提升发展质量和效益，更好满足人民在经济、政治、文化、社会、生态等方面日益增长的需要，更好推动人的全面发展、社会全面进步的必经之路、必然要求。

（三）因地制宜创新扶贫方式、以脱贫攻坚统揽经济社会发展全局，注重健全稳定脱贫的长效机制

“三区三州”和民族地区在脱贫攻坚中各级政府立足于不同地区的具体情况，研判脱贫攻坚与乡村振兴和区域协调发展的衔接、机遇和困难挑战，认真谋划，不断创新扶贫方式。对口帮扶的央企通过扶持“三区三州”和贫困民族地区的中小企业、培育致富带头人；成立中央企业参股的中央企业贫困地区产业投资基金、建立投资开发公司等方式助力地区优势产业发展，从而助推贫困地区自我发展能力的养成。强化“产业扶贫 + 生态扶贫 + 基建扶贫”，农村专业合作社等集体经济不断壮大；农牧业特色化、现代化进程加快；围绕以产业带动减贫的目标，乡村文化旅游产业逐渐成为支柱产业之一。为了确保脱贫质量和防止返贫，有些民族地区已经拿出可行办法，切实加强对收入水平略高于建档立卡贫困户群体的政策支持。同时，针对非高标准脱贫户和非贫低收入户探索建立以“政策扶持 + 医疗保障”为主的精准防贫机制。

根据党中央国务院的政策精神，西藏出台了60多个涉及脱贫攻坚的规范性文件，基本形成了财政投入、金融支持、土地政策、产业扶贫、生态补偿等配套完善、涵盖各方的政策体系，为西藏的脱贫攻坚奠定了坚实的基础。在专项扶贫方面，西藏以产业扶贫为实施主体，同时积极实施易地扶贫搬迁、教育扶贫等扶贫战略。西藏银监局出台了6大类19项金融扶贫政策措施，形成了搬迁扶贫、产业扶贫、到户扶贫等对应的各类主体“应贷尽贷”的金融扶贫政策体系，金融扶贫取得显著成效。

新疆提出了“1 + 3 + 3 + 改革开放”[①] 工作总要求，将脱贫攻坚纳入工

① “1”是围绕总目标抓好防恐维稳工作；第一个“3”是全面贯彻新发展理念，抓好三大攻坚战；第二个“3”是推动高质量发展，做好丝绸之路经济带核心区建设、乡村振兴战略和旅游产业发展三项重要工作。

作总要求的框架中，使脱贫攻坚与反恐维稳、丝绸之路经济带核心区建设、乡村振兴和旅游发展等协同推进。各个县市基于新疆维吾尔自治区党委、政府制定的“七个一批”和“三个加大力度”为主要内容的脱贫攻坚实施方案，在实践中分别进行因地制宜的政策组合，构成了多元化的反贫困政策措施组合。实行土地清理再分配，是南疆四地州在脱贫攻坚中改善收入分配和促进社会公平的一大创新。其主要做法是将依法清理收回的违规开荒地，根据国有土地、集体土地管理办法，由扶贫办牵头农业、林业、畜牧、国土等相关部门，对已收回熟地，按照属地化分配、按量化分配、按需分配的原则分配给贫困户，切实为贫困户增加实质性收益。

2018 年，内蒙古制定了《内蒙古自治区旅游扶贫三年行动计划（2018—2020）》，计划 3 年内推出 200 个旅游扶贫示范项目，以示范项目创建为抓手，推进旅游扶贫工作[①]。

贵州在脱贫攻坚中不断探索和创新，率先实行贫困退出“摘帽不摘政策”激励措施；探索实施“三变”改革[②]；实行精准识别“四看法”；启动建设“精准扶贫云”；实行省领导定点包干极贫乡镇；设立省委、省政府“扶贫专线”；设立首支 3000 亿元脱贫攻坚投资基金；创新党建引领脱贫攻坚的“塘约经验”；创新完善易地搬迁扶贫模式机制；创新农村基础设施建设融资方式；创新农村贫困劳动力全员就业培训模式[③]。

---

① 刘泽、张雪冬：《内蒙古扎实推进旅游扶贫》，人民网内蒙古频道，2018 年 7 月 18 日，http：//nm. people. com. cn/n2/2018/0718/c196667 - 31829169. html。

② “三变”改革是指：资源变资产、资金变股金、农民变股东。资源变资产是指村集体将集体土地、林地、水域等自然资源要素，通过入股等方式加以盘活；资金变股金是指在不改变资金使用性质及用途的前提下，将各级财政投入农村的农业生产发展资金（补贴、救济、应急类资金除外）、农业资源及生态保护补助资金（直接兑现给农户的除外）、扶贫开发资金、农村基础设施建设资金、支持村集体发展资金等，量化为村集体股金投入各类经营主体，村集体和农民（贫困户优先）参与分红；农民变股东是指农民将个人的资源、资产、资金、技术、技艺等，入股到经营主体，成为股东、参与分红。

③ 刘小明：《贵州：创全国脱贫攻坚“省级样板”》，《贵州日报》2018 年 7 月 17 日，http：//www. guizhou. gov. cn/xwdt/gzyw/201807/t20180717_ 1447207. html。

青海省先后研究制定了“1+8+N”脱贫攻坚政策体系①，针对深度贫困地区脱贫攻坚，研究制定了“2+5+N”深度攻坚举措②。各地各部门也制定出台了分项制度和补充措施。结合青海特点，大力发展牦牛、青稞、村级光伏、乡村旅游、民族手工艺等“五大特色扶贫主导产业”，实现集体经济扶持资金全覆盖。青海省精准扶贫工作通过不断完善组织领导、精准识别、监督执纪、考核评估等制度体系，“一联双帮三治”驻村帮扶、定点帮扶、结对帮扶工作机制，专项扶贫、行业扶贫、社会扶贫、东西部扶贫协作和对口援青工作等工作机制，凝聚了强大的攻坚合力，逐步构建和完善了“1+8+10”大扶贫格局③。

宁夏实施贫困地区特色产业提升工程，落实贫困户产业项目、技术培训、小额信贷、帮扶措施和农业保险“五个到户”，发展壮大中药材、小杂粮、农村电商乡村旅游等，构建村村有脱贫产业、户户有增收门路的产业扶贫新格局④。

云南在脱贫攻坚战中启动了建设中国最美丽省份，全面推进蓝天、碧水、净土“三大保卫战”，打响“八个标志性战役”。普洱国家绿色经济试验示范区建设深入推进。严格落实河（湖）长制，启动建设“抚仙湖生态圈”，打好洱海保护治理“八大攻坚战”，滇池水质好转。省级及以上工业园区污水集中治理设施建设、全省畜禽养殖禁养区限养区划定等任务全面完成⑤。

广西对有发展能力的贫困户实现产业扶贫全覆盖，推广“贷牛还牛”、

① “1”，即《关于打赢脱贫攻坚战提前实现整体脱贫的实施意见》；“8”，即“八个一批”脱贫攻坚行动计划，包含发展产业、易地搬迁、资产收益、转移就业、医疗保障和救助、教育、低保兜底、生态保护与服务等；“N”，就是健全完善脱贫攻坚责任体系、投入体系、监督体系、考核体系等，明确细化具体责任，督促各方履职尽责、合力攻坚。

② “2”，即省委办公厅、省政府办公厅《关于加快推进深度贫困地区脱贫攻坚实施方案》和省扶贫开发工作领导小组《青海省深度贫困地区脱贫攻坚三年行动方案（2018～2020年）》；“5”，是5个有深度攻坚任务的市州同步制定《三年行动方案》；“N”，即省直行业部门同步配套深度攻坚措施，包括《健康扶贫三年行动计划》《教育脱贫攻坚实施方案（2018～2020年）》《社会救助兜底脱贫专项行动实施方案》《金融扶贫规划（2018～2020年）》等。

③ 参见本书杜青华《青海省深度贫困破解与决胜全面小康社会建设》一文。

④ 摘自咸辉《2019年宁夏回族自治区政府工作报告——2019年1月27日在宁夏回族自治区第十二届人民代表大会第二次会议上》，宁夏回族自治区人民政府网，2019年2月3日，http：//www.nx.gov.cn/zwxx_11337/wztt/201902/t20190203_1275152.html。

⑤ 阮成发：《云南省人民政府工作报告（2019年）》，云南统一战线网，2019年1月28日，http：//www.swtzb.yn.gov.cn/tzyw/bwyw/201901/t20190128_835938.html。

联建联养联种、扶贫车间等新模式①，通过大力推动龙头企业数量和规模、规范和推广农民合作社、培育贫困村创业致富带头人等方式带动特色产业发展，脱贫成效显著。广西目前已建成全区统一、动态管理的脱贫攻坚大数据平台，实现了“用数据说话、用数据决策、用数据管理、用数据创新”的脱贫攻坚业务管理机制②。

经济发展或增长主要来源于土地、资本、劳动和技术等生产要素的投入，技术进步作为推动经济增长的关键力量，尤其是作为实现新增实物投资和人力资本投资这两项增长的必需伴随品，起着催化作用③。当今的创新体系离不开持续更新的技术进步所带来的强大竞争力，同时也必须具有完备的教育与培训体系作为支持，以及相应的企业和设备的高投资。民族地区特别是贫困民族地区和“三区三州”的经济发展水平在全国较为滞后，与东部发达地区的经济发展差距尤其是技术进步上的差距无法在短期内自行缩小。脱贫攻坚进程中的创新扶贫模式大都着力于资本、技术和劳动三大要素的快速提升，通过外部强力干预在短期内有效推动贫困民族地区和“三区三州”的产业结构转型，加快农业现代化和农业比较优势产业的发展步伐，促进城镇化进程提速、医疗和社会保障水平提升后的人力资本增加等。这些做法不仅能为贫困的民族地区和“三区三州”未来经济发展奠定基础，从全国长期来看，伴随着地区间发展差距的缩小，参与市场竞争的地区和人群更加广泛，包容性和共享式发展会更加持续和有效。

（四）党建扶贫发力，各级党政军企事业单位定点、驻村、结对认亲等帮扶措施多样，扶志与扶智相互融合，多方协同助力脱贫攻坚

习近平总书记在中央扶贫开发工作会议上指出，“抓好党建促脱贫攻坚，是贫困地区脱贫致富的重要经验”。民族地区特别是“三区三州”的脱

---

① 陈武：《广西壮族自治区政府工作报告（2019 年）》，《广西日报》2019 年 2 月 3 日。

② 《广西建成脱贫攻坚大数据平台》，https：//www. 360kuai. com/pc/99aee7a20ded24c56？cota = 4&kuai_ so = 1&tj_ url = so_ rec&sign = 360_ e39369d1&refer_ scene = so_ 54。

③ 理查德·R. 纳尔森：《经济增长的源泉》，汤光华等译，中国经济出版社，2001，第 3 页。

贫攻坚中将党建扶贫与产业扶贫、易地搬迁扶贫、就业扶贫、教育扶贫、健康扶贫等多种扶贫方式相结合。通过加强党组织建设，发挥党的引领和基层党组织战斗堡垒作用，将党的政治优势、组织优势和密切联系群众优势，体现在脱贫攻坚的具体工作和项目中，切实把党建优势转化为扶贫优势，组织活力转化为攻坚动力，汇聚起万众一心抓脱贫的强大动能①。民族地区特别是“三区三州”在操作层面上，主要包括了在贫困地区创新党组织设置方式，通过在产业链、合作社、集体经济组织、生产小组上建立党组织等方式，不断延伸党组织和党的工作有效覆盖②。中央和国家机关各部门各单位、人民团体、参照公务员法管理的事业单位、国有大型骨干企业、国有控股金融机构、国家重点科研院校、军队和武警部队都开展了定点帮扶，主要是将各类扶贫资源融入贫困县的产业扶贫、易地搬迁扶贫、教育扶贫、健康扶贫、基础设施建设等方面；此外，通过选派干部驻村深入脱贫攻坚第一线，不仅加强宣传和贯彻党中央、国务院和省委、省政府关于扶贫工作的方针政策、决策部署、工作措施，也在产业发展、项目推进、扶贫资金监管、加强基层党组织建设等方面成效显著。2016 年，新疆启动“民族团结一家亲”活动，11 万干部职工深入南疆四地州与各族群众“一对一”结对认亲，真诚扶贫帮困。③ 2018 年，新疆向南疆派出 7 万多名干部、在 1 万多个村开展“访惠聚”驻村扶贫工作④。定点扶贫、驻村、结对帮扶和教育扶贫、消费扶贫的深入开展不仅有助于贫困地区和贫困家庭增加劳动脱贫致富的动力和脱贫的勇气，也通过各类培训提升了贫困人群的劳动技能和综合素质，随着人力资本的积累和增加，贫困人群摆脱贫困的能力和未来对社会发展的适应性也越来越强。

---

① 杨亚林：《把党建优势转化为扶贫优势》，《中国组织人事报》2018 年 11 月 16 日，http：//dangjian. people. com. cn/n1/2018/1116/c117092 - 30404890. html。

② 钱祖严：《深入推进抓党建促脱贫攻坚》，《贵州日报》2018 年 10 月 25 日，http：//theory. people. com. cn/n1/2018/1025/c40531 - 30362554. html。

③ 杨明方：《11 万干部职工将与南疆基层群众结对认亲》，人民网，2016 年 10 月 16 日，http：//xj. people. com. cn/GB/n2/2016/1016/c188518 - 29150994. html。

④ 参见本书宁亚芳《新疆维吾尔自治区南疆深度贫困地区脱贫攻坚的主要成效与经验》一文。

三 民族地区决胜全面建成小康社会的挑战及对策

2019 年和 2020 年分别是脱贫攻坚和全面建成小康社会的关键之年和决胜之年。尽管脱贫攻坚取得决定性进展，全面建成小康社会目标即将实现，但前进中的困难与挑战仍很多，形势依然十分严峻。民族地区特别是“三区三州”各级党委政府要认真学习和贯彻习近平新时代中国特色社会主义思想，全力以赴打好脱贫攻坚战，聚焦提高脱贫质量，取得了显著成效和优异成绩。但以下现实挑战和困难还需重视。

第一，深度贫困地区脱贫任务艰巨，防止返贫的相关工作还需进一步加强，如何因地制宜确定对摘帽县和脱贫人口的扶持政策的持续时间有很大难度。

民族地区和“三区三州”一些深度贫困地区贫困程度深，脱贫难度大，保障性扶贫任务较重，脱贫攻坚责任落实、政策落实、工作落实还有差距。这些深度贫困地区自然环境恶劣、生态极易被破坏、自然灾害多发且频发，经济社会发展水平滞后，脱贫任务非常艰巨。目前在全国，已经脱贫的 9300 多万建档立卡贫困人口中，近 200 万人存在返贫风险。另外在边缘人口中，有近 300 万人存在致贫风险①。2020 年是全面建成小康社会的时间节点，为完成脱贫任务有的地区强调并依赖资金和物质的投入式帮扶。虽然向贫困户、贫困村集中投入帮扶资源能够在短期内快速达到脱贫标准，可是一旦外部帮扶力量撤出，必会出现不同程度的返贫。同时，在脱贫攻坚中，各级政府作为政策制定者、投资方、具体执行和管理者以及监督者，如何既发挥好扶贫工作中的政府职能又激发市场机制的活力，使社会组织真正参与扶贫工作，直接关系到减贫工作在全面建成小康社会后的良好状态，科学确定

① 《奋斗 2020 · 脱贫攻坚　2019 年预计减少贫困人口千万以上》，云南网，2020 年 1 月 2 日，http：//news. yunnan. cn/system/2020/01/02/030558698. shtml。

扶贫资金和项目投入在政府合理的财政负担范围内，以及顺利实现扶贫工作管理效率提高的目的。

民族地区和“三区三州”的产业发展基础依然薄弱，产业发展的可持续性弱是普遍现象，为了巩固脱贫成果，如何确定对摘帽县和脱贫人口的扶持政策保持时间的长短，以及政策逐渐退出的力度都有很大的难度。

第二，产业扶贫中优势特色产业占比有待提高，一些产业发展后劲乏力，地区自我发展能力还未真正养成。

“产业扶贫是稳定脱贫的根本之策，但现在大部分地区产业扶贫措施比较重视短平快，考虑长期效益、稳定增收不够，很难做到长期有效。如何巩固脱贫成效，实现效果的可持续性，是打好脱贫攻坚战必须正视和解决好的重要问题。”① 从目前民族地区和“三区三州”的产业扶贫项目看，大部分产业同质化特点较突出，组织管理和技术等核心部门本地化缓慢，基础设施尤其是支撑产业发展的基础设施薄弱；产业长期可持续发展所需人力资源、土地资源和资本资源均明显不能满足需求。

从国际上看，经济全球化遭遇波折，多边主义受到冲击，国际金融市场震荡，特别是中美经贸摩擦给一些企业生产经营、市场预期带来不利影响。我国经济将面对经济转型阵痛凸显的严峻挑战，而且新老矛盾交织，周期性、结构性问题叠加，经济运行稳中有变、变中有忧，防范风险任务更加艰巨②。在这一大背景下，民族地区产业发展的不确定性因素明显增加。而民族地区县域经济发展总体仍相对滞后，仅仅依靠自身力量来发展，客观上说很难实现“产业振兴”的目标。目前民族地区和“三区三州”的产业扶贫很多都依赖央企或东部地区的帮扶，总体上多为“无业可扶、无力脱困”的贫困群众直接参与帮扶产业项目的收益分配；产业扶贫以吸纳当地低端就业为主。因此，民族地区自我发展能力的培育还有很长的路要走。

第三，贫困人群的市场竞争意识不强，个体自我发展内生动力不足的问

① 中共中央党史和文献研究院：《习近平扶贫论述摘编》，中央文献出版社，2018，第 83 页。

② 李克强：《政府工作报告（2019 年）》，中国政府网，http：//www. gov. cn/zhuanti/2019qgln/2019lhzfgzbg/。

题在短时间内很难得到解决，贫困地区教育基础薄弱，阻断贫困代际传递还需进一步努力。

虽然近年来民族地区各级政府已经开展各类扶贫与扶志扶智相结合的思想教育引领工作，但是贫困人群受教育水平偏低和环境封闭的影响，一部分贫困人口市场竞争意识淡漠，依然存在“等靠要”思想；还有一部分贫困人口在获得政府转移性收入后，容易满足现状，没有利用当前好形势好机遇多劳动增加收入。而且有些深度贫困地区还存在攀比消费、礼仪消费多等不良习俗；思想观念和思维方式与市场经济和当今社会发展差距很大，这些深层次问题不是短时间内就能完全解决的。

如果在自然资源和自我发展能力不显著增加的情况下，人口快速增加将会增加就业压力，使资源更加稀缺，从而会影响到未来民族地区的贫困治理。例如，2011～2018 年西藏自治区年人口增长速度与全国年人口增长速度相比，从 2.1 倍增至 5.5 倍；2011～2018 年新疆维吾尔自治区年人口增长速度与全国年人口增长速度相比，从 2.3 倍增至 4.5 倍①。如果再考虑到 2017 年西藏的城镇化率是 30.89%，西藏人口特别是牧区人口不断增加，而从迁入、迁出的人口机械增长率看，2018 年西藏为 8.95%②，表现出明显的固守家园倾向。“三区三州”和民族地区其他深度贫困地区也表现出人口增加更快的趋势，劳动力外出流动客观和主观障碍多。因此，如何防止贫困代际传递就更需引起足够重视。

另外，贫困地区教育资源匮乏，特别是师资水平低，教育质量不尽如人意，学生的学习意识不强。贫困地区教育一方面对阻断代际贫困所起作用有限，另一方面在技能培训上难有质的突破。从未来的扶贫工作看，代际贫困脱贫的挑战较之当前的连片贫困地区脱贫更加困难，而且随着社会进步和技术发展，社会对劳动力素质的要求越来越高，贫困人群脱贫的工作难度也随之增加。

---

① 根据历年《中国统计年鉴》数据计算得到。

② 根据《西藏统计年鉴 2019》数据计算得到。

2018～2019年民族地区和“三区三州”全力破解深度贫困和决胜全面小康社会，向全国人民交出了令人满意的答卷。但扶贫工作是长期而持续的，不仅要着眼于2020年全面建成小康社会，同时还要谋划之后的乡村振兴战略实施，地区经济社会长期稳定、协调发展，相应的对策建议有以下几点。

一是在宏观政策层面，需加快脱贫攻坚、全面建成小康社会和乡村振兴战略实施政策上的有效对接。制定的政策既要确保脱贫攻坚目标任务完成，又要防止返贫使现有政策有所延续，还要全面推动乡村振兴战略的实施。

我国脱贫攻坚和全面小康社会建设成效举世瞩目，但农业农村基础差、底子薄、发展滞后的状况尚未得到根本改变，经济社会发展中最明显的短板和现代化建设中最薄弱的环节仍然是农业农村。民族地区和“三区三州”经济发展特别是农业现代化进程在全国相对滞后，近年来作为脱贫攻坚的主战场，地方各级政府工作的核心是脱贫攻坚，而在脱贫攻坚中政府职能又是举足轻重的中心地位，包括了扶贫工作的政策制定、资金投入、项目规划、运行管理、监督检查等。一方面，从成本效率角度看，这一方式的确为实现脱贫攻坚和全面建成小康社会目标具有强执行力和高效率；另一方面，市场资源配置机能、社会组织力量等受到了一定程度的抑制。今后这一情况要有所转变，在政策制定特别是具体执行过程中如何加强探索不同地区因地制宜、循序渐进；在巩固脱贫攻坚成效基础上，防范新的贫困风险，按照乡村振兴战略的总要求和总目标确定政策转换节奏、节点和实施力度尤为重要。

另外，脱贫攻坚中东西协作扶贫、企业扶贫、社会扶贫已经起到了很好的效果。2020年全面建成小康社会之后，该类方式还应继续保持，但要从单向无偿支援走向逐步按市场经济规则运行的对口协作新局面。

二是在干部层面，加强各级政府干部的政治、经济、法律等知识培训，形成以全面建成小康社会和乡村振兴为引领，集中力量谋发展的氛围。达到从以政府为主体紧抓产业扶贫不放松，逐渐转变为根据市场灵活配置资源，促进农村和农业创造力与竞争力不断提升的产业发展和兴旺目标。

当下民族地区和“三区三州”将产业精准扶贫作为脱贫攻坚中最重要

的方式大力推进，主动适应我国经济进入新常态的要求，以市场需求为导向，依托资源禀赋，把扶贫产业发展建立在充分发挥自身比较优势之上。民族地区和“三区三州”各级政府想方设法发展特色优势产业，政府不仅是投资者，也是经营者，更是监督者。但要达到乡村振兴的目标，需要不断深化农村改革，激发农村发展新活力，通过农村创新创业和投资兴业发挥市场资源配置作用，政府应成为建成全面小康社会和乡村振兴的保驾护航者。政府职能转变需要各级政府干部在产业发展上有市场意识、竞争意识；具备产业发展的经济、法律等专业知识；正确定位政府管理。为此，需要加强政府干部的相关培训，促进思想转换。

三是在个体层面特别是贫困人群中，需大力加强教育和培训，提升劳动技能，尽一切力量阻断贫困代际传递。

民族地区和“三区三州”的教育水平低，劳动力缺乏技能，人力资本低是普遍现象，也是脱贫攻坚、全面建成小康社会的难点。在 2020 年后的乡村振兴中需继续对此加以重视，不断加大教育投入和劳动技能培训覆盖面。在基础教育方面重点要解决好民族地区和“三区三州”孩子厌学辍学的问题；稳定教师队伍，改善偏远和边境山村就学交通条件。还要注重加强学前教育扶持，把学前教育救助和高中以上教育救助政策向相对贫困家庭延伸，适当提高贫困家庭学前教育和高中以上教育阶段补助标准。改革职业培训方式方法，不断提高培训与社会需求的对接程度。加强国家通用语言能力培训，多采用并创新“干中学”的实践培训方式，促进劳动力转移就业职业培训和农业技术培训协同推进。

地区分报告

Branch Region Reports

B.2

西藏自治区深度贫困破解与决胜全面小康社会建设

刘小珉*

摘　要： 本文探讨作为国家层面唯一被整体划为深度贫困地区的省区西藏的贫困现状、特点，总结、分析了西藏脱贫攻坚取得的成就及面临的一些问题和困境。本文认为，要实现贫困人口和贫困县到2020年有效脱贫，以及实现长期、稳定脱贫的目标，西藏还必须重视以下几个方面的问题：部分扶贫政策和工作力度仍需保持一定的连续性和稳定性；注重防范化解各种风险；要注意处理好中央关心、全国援藏与自力更生、自我发展的关系；在今年基本完成脱贫攻坚任务的基础上，进一步落实中央对西藏的特殊支持政策，

* 刘小珉，中国社会科学院民族学与人类学研究所研究员。

用足用活用好这些政策，保持较高的经济发展速度，创新脱贫模式，补齐短板。

关键词： 西藏 深度贫困 脱贫攻坚

一 引言

党的十八大提出到2020年实现全面建成小康社会的宏伟目标。习近平同志在党的十九大报告中指出，“中国特色社会主义进入新时代，我国社会主要矛盾已经转化为人民日益增长的美好生活需要和不平衡不充分的发展之间的矛盾”。显然，“发展不平衡不充分”是中国全面建成小康社会进程中及现代化建设过程中值得关注的现象。其中，西藏的不平衡不充分发展尤显突出，是中国全面建成小康社会的短板、难点和重点。加大力度支持西藏脱贫攻坚，加快西藏经济社会发展，缩小西藏与东部发达地区的发展差距，是解决西藏发展不平衡不充分问题的战略选择。以习近平同志为核心的党中央庄严承诺“让贫困人口和贫困地区同全国一道进入全面小康社会”，“紧紧围绕全面建成小康社会目标，顺应各族群众新期盼”，“在全面建成小康社会的征程上，不让一个兄弟民族掉队，决不让一个民族地区落伍”。[①] 这些论断表明，只有攻破包括西藏农牧区在内的贫困地区的贫困，才能实现全国全面建成小康社会的目标。

党的十八大以来，党中央把贫困地区和贫困人口脱贫作为全面建成小康社会的底线任务和重要标志，在全国范围实施了脱贫攻坚工作，减贫效果显著。按照现行贫困标准（2010 年农村贫困标准），从 2012 年末至 2018 年

① 习近平：《决胜全面建成小康社会 夺取新时代中国特色社会主义伟大胜利——在中国共产党第十九次全国代表大会上的报告》，新华网，2017 年 10 月 27 日，http://news.xinhuanet.com/politics/19cpcnc/2017-10/27/c_1121867529.htm。

末，我国农村贫困人口从9899万人减少到1660万人，减少贫困人口累计8239万人，贫困发生率从10.2%下降到1.7%，累计下降8.5个百分点。截至2018年底，全国832个贫困县有436个摘帽，全国12.8万个贫困村有10.2万个脱贫。预计到2019年底，按照现行贫困标准，全国95%左右贫困人口将实现脱贫，90%以上的贫困县将实现摘帽。[①] 但是，中国农村贫困状况的地区分布差异很大，截至2018年末，东部地区农村贫困人口为147万人，贫困发生率为0.4%；中部地区农村贫困人口为597万人，贫困发生率为1.8%；西部地区农村贫困人口为916万人，贫困发生率为3.2%。可以说脱贫攻坚最后的硬骨头是中西部贫困地区，尤其是中西部的深度贫困地区。2017年6月23日，习近平总书记曾在山西召开的深度贫困地区脱贫攻坚座谈会上强调，必须重点研究解决深度贫困问题。[②] 党的十九大报告将脱贫攻坚作为决胜全面建成小康社会的三大攻坚战之一，并明确要“重点攻克深度贫困地区脱贫任务”。

西藏自治区是全国唯一的集高寒、边疆、少数民族和省级集中连片特殊贫困地区于一体的省份，也是目前国家层面唯一被整体划为深度贫困的省份。为了实现2020年“农村贫困人口全部脱贫，贫困县全部摘帽，区域性整体贫困全面解决”的目标，西藏全面实施脱贫攻坚工程，建构了“政策扶贫、专项扶贫、行业扶贫、金融扶贫、援藏扶贫”五位一体的扶贫格局，脱贫攻坚取得决定性进展，探索出一些破解深度贫困地区脱贫攻坚难题的新途径。2019年12月23日，西藏自治区脱贫攻坚指挥部发布公告，谢通门县、江孜县等19个县（区）退出贫困县（区）。至此，西藏自治区全部74个县（区）均实现了脱贫摘帽，“西藏已基本消除绝对贫困，全域实现整体脱贫”。[③] 虽然目前西藏已经实现“基本告别农村绝对贫困”，脱贫攻坚任务

---

① 吴为：《国务院扶贫办：全国12.8万个贫困村10.2万个脱贫》，《新京报》2019年9月27日。

② 习近平：《在深度贫困地区脱贫攻坚座谈会上的讲话》，人民网，2017年8月31日，http：//politics.people.com.cn/n1/2017/0831/c1024－29507971.html。

③ 《西藏实现全域脱贫摘帽》，中国新闻网，2019年12月23日，http：//www.chinanews.com/gn/2019/12－23/9040599.shtml。

全面胜利完成，但也要清醒地认识到，贫困县实现摘帽和绝对贫困人口实现脱贫，并不意味着贫困的完全消失，也不意味着反贫困工作的结束。一方面，如果目前的脱贫工作不到位、脱贫质量不高，部分贫困人口即使目前脱贫了，未来也有可能返贫。另一方面，由于西藏自然条件严酷，经济社会发展起点低，农牧民在生产生活中要面临各种风险，如自然灾害、市场波动等风险，农牧民（包括脱贫人口）因灾致贫、因病致贫等风险依然存在，预防新增贫困及巩固脱贫成果任务非常艰巨。根据课题组 2016 年以来对拉萨、山南、林芝、日喀则、阿里等五地市的调研分析，要实现贫困人口和贫困县稳定脱贫，以及 2020 年后持续脱贫的目标，西藏还必须在 2019 年全面完成脱贫攻坚任务的基础上，进一步落实中央对深度贫困地区的特殊支持政策，在加大脱贫力度、提升脱贫质量、巩固脱贫成果、防止新增贫困和返贫上下功夫，把工作重心由注重减贫进度向保证脱贫质量转移，建立健全长效脱贫机制，扎实做好脱贫攻坚“最后一段文章”，巩固脱贫成果，实现脱贫攻坚成果可持续，为“三区三州”深度贫困地区巩固脱贫攻坚成果总结经验，提供可供借鉴的样板。

二　西藏农村贫困特征及致贫机理

西藏是一个生态、政治、经济都很特殊的区域。基于西藏的特殊性，西藏农牧区的贫困特征与其他农村地区相比，既有一定的共性，又具有特殊性。

（一）西藏贫困人口分布的空间差异明显

一方面，日喀则市、那曲市和昌都市集中了西藏 73.8% 的贫困村、68.80% 的贫困户，以及 72.66% 的贫困人口；另一方面，贫困程度深的县也主要集中分布在昌都市、日喀则市和那曲市。林芝市、山南市和阿里地区的贫困面相对较窄、贫困程度相对较轻。

（二）西藏农牧区贫困人口人力资本贫困特征明显

西藏农牧区贫困人口的身体素质相对较差，贫困人口受教育程度较低，西藏农牧区贫困人口中劳动能力低的人口占比较高，西藏农牧区贫困人口自我发展脱贫的内生动力不足。大部分贫困人口文化素质不高，缺乏劳动技能和增收手段，“等、靠、要”和安于现状的传统观念比较严重。

（三）西藏农牧区贫困人口面对风险具有明显的脆弱性

其一，西藏大部分地区生态环境脆弱，自然灾害高发。贫困农牧民抵御自然灾害的能力不足，容易出现因灾致贫、因灾返贫的现象。其二，西藏农牧区生存环境比较恶劣、农牧民卫生条件较差、健康知识缺乏，部分地方的地方病高发、传染病易发，疾病风险相当高，因病致贫、因病返贫现象严重。其三，目前国际经济局势动荡，国际敌对势力和十四世达赖集团分裂祖国的“暴力”和“非暴力”活动等，都对西藏农牧民的生产、生活造成一定的影响。

（四）西藏农牧区贫困代际传递发生率高

西藏贫困人口多，贫困程度高，贫困脆弱性明显，进而呈现贫困代际传递发生率高、贫困代际传递周期短的特征。

西藏农牧区贫困的主要成因：从宏观层面看，西藏农牧区贫困既根植于西藏独特的自然环境，又与其特殊的社会经济文化环境息息相关。西藏部分地区自然生态环境恶劣，资源贫乏，自然灾害频发、地方病多发，历史原因制约，基础设施和公共服务不足，贫困人口文化素质较低、观念陈旧等，致贫原因复杂，且多重致贫因素叠加。

从微观层面看，西藏农牧区贫困户呈现缺资金、缺劳动力、缺技术、缺土地等状况，并存在因病、因学、因残、因灾等多种致贫因素。

目前，西藏农牧区的贫困已经从缺衣少食的“生存性贫困”，转变为

缺资金、缺劳动力、缺技术、市场经济发展环境和条件不充分、自身发展能力不足等导致的“发展性贫困”、“转型性贫困”与“相对贫困”，即呈现“绝对贫困基本消除，相对贫困开始凸显；生存性贫困基本消除，发展性贫困、转型性贫困有所加剧”的贫困特征，反贫困工作仍任重道远。

三　西藏农牧区脱贫攻坚实践

为了实现“到2020年，全面解决现行标准下区域性整体贫困问题，农村贫困人口和贫困县全部脱贫摘帽”的目标，针对西藏的贫困特征和致贫原因，西藏全面推进脱贫攻坚，建构了“政策扶贫、专项扶贫、行业扶贫、金融扶贫、援藏扶贫”等“多位一体”的大扶贫格局，脱贫攻坚取得决定性进展，探索出一些破解深度贫困的新途径。

（一）政策扶贫

对西藏而言，政策扶贫主要是由中央政府提供的。从宏观层面看，中央对西藏提供了大量的转移支付、专项扶持及财政、税收优惠等支持，这些支持都意味着资源和机会。据统计，1980～2018 年，国家对西藏的财政补助累计 12377.3 亿元，占西藏地方财政总支出的 91%。[①] 2016 年脱贫攻坚战略实施以来，中央财政不断加大对贫困地区的扶持力度，2019 年中央专项扶贫资金高达 1261 亿元，连续 4 年每年增加 200 多亿元。[②] 对包括西藏在内的“三区三州”深度贫困地区，更是大幅提高专项扶贫资金和项目。例如，2015 年，中央下达财政安排专项扶贫资金 467.5 亿元，其中安排民族八省区为 200 亿元，占全国的 42.78%；安排西藏 13.63 亿元，占民族八

① 参见《伟大的跨越：西藏民主改革 60 年》（西藏民主改革 60 年白皮书），新华网，2019 年 3 月 27 日，http://www.xinhuanet.com/politics/2019-03/27/c_1124287873.htm。

② 《财政部：今年安排中央专项扶贫资金 1261 亿》，《人民日报》2019 年 7 月 17 日。

省区的6.82%。[①] 2018年，中央下达财政安排专项扶贫资金1060.95亿元，其中安排民族八省区为486.19亿元，占全国的45.83%；安排西藏66.86亿元，占民族八省区的13.75%。[②] 在中央政府的支持下，西藏出台了60多个涉及脱贫攻坚的规范性文件，基本形成了财政投入、金融支持、土地政策、产业扶贫、生态补偿等配套完善、涵盖各方的政策体系，为西藏的脱贫攻坚奠定了坚实的基础。

从微观层面看，中央、自治区对农牧民的扶持政策是广泛的。改革开放40多年来，西藏自治区出台了一系列强农惠农的优惠政策，涉及支持农牧民农牧业生产发展、教育、环境保护、医疗卫生等方方面面，与农牧民的生产生活息息相关。[③] 符合条件的农牧民家庭可以同时、重叠享受多元政策性补贴。

（二）专项扶贫

在专项扶贫方面，西藏实施以产业扶贫为主体，同时积极实施易地扶贫搬迁、教育扶贫等扶贫战略。

1. 产业扶贫

西藏扶贫开发把种植业、养殖业、农畜产品加工业、文化旅游业、商贸流通业和资源开发利用等六大产业作为产业扶贫重点，积极探索光伏产业、电商扶贫等新型产业形式，搭建了产业扶贫的平台。此外，西藏扶持了一批龙头企业，发展壮大了一批农牧民经济合作组织，创新形成了“公司+基地+贫困户”“合作社+基地+贫困户”“互联网+产业扶贫”“合作社+能人+贫困户”“党支部+能人+贫困户”等扶贫模式，带动贫困人口实现

① 根据下述资料中的相关数据整理、计算：《中国扶贫开发年鉴》编辑部编《中国扶贫开发年鉴（2016年）》，团结出版社，2016。

② 根据下述资料中的相关数据整理、计算：《财政部关于拨付2018年财政专项扶贫资金的通知》，中华人民共和国财政部网，2018年5月15日，http://nys.mof.gov.cn/ybxzyzf/lsbqdqzyzf/201805/t20180515_2894746.html。

③ 参见《西藏自治区农牧民享受财政补助优惠政策明白卡（2015年版）》，西藏自治区财政厅、西藏自治区强基惠民活动办公室印制，2015。

产业发展脱贫。据统计，自2016年脱贫攻坚战略实施以来，截至2019年10月，西藏共落实到位产业扶贫资金354亿元，累计开工建设产业扶贫项目2591个。这些项目直接带动23.61万名建档立卡贫困农牧民实现脱贫，占“十三五”产业脱贫任务23.8万人的99.2%，辐射带动近40万名农牧民受益。[①] 通过产业扶贫，一方面，西藏农牧业结构进一步优化，贫困农牧民的自我发展能力明显增强，扶贫开发工作由“输血型”扶贫向“造血型”扶贫转变，加快了贫困群众依靠产业脱贫致富的意识和步伐。另一方面，产业扶贫不仅可促进贫困农牧民稳定就业，持续增加收入，还能促进当地经济发展，对于西藏长期发展具有重要意义。

2. 易地扶贫搬迁

针对西藏部分地区生存环境恶劣，因灾致贫、因病致贫问题严峻的情况，西藏加大了易地扶贫搬迁力度。西藏计划确定“十三五”时期贫困人口易地扶贫搬迁总投资175.6亿元，对26.3万人实施易地扶贫搬迁脱贫。2016年，按照“一次性计划、统筹推进”的原则，西藏完成353个安置区（点）易地扶贫搬迁工程，完成投资48.2亿元，7.7万人全部搬迁入住。2017年安排易地扶贫搬迁点417个、搬迁16.3万人。[②] 至2018年底，累计投入易地扶贫搬迁投资157.5亿元，建设易地扶贫搬迁安置点905个，搬迁入住23.6万人，完成规划搬迁总规模的91%。[③] 目前，已经基本完成所有的安置点建设，到2019年底，可以完成所有易地搬迁人口的入住。

同时，为了让搬迁户“搬得出、稳得住、能致富”，西藏采取各种措施，解决搬迁户的就业和增收问题。具体而言，一方面，充分依托每个搬迁点的优势资源，通过配套和扶持符合当地实际的民族手工业、旅游业、种植业、养殖业等特色优势产业，解决搬迁户的就业、增收问题。另一方面，为

① 参见刘倩茹《截至9月底西藏产业扶贫已带动23.61万名贫困农牧民脱贫》，中国西藏新闻网，2019年10月16日，http://www.tibet.cn/cn/fp/201910/t20191016_6694056.html。

② 参见《西藏自治区精准脱贫攻坚纪实》，西藏自治区人民政府网，2017年11月16日，http://www.xizang.gov.cn/xwzx/ztzl/fpgj/201711/t20171116_148535.html。

③ 参见《西藏自治区扶贫办关于报送2018年工作总结及2019年工作要点的报告》，西藏自治区扶贫开发办公室，2019年2月8日。

进一步拓宽搬迁户的就业渠道，通过政府购买公益性岗位和生态补偿岗位的方式，解决搬迁户就业问题。对搬迁户开展各种培训，如种植养殖业、驾驶、酒店管理、汽车修理、唐卡绘画等实用技能培训，让搬迁移民掌握各种就业技能，实现转移就业，从而实现稳定脱贫。①

3. 教育扶贫

为了阻断贫困代际传递，西藏大力实施教育扶贫工程，不让农牧民（特别是贫困农牧民）家庭子女因经济困难而失学，使贫困家庭子女有更多机会接受高质量的教育。

其一，构建面向农牧民家庭及城镇困难家庭教育负担的物质保障网。从1985年起，中央政府开始对西藏农牧民子女和城镇困难家庭子女实行“三包”（包吃、包住、包基本学习费用）政策，并逐渐提高标准和保障水平，不断扩大覆盖范围。从2012年起，将“三包”政策扩展至学前教育，实施学前至高中阶段“15年”教育“三包”政策，并进一步提高“三包”标准。目前“三包”标准为学前2640元/学年、小学和初中3140元/学年、高中3380元/学年，边境县学生为学前2840元/学年、小学和初中3340元/学年。2012年3月开始，正式实施农牧区义务教育学生营养改善计划，按照每学期100天，每天4元标准发放②。这几项面向西藏农牧民家庭及城镇贫困家庭子女的教育福利和保障政策解决了农牧民家庭及城镇贫困家庭的教育成本和负担，相比于其他地区，西藏自治区学生教育机会保障政策的保障水平更高、覆盖面更广、解决农牧民及城镇贫困家庭的教育后顾之忧更为彻底。

其二，西藏利用中央特殊扶持及全国“援藏”的有利条件，对学前教育、中小学校教育之外的各级各类教育采取各种支持政策。如从2011年秋季起，对新入高校师范和农、牧、林、水、地矿专业的学生实行免费教育；对高校经济贫困学生实行助学贷款贴息；给普通本科高校和高等职业学校全

① 参见《我区易地搬迁一批脱贫工作综述》，西藏自治区人民政府网，2016年10月13日，http：//www. xizang. gov. cn/xwzx/ztzl/fpgj/201610/t20161013_ 90035. html。

② 资料来源：《林芝市教育发展情况》，资料提供部门：林芝市教育局，资料提供时间：2019年5月30日。

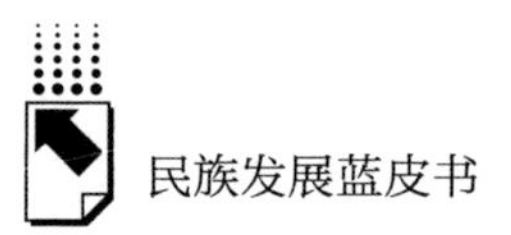

日制本专科在校生授予各类各级助学金和奖学金。①

其三，在以上普惠教育政策的基础上，西藏还制定了贫困家庭教育资助政策，即对贫困家庭子女职业教育和高等教育实施资助。具体而言，对于接受职业教育和高等教育的贫困家庭子女，政府给予其学费、书本费、住宿费、交通费、基本生活费等补贴支持；对于未升入高中、大学的贫困家庭子女，政府将其全部纳入免费职业教育范围，并加强对贫困群众转移就业培训和实用技能培训的支持力度，帮助贫困家庭子女提高就业技能。②

其四，2014～2016 年，中央对西藏下达专项资金 40.1 亿元，将 1034 所义务教育学校纳入“全面改造义务教育薄弱学校”实施范围，覆盖西藏 74 个县（区）。③

4. 社会保障扶贫

为了实现“社会保障兜底一批”，西藏逐步提高社会保障覆盖面和保障水平。一方面，西藏实施全民参保计划，政府给予特殊贫困人口参保费用补贴，确保贫困人口新型农村养老保险、新型农村合作医疗参保率达到 100%。尤其值得一提的是，自 2016 年脱贫攻坚战打响以来，西藏在提高新型农村合作医疗覆盖面及保障水平的基础上，基于让贫困人口“看得起病、看得上病、看得好病、少生病”的目标，聚焦农牧区卫生健康薄弱环节，加大政策供给和投入支持力度，大力实施健康扶贫工程。主要包括，其一，让贫困人口“看得起病”。自 2016 年以来，西藏各区县继续执行“先诊疗、后结算”政策，继续全面实行农牧区孕产妇住院分娩和婴儿住院救治费用 100% 报销，保障贫困人口“看得起病”。其二，让贫困人口“看得上病”。西藏为保障贫困人口看得上病，实施分级诊疗试点工作，建立县乡村一体化管理机制，组织援藏的全国三级医院和援藏医疗专家对口帮扶县级医院并进

① 参见《西藏自治区农牧民享受财政补助优惠政策明白卡（2015 年版）》，西藏自治区财政厅、西藏自治区强基惠民活动办公室印制，2015。

② 参见王雅慧《西藏社会保障兜底一批脱贫工作综述》，《西藏日报》2016 年 10 月 20 日。

③ 《中央投入 40 余亿元改善西藏农牧区学校条件》，西藏自治区人民政府网，2016 年 11 月 1 日，http：//www.xizang.gov.cn/xwzx/ztzl/yzgz/zygh/201611/t20161101_91894.html。

行指导，开展“百名专家下基层”“三下乡”“万名医师支援农村工程项目”等巡诊义诊服务活动。其三，让贫困人口“看得好病”。西藏全面实施重大公共卫生项目，通过调查摸底核实，搞清楚农村贫困人口患病情况，确定分类救治策略。并且加强地方病、重点传染病综合防治、控制力度，规范地方病、重点传染病发现、诊断和治疗工作，针对重病贫困患者，实施“农牧区医疗制度 + 农牧民大病商业保险 + 民政医疗救助 + 政府兜底”医疗保障套餐等，让贫困人口看得起病、看得好病。要而言之，保障贫困人口享受基本的医疗卫生服务，以解决贫困人口因病致贫、因病返贫问题。目前重病兜底保障率、大病集中救治率、慢病签约服务率均超过 95%，还实现了大骨节病救治和包虫病患者免费手术、药物治疗的全覆盖。①

另一方面，在最低生活保障制度等救助制度方面，西藏努力对于丧失劳动能力的低保户、五保户贫困家庭全部实行社会兜底脱贫，并逐步提高补助标准，基本实现了有意愿的五保户集中供养、残疾人和孤儿集中供养，供养比例达 100%。

（三）党建扶贫

近年来，西藏自治区党委、政府始终把党建促脱贫攻坚工作摆在重要地位，充分发挥各级党组织的政治优势，推动基层党组织建设向脱贫攻坚聚焦、力量向脱贫攻坚集中、政策向脱贫攻坚倾斜，在脱贫攻坚的战场上彰显基层党组织的核心、引领和服务作用，积极寻找党建工作与精准扶贫、精准脱贫的结合点，通过党组织班子优化工程和骨干聚集工程，党组织班子和广大党员带领群众积极参与特色产业的创建发展，切实增强贫困农牧民脱贫致富奔小康的信心和决心，从而以党建优势助力脱贫攻坚。

---

① 《西藏自治区 2016 年健康扶贫成效突出》，《西藏日报》2017 年 2 月 13 日；院春梅：《推进健康扶贫助力西藏脱贫攻坚》，中国西藏新闻网，2018 年 11 月 14 日，http://www.xzxw.com/zhuanti/tpgj/wstp/201905/t20190512_2616810.html；娄梦琳：《截至去年底，西藏 55 个县（区）脱贫摘帽》，《西藏商报》2019 年 10 月 18 日。

（四）金融扶贫

针对缺资金是目前最主要致贫原因的情况，为解决脱贫攻坚工作中贷款难、融资贵等问题，西藏银监局出台了6大类19项金融扶贫政策措施，形成了搬迁扶贫、产业扶贫、到户扶贫等对应的各类主体“应贷尽贷”的金融扶贫政策体系，金融扶贫取得显著成效。2016年，西藏累计发放扶贫贴息贷款218.15亿元，落实扶贫再贷款资金3784万元。扶持农牧户逾45万户，扶持各级扶贫企业逾190家。① 2017年一季度末，西藏金融机构涉农贷款余额928.57亿元，扶贫贴息贷款余额462.01亿元，产业精准扶贫贷款余额达到31.99亿元。另外，2017年个人扶贫贴息贷款余额达到81.04亿元，其中为贫困建档立卡户发放贷款7.89亿元，贷款余额31.31亿元，扶持的贫困建档立卡户达到6.56万户，使21.24万贫困人口受益。②

（五）“援藏”扶贫

西藏是一个生态、经济、政治都很特殊的区域，中央对西藏一直实行特殊的扶持政策。自1951年西藏和平解放以来，在中央关心、全国支援下，西藏形成了以中央支持为主、对口支援为重要力量的“全国援藏”的区域发展和反贫困战略。

在1984到1993年中央召开第二、第三次西藏工作座谈会期间，我国确定了“全国援藏”的基本模式，这一时期援藏主体以中央为主，其他地方省市为辅，援藏项目主要以面的覆盖为主，援藏时间及形式还不具有连续性和稳定性。③ 从1994年中央召开第三次西藏工作座谈会开始，中央确定“对口支援、分片负责、定期轮换”的政策，“全国援藏”进入了一个新的

---

① 参见《中国扶贫开发年鉴》编辑部编《中国扶贫开发年鉴（2016年）》，团结出版社，2016；《我区着力打造金融扶贫政策体系》，西藏自治区人民政府网，2017年10月8日，http://www.xizang.gov.cn/xwzx/ztzl/fpgj/201710/t20171008_145563.html。

② 参见赵玉芹《西藏金融助推3800余个扶贫项目发展》，中国新闻网，2017年4月26日，http://www.chinanews.com/fortune/2017/04-26/8209396.shtml。

③ 参见艾俊涛主编《西藏经济社会发展问题研究》，中国财政经济出版社，2010。

时期，到2016年，共有17个省市（不含曾经承担援藏任务的四川省）和中央国家机关70个部委、17户中央企业与西藏建立了对口支援关系，先后选派了八批约5000名各类优秀干部人才进藏工作，为西藏发展注入了新的生机与活力。[①] 援藏项目广泛涉及农、林、牧、水、电、交通、能源、文化教育、医疗卫生、广播电视、城镇建设、基层政权建设、农房改造、人才培养等诸多领域。援藏项目工程有效地缓解了区域经济发展的“瓶颈”，为西藏的经济社会发展，尤其是反贫困做出了巨大贡献。特别是第六次西藏工作座谈会召开以来，结合西藏的发展实际，全国各个对口支援省市和单位加大扶持力度，以改善西藏农牧区生产生活条件为重点，大力建设支撑农牧区经济发展、改善农牧区生产生活条件、帮助农牧民增收、脱贫致富的项目，积极把援藏项目向农牧区倾斜，以此支持西藏精准扶贫、精准脱贫方略的实施。2015~2019年，所有对口支援单位累计实施援藏项目超过1万个、到位援藏资金超过400亿元。[②]

值得一提的是，2019年以来，援藏工作有了一些新变化。其一，项目类别更有针对性。2019年6月17日在林芝市召开的“西藏自治区深度贫困地区脱贫攻坚现场推进暨深化对口援藏扶贫工作会议”上，现场签约202个援藏项目，签约资金151亿元，签约项目数量和资金规模相较往年均大幅增加。参与签约的涉及17个对口援藏省市、16家对口援藏中央企业和一些特邀签约企业。在这次的援藏项目签约方面，针对西藏目前脱贫攻坚出现的新情况，有一些小的变化，即实现了援藏项目从以往的以基础设施和产业为主，拓展到了覆盖产业扶贫、教育扶贫、就业扶贫、消费扶贫、健康扶贫等各个方面。转移就业和消费扶贫项目都是2019年新增加的类别，跨省安排8000多人转移就业，其中包括5000多位高校毕业生，消费扶贫签约资金超

① 参见潘久艳《对口援藏20年的成就与问题》，载孙勇主编《华西边疆评论（2）》，四川大学出版社，2015。

② 参见《伟大的跨越：西藏民主改革60年》（西藏民主改革60年白皮书），新华网，2019年3月27日，http://www.xinhuanet.com/politics/2019-03/27/c_1124287873.htm。

过20亿元。① 其二，更重视扶贫项目的落地工作。2019年，已落地援藏扶贫项目25个，到位资金61.78亿元。② 其三，援藏主体更加多元。援藏主体除了中央政府、对口援藏省市、中央企业，还增加了民营企业、社会团体、爱心人士等社会扶贫力量，援藏力量进一步增强。其四，“援藏”扶贫内容也从单一的“给钱给物”转变为以提供项目、智力、技术、资金等多元化市场经济要素为主，旨在提高西藏自我发展能力的组团式扶贫。其五，援藏扶贫模式进一步转型。经过几轮“援藏”扶贫，援藏扶贫模式已经由原来依靠中央的物力、人力、财力为主的“输血式”扶贫，逐渐转变为以援藏干部为纽带、以项目为依托、以资金为抓手的“造血式”扶贫，由最开始时对口援藏省市、中央企业单向无偿帮扶西藏，拓展为在“援藏”框架下，中央企业、民营企业等各类市场主体与西藏“双向互动、共同发展、实现共赢”，旨在提高西藏融入国际国内市场经济体系，提高其自我发展能力。目前，“对口援藏”形成了干部援藏、经济援藏、项目援藏、教育援藏、医疗援藏、科技援藏等模式，形成全方位、宽领域、多层次的援藏格局。

四　西藏农牧区脱贫攻坚主要成就和困难

（一）西藏农牧区脱贫攻坚的主要成就

1. 率先在“三区三州”中实现整体脱贫，脱贫攻坚任务全面完成

自2016年脱贫攻坚战打响以来，在党中央关怀和全国人民的支持下，在西藏自治区党委、政府的领导和全区各族人民努力奋斗下，西藏的脱贫攻坚工作取得了决定性进展。2017年，拉萨市城关区、林芝市巴宜区、山南市乃东区、昌都市卡若区和日喀则市亚东县实现脱贫摘帽。2018年，米林、

① 袁海霞、罗鼎铭：《西藏狠抓援藏扶贫项目落地》，《西藏日报》2019年8月19日。

② 袁海霞、罗鼎铭：《西藏狠抓援藏扶贫项目落地》，《西藏日报》2019年8月19日。

工布江达、波密、吉隆、林周、当雄等25个县区实现脱贫摘帽，2100个贫困村退出。截至2018年底，西藏已实现55个贫困县（区）摘帽，摘帽总数居全国首位。实现“4714个贫困村（居）退出、47.8万人脱贫，贫困发生率由2015年之前的35.2%下降到现在的6%以下”,① 2019年，余下的19个贫困县（区）摘帽，“绝对贫困基本得到消除，脱贫攻坚任务全面完成”。② 可以说，西藏率先在“三区三州”中实现整体脱贫。

特别值得一提的是，2017年1月，国务院扶贫开发领导小组组织的省际交叉考核组对西藏脱贫攻坚工作进行全面考核，结果表明，西藏2016年精准识别率达到100%、精准退出率达到100%，群众满意度达到99.6%，被评为2016年脱贫攻坚工作成效考核“综合评价好”的8个省区市之一。③ 国务院脱贫攻坚督导组、全国政协考察组、中科院第三方评估组均认为，西藏脱贫攻坚识别精准，工作扎实，帮扶到位，精准扶贫全面展开、快速推进，走在了全国的前列。④ 此后两年，也可以说是连续三年，西藏脱贫攻坚工作成效均被中央确定为“综合评价好”。⑤

2. 农牧民收入稳步增长，生活质量不断提高

2000~2018年，西藏农牧民人均可支配收入从1326元增长到11450元，年均增长12.7%，比同期全国平均水平高4.8个百分点。值得一提的是，脱贫攻坚战启动以来，西藏农牧民人均可支配收入从2015年底的8244元增长到2018年的11450元，年均增长11.7%，比同期全国平均水平高4.8个

---

① 常川：《西藏脱贫成效连续3年获国办表扬　今年将确保剩余19个贫困县摘帽》，中国西藏新闻网，2019年5月26日，http://www.xzxw.com/xw/201905/t20190526_2633714.html。另外，西藏自治区扶贫办最近发布的有关2015年前后的贫困人口、贫困发生率的数据与国家民委2018年公布的《2017年民族地区农村贫困监测情况》相关数据，有一定差异，可能的原因是西藏自治区扶贫办最近公布的相关数据是后来动态调整的数据。当然，无论哪个口径，都可以说明脱贫攻坚以来西藏减贫的成就。

② 张伟、赵朗、赵延：《巩固脱贫攻坚成果纳入西藏2020年工作重点》，中国西藏网，2020年1月8日，http://www.tibet.cn/cn/index/news/202001/t20200108_6732932.html。

③ 参见张曙霞《脱贫攻坚战的西藏打法》，《财经国家周刊》2017年第11期。

④ 参见王健君、刘洪明《脱贫攻坚“世界屋脊之巅”》，《瞭望》2017年第20期。

⑤ 刘倩茹：《写好消除贫困的西藏答卷——访西藏自治区扶贫办主任尹分水》，《西藏日报》2019年11月5日。

百分点。[①] 随着扶贫开发特别是脱贫攻坚战的实施，持续推进农牧民安居工程、危房改造、农村人居环境改善、扶贫搬迁、小康村建设等工程，西藏农牧民普遍住上了安全适用房屋。同时，随着收入的稳步增长，西藏农牧民家庭生活设施得到改善，生活水平也得到提高。2017 年，西藏只有 1.5% 的农牧户仍然居住在竹草土坯房里，其余居住的是砖瓦、砖混结构的住房；60.7% 的农牧户使用管道供水，26.1% 的农牧户使用经过净化处理的自来水；81% 的农牧户饮水无困难，71.2% 农牧户有独用厕所。同年，西藏农牧区每百户拥有汽车、洗衣机、电冰箱、移动电话的数量分别是 18.7 辆、64.9 台、54.8 台、189.3 部。显然，相比 2015 年，西藏农牧民家庭在住房、饮用水、厕所、耐用消费品等方面，得到很大程度的改善、提高。[②]

3. 基础设施不断改善，基本公共服务能力得到进一步加强

第一，西藏农村的基础设施有了很大改善。目前，西藏农村通公路、通电、通电话、移动信号接近全覆盖。到 2018 年底，西藏公路通车里程为 9.78 万公里，其中高等级公路 660 公里；西藏全部 74 个县（区）均实现通公路；西藏 697 个乡镇中 696 个实现通达，579 个实现通畅；西藏 5467 个建制村中 5457 个实现通达，2624 个实现通畅。西藏自治区区内主电网覆盖到 62 个县（区），供电人口 272 万人，其他地区通过光伏局域网、户用光伏系统、小水电等方式基本实现了用电人口全覆盖。西藏还实现了所有乡通光缆、通宽带，85% 的行政村通宽带，所有行政村通移动信号。[③]

第二，西藏农牧区医疗服务、学前和小学教育的可及性都有所提高。2017 年，西藏农牧区所在自然村上幼儿园便利的农户比重、所在自然村上小学便利的农户比重分别是 90.2%、95.1%，分别比 2015 年提高 8.3、4.6

① 根据《中国统计年鉴 2019》、《西藏统计年鉴 2018》及《2018 年西藏自治区国民经济和社会发展统计公报》计算、整理得出。

② 根据国家统计局住户调查办公室《中国农村贫困监测报告（2018）》、《中国农村贫困监测报告（2016）》、《中国统计年鉴 2019》相关数据整理、计算。

③ 参见《伟大的跨越：西藏民主改革 60 年》（西藏民主改革 60 年白皮书），新华网，2019 年 3 月 27 日，http://www.xinhuanet.com/politics/2019-03/27/c_1124287873.htm。

个百分点。农牧区所在自然村有卫生站的农户比重达到73%。[①] 2018年，西藏小学净入学率和初中、高中、高等教育毛入学率分别达到99.5%、99.5%、82.3%和39.2%，人均受教育年限达到9.55年，[②] 相较脱贫攻坚之前，均有一定程度的提高。

第三，在实现社会保险制度全覆盖的基础上，西藏覆盖城乡的医疗卫生服务体系逐步完善。西藏一直“对农牧民实行特殊的免费医疗政策，以免费医疗为基础，以政府投入为主导，家庭账户、大病统筹和医疗救助相结合的农牧区医疗制度全面建立”。脱贫攻坚开展以来，在党中央的关怀和全国人民的支持下，实施医疗人才“组团式”援藏工作，集结全国知名三甲医院支援西藏自治区人民医院和七市（地）人民医院，惠及西藏城乡居民。[③] 确保贫困人口常见病、小病、慢性病可在县区内解决，重病、大病治疗期间和治疗后吃穿有保障。另外，在全国率先实现城乡居民基本养老保险均等化，率先实现五保集中供养和孤儿集中收养，率先实现医疗救助城乡一体化，率先实施城乡居民（包括在编僧尼）免费体检，先天性心脏病儿童全部得到免费救治等。[④] 2017年，西藏74个县（区）年满60周岁的人都能领到基础养老金，领取基础养老金人数共计283647人。2019年1月1日起，西藏将农村低保标准保持在每人每年4450元，五保供养标准提高到每人每年4940元。[⑤] 覆盖范围更广、保障水平更高、保障方式更便捷的具有西藏特色的社会保险制度体系，正在渐渐成形。

---

① 根据国家统计局住户调查办公室：《中国农村贫困监测报告（2018）》、《中国农村贫困监测报告（2016）》、《中国统计年鉴2019》相关数据整理、计算。

② 《伟大的跨越：西藏民主改革60年》（西藏民主改革60年白皮书），新华网，2019年3月27日，http：//www.xinhuanet.com/politics/2019－03/27/c_1124287873.htm。

③ 《伟大的跨越：西藏民主改革60年》（西藏民主改革60年白皮书），新华网，2019年3月27日，http：//www.xinhuanet.com/politics/2019－03/27/c_1124287873.htm。

④ 参见邓建胜《治国必治边，治边先稳藏——壮美高原享安康》，《人民日报》2017年9月11日。

⑤ 《伟大的跨越：西藏民主改革60年》（西藏民主改革60年白皮书），新华网，2019年3月27日，http：//www.xinhuanet.com/politics/2019－03/27/c_1124287873.htm。

（二）西藏农牧区脱贫攻坚面临的困难与挑战

首先，西藏区域内部发展差距大，贫困人口集中、贫困类型多、致贫原因复杂的重点深度贫困地区（如 2019 年最后脱贫摘帽的一些县），虽然在 2019 年实现了脱贫，但其保持脱贫成果的难度仍很大。一方面，如果目前的脱贫工作不到位、脱贫质量不高，部分贫困人口即使目前脱贫了，未来也有可能返贫。另一方面，这些深度贫困地区，海拔高、生态脆弱、自然灾害多发频发，自然条件严酷，经济社会发展起点低，农牧民在生产生活中要面临各种风险，如自然灾害、市场波动、国际敌对势力和十四世达赖集团分裂祖国的“暴力”“非暴力”活动等风险，农牧民（包括脱贫人口）因灾致贫、因病致贫等风险依然存在，预防新增贫困及巩固脱贫成果任务非常艰巨。

其次，西藏（特别是深度贫困县、村）公共服务和基础设施短板仍然突出，经济社会发展严重滞后，城镇化进程较慢，影响着整体脱贫攻坚成果的巩固。

最后，有些地区对脱贫攻坚政策理解不透彻、执行不力、执行不到位。另外，旧西藏传统观念中的一些消极因素还在影响着部分农牧民，特别是贫困农牧民，他们长期受惑于“重来世不重今生”等宗教说教，安于现状，缺乏积极生产的意识。还有一些贫困农牧民长期依赖外力，将扶贫看作一项“福利”，“等、靠、要”思想严重，缺乏自力更生、自我发展的内生动力。

上面这些问题，是长期积累下来的，虽然随着西藏经济社会的发展，尤其是近年脱贫攻坚工作的推进，已经有了很大提高和改善，但相对东部发达地区，仍显现出“发展不充分、不平衡”的状态，西藏仍属于欠发达地区，需要在未来的反贫困实践、乡村振兴行动及经济社会发展中探索解决。

五　西藏农牧区脱贫攻坚的展望与对策

目前西藏脱贫攻坚工作还面临一些挑战，要实现贫困人口和贫困县到

2020 年有效脱贫以及“2020 年后脱贫时代”的长期、稳定脱贫的目标，西藏还必须重视以下几个方面的问题。

第一，部分扶贫政策和工作力度仍需保持一定的连续性和稳定性。如上所述，随着经济的发展，西藏财政收入、财政支出逐年增长，但财政自给率却在波动中下降。目前，西藏农牧民收入的 2/3 基本靠政府转移性收入。这一方面体现了中央对西藏的关怀及全国人民对西藏的支持；另一方面也说明，西藏内源性发展能力不足，主要还是依靠国家和全国其他省市的支持在生存和发展，一旦国家和其他省市的支持力度减小，势必会马上影响西藏经济社会发展，尤其是影响西藏减贫的成效。“治国必治边，治边先稳藏”，作为全国最特殊的深度贫困地区，西藏打赢脱贫攻坚战、与全国同步建成全面小康社会、缩小与发达地区的发展差距，具有全局性的战略意义。因此，基于西藏在全国的战略地位以及西藏的实际情况，西藏仍需国家及全国人民的支持，国家对西藏的特殊扶持政策仍需保持一定的连续性和稳定性。目前，西藏出台的部分脱贫攻坚政策性文件的时间节点是 2020 年，一些扶贫政策即将到期，西藏应该对现有扶贫政策进行全面梳理，留出政策缓冲期和接口，有些政策需要进一步加强、有些应该继续保留、有些应该调整，以确保不因政策变动影响脱贫成效，要明确西藏今天的脱贫成果来之不易。例如，对于教育扶贫政策、社会保障政策（包括低保和健康扶贫相关的医保政策）等关乎破解贫困代际传递和保障最贫困群体基本生存保障的政策，应该进一步加强，对于产业扶贫政策、劳动力技能培训等方面的政策，西藏应尽快出台与脱贫攻坚政策保持大体连续一致的相应政策（如“乡村振兴”的具体实施方案、细则等），让“脱贫攻坚”与“乡村振兴”进行有效链接。

第二，在 2019 年底至 2020 年的巩固脱贫攻坚工作中，西藏必须坚持问题导向，瞄准贫困难题，抢抓机遇，建立健全长效脱贫机制，把工作重心由注重减贫进度向保证脱贫质量转移，扎实写好脱贫攻坚“最后一段文章”，走出一条具有中国特色、西藏特点、符合目前西藏发展阶段性特征、把握西藏各族人民对美好生活需要的脱贫攻坚道路。

第三，习近平总书记指出，“发展是解决所有问题的关键”，是“甩掉贫困帽子的总办法”。西藏必须在2020年基本完成脱贫攻坚任务的基础上，进一步落实中央对西藏的特殊支持政策，用足用活用好这些政策，保持较高的经济发展速度，进一步加强基础设施和公共服务建设，努力解决“发展不平衡不充分”问题。

第四，注重防范化解各种风险。虽然2019年底，西藏基本实现“消除绝对贫困”现象，但2020年及今后巩固脱贫攻坚成果的任务仍很艰巨，仍然有很多的风险点需要关注和重视。比如，扶贫产业不可持续发展的风险、易地扶贫搬迁入住后，贫困户不能适应新的生产生活方式从而不能长期可持续脱贫的风险、扶贫小额信贷可能不能按期还款的风险等，这些都是西藏下一步需要采取措施、加强防范的。还有，近期西藏需要探索建立返贫监测预警机制，对贫困县、贫困村，特别是脱贫人口、贫困人口、边缘贫困人口等进行定期核查、动态管理，及时将新增贫困人口和返贫人口纳入帮扶行列，[①] 以防止返贫和巩固脱贫成果。

第五，要注意处理好中央关心、全国援藏与自力更生、自我发展的关系。对于西藏这样的深度贫困地区，经济发展的要素条件和活力不足，因此，外部帮扶推动西藏的经济社会发展是必不可少的，即通过中央、全国各援藏单位注入资金，加大基础设施建设，改善公共服务水平，引进发达地区的现代化发展模式，促进西藏加速实现现代化。但是，外部帮扶只是过程与手段，最终要靠西藏各族人民寻找内源发展的动力，提升自我发展能力，实现脱贫攻坚的最终胜利和全面建成小康社会的目标。

① 林晖、蒋翠莲、常川：《汪洋：高质量打赢西藏脱贫攻坚战》，中国西藏新闻网，2019年8月23日，http://www.xzxw.com/xw/201908/t20190823_2733152.html。

B.3

新疆维吾尔自治区南疆深度贫困地区脱贫攻坚的主要成效与经验

宁亚芳*

摘　要： 南疆四地州的贫困程度深、基础条件差、致贫原因复杂，是集民族、宗教、维稳问题交织的深度贫困地区。针对南疆四地州22个深度贫困县的贫困状况，新疆制定了以“七个一批”和“三个加大力度”为框架的脱贫攻坚方案。近年来，经过广大干部群众的团结合作，南疆四地州深度贫困地区取得了六个方面的主要成效。南疆深度贫困地区的反贫困实践展现出了六个方面的经验，即：始终坚持在党的领导下实现脱贫攻坚与社会稳定相互促进；持续开展对口支援实现共同团结互助发展；明确树立以就业为导向的反贫困实践主线；重视增强干部开展结对认亲帮扶能力的培训与提升；大力加强教育宣传工作促进扶贫与扶志扶智深度融合；创新开展土地清理再分配和发挥收益扶贫效应。为实现高质量脱贫，南疆四地州深度贫困地区还需要提高扶贫资源使用的精准性，增强转移就业的稳定性，增强产业发展的持续性，提升扶贫项目的协同性，形成扶贫政策与资源合力，共同解决绝对贫困问题。

关键词： 南疆　深度贫困地区　转移就业　发展能力　社会稳定

---

* 宁亚芳，中国社会科学院民族学与人类学研究所副研究员。

南疆地区的社会稳定和经济社会发展状况历来受到党和政府的高度关注，早在2007年，南疆因属于国家扶贫工作重点县的集中区域而成为国家持续关注并给予政策扶持的重点区域。2017年，习近平总书记在参加十二届全国人大五次会议新疆代表团的审议时，着重提出了南疆的脱贫问题，指出要“把南疆贫困地区作为脱贫攻坚主战场”。[①] 2017年6月，习近平总书记指出，脱贫攻坚的主要难点是深度贫困。因生存环境恶劣、致贫原因复杂、基础设施和公共服务缺口大、贫困发生率高，南疆四地州（阿克苏、喀什、和田、克孜勒苏柯尔克孜自治州）连同西藏和四省藏区、四川凉山、云南怒江、甘肃临夏等地区被列为深度贫困地区。为确保上述深度贫困地区在2020年如期实现脱贫攻坚目标，习近平总书记在会上也明确提出了8个方面的要求，加大力度推进深度贫困地区脱贫攻坚。

南疆四地州有22个深度贫困县、1962个深度贫困村、162.75万贫困人口，是新疆脱贫攻坚的难点和重点。从区域特点来看，南疆四地州既是一个多民族聚居的地区，也是一个长期干旱但绿洲农业发达的地区，是中国的边疆地区。例如位于喀什地区的阿克陶县，是一个集特困山区（96.4%的地域为山区）、边境地区（边境线380公里，通外关口81处）、反恐维稳重点区域于一体的深度贫困县，全县13个乡镇均为深度贫困乡镇，贫困发生率高达29.3%。在民族、宗教、边疆等多重因素的综合作用下，当地老百姓面临的贫困问题在表现形式上与其他地区不同，进而决定了南疆深度贫困地区的扶贫措施与反贫困政策体系也存在差异。但这些差异的存在，也正是脱贫攻坚过程中“精准”含义的体现。不可忽视的是，南疆四地州脱贫攻坚行动又紧密围绕着中央关于新疆工作的大政方针持续展开。2017年5月，习近平总书记在第二次中央新疆工作座谈会上强调，围绕社会稳定和长治久安的总目标，坚持依法治疆、团结稳疆、长期建疆，努力建设团结和谐、繁

---

① 刘毅：《聚焦深度贫困　攻克坚中之坚——南疆四地州脱贫攻坚工作综述》，《新疆日报》2018年10月17日第1版。

荣富裕、文明进步、安居乐业的社会主义新疆。① 结合社会稳定和长治久安这一总目标，2017 年以来深度贫困地区脱贫攻坚规划的实施，显著提升了南疆四地州脱贫攻坚政策的协同性、系统性和整体性，各类反贫困资源的投入表现出多维度、多层面、多渠道的特点。

在科学规划和多方力量有序参与的共同努力下，南疆四地州的脱贫攻坚事业取得了显著成效。2018 年，南疆四地州累计有 48.69 万贫困人口实现脱贫、513 个贫困村退出，贫困发生率由 2017 年底的 18.3% 下降至 2018 年底的 10.51%。② 例如地处祖国最西部边陲的乌恰县（山地、戈壁、荒滩占全县总面积的 98%）的 28 个贫困村全部实现“五通九有”，5 个深度贫困村稳定脱贫摘帽，贫困发生率从 2014 年的 45.5% 降至 2018 年的 0.92%。这些成效的取得，也为南疆四地州实现高质量脱贫奠定了坚实基础。南疆四地州脱贫攻坚成效的取得，不仅对我国 2020 年如期实现脱贫攻坚目标具有关键性意义，也为中国特色反贫困经验提供了鲜活的案例。总结南疆四地州反贫困资源的协同整合使用的经验，探析南疆四地州社会稳定和消除绝对贫困双重目标的实现路径，具有重大的现实意义和学术价值。

一　南疆四地州脱贫攻坚的政策体系

研究表明，致贫原因的多维性特点意味着解决贫困问题的措施应当是多维的和个性化的，这也正是习近平总书记提出精准扶贫、因户施策的题中之意。新疆在落实党中央治疆方略的基础上，提出了“1 +3 +3 + 改革开放”③ 工作总要求，将脱贫攻坚纳入工作总要求的框架中，使脱贫攻坚与反恐维稳、丝绸之路经济带核心区建设、乡村振兴和旅游发展等协同推进。针对南

① 《习近平主持第二次中央新疆工作座谈会》，新华网，2017 年 7 月 11 日，http://www.chinaxinjiang.cn/zhuanti/2017/08/5/201707/t20170711_555119.htm。

② 王兴瑞：《全区脱贫攻坚战线收缩至南疆四地州》，《新疆日报》2019 年 2 月 22 日第 1 版。

③ “1”是围绕总目标抓好反恐维稳工作；第一个“3”是全面贯彻新发展理念，抓好三大攻坚战；第二个“3”是推动高质量发展，做好丝绸之路经济带核心区建设、乡村振兴战略和旅游产业发展三项重要工作。

疆四地州22个深度贫困县的贫困状况，新疆制定了以“七个一批”和“三个加大力度”为框架的脱贫攻坚实施方案。“七个一批”和“三个加大力度”基本构成了南疆四地州脱贫攻坚的政策内容集合（见图1）。而在具体反贫困实践中，各个县市在这一政策集合中进行了因地制宜的政策组合，构成了多元化的反贫困政策措施组合。

总体而言，“七个一批”的内容是指，转移就业、发展产业、土地清理再分配、发展庭院经济、易地扶贫搬迁、实施生态补偿、综合社会保障措施兜底。此外，考虑到边境深度贫困地区既要脱贫又要保卫边境安全的问题，一些地区还实施了通过护边员扶持一批。“三个加大力度”的内容是，教育扶贫、健康扶贫、基础设施建设。其具体政策内容详见图1。除此之外，对口援疆、党政干部帮扶、行业和企业帮扶也为南疆深度贫困地区的脱贫提供了资金、技术和思想引导方面的支持。对口援疆既是我国民族工作中促进民族地区现代化和民族团结的重要举措，也是当前深度贫困地区脱贫攻坚的重要外部力量。党政干部帮扶具体主要通过“访惠聚”驻村工作队、“民族团结一家亲”、部门包村帮扶等活动来实现。这些帮扶队伍在识别贫困对象，制定贫困家庭脱贫方案，协助提升基层党组织、村委会社会治理能力，宣传扶贫政策和帮扶贫困人员摆脱“精神贫困”，增进民族团结方面发挥了不可替代的作用。行业和企业帮扶为南疆四地州的产业发展和筹集项目资金提供了重要帮助。例如一些中央企业定点为深度贫困县提供扶贫资金，帮助建设基础设施和产业发展项目。

（一）“七个一批”

就内容而言，“七个一批”的政策内容突出表现为增加贫困户的家庭收入。而帮助贫困户增收的途径又具体表现为两种：一类是增加贫困户的转移性收入，例如以贫困户参加一定劳动或技能培训为前提的补贴；另一类则是增加贫困户获取工资性收入或者经营性收入的渠道，例如各地开展的产业扶贫和就业扶持。此外，在“七个一批”中，也有针对深度贫困村集体的帮扶，例如对深度贫困村集体的公共资金的投入，等等。

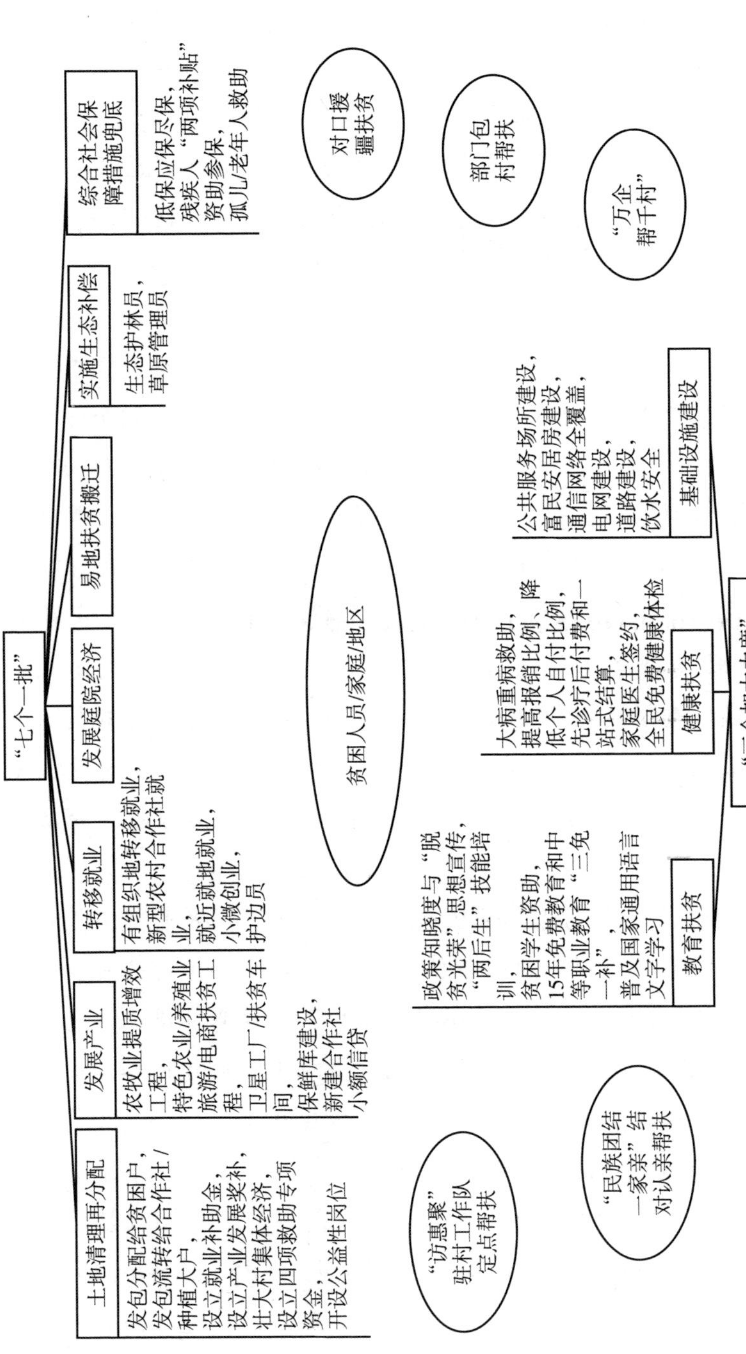

“七个一批”

土地清理再分配
发包分配给贫困户，
发包流转给合作社/种植大户，
设立就业补助金，
设立产业发展奖补，
壮大村集体经济，
设立四项救助专项资金，
开设公益性岗位

发展产业
农牧业提质增效工程，
特色农业/养殖业旅游/电商扶贫工程，
卫星工厂/扶贫车间，
保鲜库建设，
新建合作社
小额信贷

转移就业
有组织地转移就业，
新型农村合作社就业，
就近就地就业，
小微创业，
护边员

发展庭院经济

易地扶贫搬迁

实施生态补偿
生态护林员，
草原管理员

综合社会保障措施兜底
低保应保尽保，
残疾人“两项补贴”资助参保，
孤儿/老年人救助

贫困人员/家庭/地区

对口援疆扶贫

部门包村帮扶

“万企帮千村”

“访惠聚”驻村工作队定点帮扶

“民族团结一家亲”结对认亲帮扶

教育扶贫
政策知晓度与“脱贫光荣”思想宣传，
“两后生”技能培训，
贫困学生资助，
15年免费教育和中等职业教育“三免一补”，
普及国家通用语言文字学习

健康扶贫
大病重病救助，
提高报销比例、降低个人自付比例，
先诊疗后付费和一站式结算，
家庭医生签约，
全民免费健康体检

基础设施建设
公共服务场所建设，
富民安居房建设，
通信网络全覆盖，
电网建设，
道路建设，
饮水安全

“三个加大力度”

图1　南疆四地州脱贫攻坚扶贫政策框架

在南疆四地州实施的“七个一批”中，最具特色的当属土地清理再分配和庭院经济。以土地清理再分配助推南疆四地州脱贫攻坚是新疆反贫困政策实践的一大创新。南疆深度贫困地区普遍存在人多地少、人地矛盾紧张的难题，而部分人员非法开荒或者非法占有土地的问题也不同程度存在，这些问题直接制约了当地农业的规模化发展和农民农业经营性收入的增加。为此，新疆将土地清理再分配纳入“七个一批”脱贫攻坚政策体系，以此来引导贫困户参与土地经营，实现贫困人口人均耕地面积增加的政策目标。土地清理再分配政策实施过程中，大多数深度贫困县都成立了土地开发股份有限公司，由该公司将土地集中租赁给合作社、大户和企业等，对所收租金进行统一分配。土地租金收入则具体用于就业补助（对于一年内稳定就业或积极参加技能培训的贫困人员给予经济收入补助），产业发展奖补（对一些新成立的专业合作社或发展特色产业的农户给予资金补助），壮大村集体经济收入（对深度贫困村集体直接给予 5 万元的资金补助），设立四项专项救助资金（主要用于教育、医疗、临时救助、困境儿童救助），开设公益性岗位（将租金收入用于发放参加公益性岗位的贫困人员的工资），购买农业保险/财产保险等。总体而言，土地清理再分配为南疆深度贫困地区提供了一笔重要的扶贫资金，也是盘活内生性扶贫资源的一项创新措施。

庭院经济虽然并非南疆地区首创，但是这一扶贫政策在南疆四地州发挥了包含反贫困效果在内的综合性乡村治理效果。2015 年，新疆新设“南疆四地州庭院经济发展试点专项”资金用于启动庭院经济项目。庭院经济扶持一批具体依托贫困户庭院改造，同时结合美丽乡村建设、厕所革命和农村环境整治等多项政策要求集中开展。庭院改造重点实现“三区分离”（生活区、种植区、养殖区），在此基础上大力发展“一个拱棚、一畦菜地、一架葡萄、几棵果树”的庭院经济，将人居环境改善和贫困户增收紧密结合在一起。以庭院改造为核心的反贫困措施，除了生态环境改善和增收方面的效果明显，也为南疆地区持续打击“三股势力”、维护社会稳定创造了良好条件。据报道，2015 年起，新疆历年累计投入 1.7 亿元在南疆四地州 800 多个村用于开展庭院经济项目。目前，贫困户每收入 1000 元就有 100 ~ 150 元来自庭院经济。①

发展产业扶持一批是南疆地区脱贫攻坚政策体系的主要举措。帮助有劳动能力的贫困人口安心参与产业发展是南疆地区实现脱贫和维稳双目标的重要政策目标。得益于土地清理再分配和庭院经济的实施，南疆深度贫困农村在产业发展上获得了有利的土地资源供给。在产业发展上，各地立足于当地的气候地力条件，一是重点实施现有农牧业提质增效工程。主要表现为对既有的核桃林、苹果林、枣树林等进行嫁接、水肥管理、整形修剪、疏密改造、有害生物防控、林果业实用技术培训等，畜牧业的提质增效则主要包括品种改良、良种繁育、饲草结构调整等。二是发展特色种养殖业。例如种植大果沙棘、葡萄、甜瓜、樱桃、西梅、石榴、无花果、巴旦杏等，养殖牛、羊、鸽子、驴、黑鸡、骆驼等。得益于南疆各地冷鲜库建设的推进，特色新鲜瓜果的规模化种植可以增加深度贫困地区贫困家庭的收入，同时这些地区的产业链得到有效延伸。三是卫星工厂和扶贫车间建设。南疆贫困地区人多地少、农村劳动力富余的情况较为普遍，帮助贫困农村劳动力尤其是女性劳动力实现就地就近就业是南疆四地州脱贫攻坚和维护社会稳定的重要举措。卫星工厂和扶贫车间通常由援疆单位、返乡创业的民营企业家以及其他企业主体投资建立，以“总部 + 卫星工厂 + 农户”的模式，将村内一般户劳动力和有劳动能力的贫困人员动员到卫星工厂上班，以订单分配、计件付酬的方式增加上述人员的工资性收入。卫星工厂和扶贫车间的生产内容主要包括服装加工、电子组装、农副产品加工、手工艺品制作、家具制作等。深度贫困村的劳动力在由农民到工人的身份转型中，实现了劳动技能、收入和国家通用语言文字的多维提升。据报道，2018 年以来，已有 1218 座卫星工厂完成建设，其中 781 座卫星工厂已经吸纳 3 万余人就业。② 四是新建以保鲜库为主的大批产业发展配套

① 关俏俏、高晗：《南疆乡村：小庭院做出大文章》，《新疆日报》2019 年 3 月 10 日第 3 版。

② 陈文军：《喀什地区 1218 座卫星工厂吸纳 3 万余人稳定就业》，天山网，2018 年 12 月 12 日，http：//news. ts. cn/system/2018/12/12/035495734. shtml？from = groupmessage。

设施。为配合特色种养殖业的发展，实现特色水果、蔬菜和牛羊肉等产品的错峰、错季销售，南疆四地州在深度贫困村兴建了一大批冷鲜库。同时，各类畜禽良种繁育中心、温室大棚、拱棚、饲草料基地也得以建立。五是培育了一大批农村新型经营主体。扶贫产业的推进带动了农村经营模式的革新，以“研发中心 + 龙头企业 + 银行 + 合作社 + 贫困户”典型代表的生产经营模式在各贫困村普遍施行。此外，小额信贷政策和电商扶贫项目的开展也为扶贫产业项目的运行提供了启动资金和销售渠道方面的便利。值得注意的是，旅游产业也逐步成为南疆四地州部分农村地区增加农户收入的途径之一。而且随着社会稳定环境的持续保持，现在越来越多的外地游客来到南疆旅游。

转移就业扶持一批也是与产业发展扶持一批相辅相成的反贫困措施。根据南疆地区人多地少、农村劳动力富余的基本实情，深度贫困县在本地发展特色种养殖业、卫星工厂、扶贫车间、农村专业合作社吸纳就业的同时，还专门组织包括贫困人员在内的农村富余劳动力进行转移就业。就业的方式包括：一是有组织地转移劳动力到疆内或者内地省份就业，为此新疆还建立了农村劳动力有组织转移就业管理服务系统；二是鼓励贫困家庭小微创业带动就业；三是利用专项政策将边境地区的农村劳动力转型为护边员，使其承担专门的护边任务。据统计，2018 年上半年，南疆四地州 22 个深度贫困县转移贫困劳动力 62033 人实现就业。①

生态补偿扶持也是南疆四地州深度贫困地区贫困人员获得政府转移性收入的重要渠道。为推行生态补偿扶持政策，南疆四地州采取聘用生态护林员和草原管护员的方式，将生态保护重点地区的贫困人口进行就业方式转型，将基层生态保护监管与增收紧密结合在一起。

易地扶贫搬迁一直是我国农村反贫困政策体系中的重要内容。南疆四地州的易地扶贫搬迁主要通过将深度贫困地区的农牧民从不宜居住的偏远地区

---

① 赵敏：《转移就业“转”出新疆农民新生活》，新疆维吾尔自治区扶贫开发办公室网站，2018 年 7 月 11 日，http：//fpb. xinjiang. gov. cn/xjfp/fpzzqyw/201807/63070fb3c5a24d6b99e4d5aaf8104fd7. shtml。

搬迁至基础设施相对完善的集中安置点，并配合产业发展等措施，帮助贫困户“搬得出、稳得住、能致富”。

综合社会保障措施兜底主要是针对无劳动能力的贫困户提供收入补贴，例如农村低保和残疾人“两项补贴”。此外，为了保障这些没有劳动收入来源的贫困户同样享受社会保险权益，民政部门通过提供专项资金资助贫困人员参加城乡居民社会养老保险和医疗保险。针对特殊贫困人群如孤寡老人、困境儿童等，综合社会保障措施兜底项目则提供一系列的专项救助和临时救助，保障这些“三无”贫困人群享有基本生活保障。

（二）“三个加大力度”

南疆地处内陆深处，受制于降雨量极少和非耕地占比高的不利因素的制约，深度贫困地区的基础设施建设总量不足且建设质量不高。基础设施上的短板效应连锁影响到了当地老百姓对基本公共服务资源的有效获取，因病致贫、因病返贫、因学致贫等问题十分突出，而且由于很多老百姓的国家通用语言文字运用能力偏低，导致这一地区的劳动力在向外流动和参与现代化经济活动时面临最基本的语言障碍，因此获取外部资源和有效使用外来资源以实现自身致富的能力不足。有学者研究发现，南疆乡村维吾尔族普通话普及率大概为1/10，而达到熟练水平的仅占1/20。① 语言环境的缺失是南疆维吾尔族国家通用语言文字学习和使用的最大障碍。② 为此，新疆针对南疆四地州的独特情况，在基本公共服务和基础设施建设方面采取了个性化的措施。

在加大教育扶贫力度方面，一是通过“农民夜校”和技能培训等具体途径有针对性地提高少数民族对国家通用语言文字的熟练程度，增强其社会交往和外出务工的沟通交流能力。二是全面落实15年免费教育政

① 李志忠、岳学贤、曹婷：《南疆乡村维吾尔族普通话普及度抽样分析》，《语言文字应用》2018年第3期。

② 黄晓东、宋晓蓉、张全生：《新疆南疆维吾尔族国家通用语言普及情况之问题研究》，《新疆社会科学》2018年第2期。

策和接受职业教育的“三免一补”政策，为贫困家庭减轻子女接受教育的经济负担，通过连贯的系统教育来阻断贫困的代际传递。三是实行贫困学生资助。为了鼓励贫困家庭学生能够接受高等教育，南疆四地州实施了针对赴内地高校读大学、赴疆内高校读大学、坚持就读普通高中等三类贫困家庭学生的交通费、生活费资助。四是积极实行政策宣讲和“脱贫光荣”思想宣传。长期以来的固定居住和思想保守，导致南疆深度贫困地区的一些贫困人员“等、靠、要”思想极为严重，“精神贫困”问题突出。为此，党委在制定反贫困政策措施时，重点加强了对脱贫政策内容的宣讲，并以送演出下乡、公共文化下乡等方式宣传积极脱贫的先进事迹，营造“劳动光荣”“脱贫光荣”等舆论氛围。五是加强“两后生”[①] 的职业技能培训。以就业促稳定、促脱贫是南疆四地州坚持的反贫困工作思路之一。通过在扶贫中重点加强对“两后生”的技能培训，可以增强他们的人力资本积累，使他们将更多的时间用于关注技术提升和就业。

在加大健康扶贫力度方面，南疆地区从多维措施出发减轻贫困家庭的就医经济负担。一是 2016 年开始积极推行全民免费健康体检工程。据统计，2016 年以来，全疆已累计投入约 40.68 亿元资金完成体检 5383 万人次。2018 年，新疆免费健康体检人数为 1749.23 万人，实现了全民免费健康体检全覆盖。新疆居民电子健康档案建档人数达 1988.73 万人，建档率 96.09%。[②] 二是落实家庭医生签约制度。三是改革诊疗结算模式。南疆四地州为提高贫困家庭获得诊疗的效率和降低其诊疗的自负医疗费用负担，设立“健康扶贫就诊优先窗口”；部分县市（例如阿克陶县、策勒县等）还专门开设了健康扶贫病房（床），专门用于贫困人员的及时就诊。在提升就医效率方面，南疆四地州普遍实行了免收住院押金、“先诊疗后付费”、“一站式”结算服务。四是减轻贫困家庭医药费负担。具体措施表现为取消建档

① “两后生”的对象范围在基层实践中，往往是指初、高中毕业未能继续升学的贫困家庭中的富余劳动力。

② 夏莉涓：《新疆推动全民免费体检》，《健康报》2019 年 3 月 15 日第 3 版。

立卡贫困户患者的门诊诊察费、门诊挂号费、住院单次封顶线，实现贫困人口住院实际报销比例为95%。五是加大大病重病救助力度。

在加大基础设施建设力度方面，深度贫困村按照“五通七有”① 的脱贫标准积极补齐基础设施建设的短板。从22个深度贫困县的基础设施建设内容来看，主要包括安居富民房建设、水利涉农整合资金饮水项目、电力基础设施项目、公路项目、乡镇卫生院和村卫生室建设、村级阵地建设项目、新建校舍及附属设施项目。这些项目的建设，极大地改善了深度贫困村的村貌和发展环境。

（三）党政干部帮扶

党政干部帮扶是南疆四地州脱贫攻坚的一支重要力量。党政干部主要以“访惠聚”驻村工作和“民族团结一家亲”两大主要工作机制实现对贫困户的帮扶。例如和田地区在深度贫困村实行“1+2+2”工作模式，即由村第一书记统筹、每个贫困村派驻2名“访惠聚”驻村工作队员和2名村干部专职承担脱贫事业的规划和日常监管等任务。“民族团结一家亲”活动则进一步加大了干部群众间的交往交流交融，干部对贫困户的贫困状况和发展愿望更加了解，贫困群众脱贫的积极性和信心也在结亲干部的帮扶下逐步增强。

（四）外部力量帮扶

外部力量帮扶主要体现为对口援疆省市、央企国企和部分民营企业等加大东西协作帮扶力度，从发展创新理念、基础设施建设、项目资金供给、产业转型、转移就业、技术培育、订单销售等多维度为南疆四地州贫困地区提供脱贫资源和发展动力。例如，在新疆普遍推广的“卫星工厂”和“扶贫车间”就得益于很多援疆省市的投资创办，农民创业孵

---

① “五通”是指通水、电、路、广播电视、宽带或通信；“七有”是指有村“两委”班子且发挥作用、有支撑稳定增收的产业、有村集体经济收入、有村级党组织阵地（办公场所）、有双语幼儿园（中心幼儿园）、有便民服务中心（文化体育活动场所）、有卫生室。

化园、产城融合试验区等一系列新型产业聚集发展模式在南疆贫困地区得以施行。

二 南疆四地州脱贫攻坚的主要成效

总体来看，南疆四地州片区共有乡村户数 161 万户 699 万人。截至 2015 年底，南疆四地州片区共识别建档立卡贫困人口 219 万人，占全疆建档立卡贫困人口的 84%；贫困村 2605 个，占全疆贫困村的 86%；贫困县 26 个，占全疆贫困县的 75%。[①] 2018 年，在原有的 19 个深度贫困县的基础上，新疆把阿克苏地区的乌什县、柯坪县和麦盖提县增列为深度贫困县，由此南疆四地州的深度贫困县为 22 个，[②] 涉及 192 个深度贫困乡、1962 个深度贫困村、162 万深度贫困人口。党和国家通过加大倾斜扶持力度和整合各方扶贫资源，为南疆四地州的脱贫攻坚成效提供了坚实基础。在财政投入方面，2017 年，中央累计安排新疆财政专项扶贫资金 159 亿元，比 2016 年的 39 亿元增加了 120 亿元，2018 年中央安排新疆专项扶贫资金 101.53 亿元，是全国唯一一个过百亿的省份。[③] 此外，国家部委、中央企业和对口支援省份等也为南疆四地州的脱贫攻坚提供了大量的扶贫资源。通过集中实施“七个一批”和“三个加大力度”为主要内容的多维反贫困政策措施，深度贫困地区的生产生活环境和贫困人口的收入、劳动技能都得到了明显改善，越来越多的贫困人口和贫困村通过了脱贫验收，实现了稳定脱贫。

---

① 单信凯、王健：《新疆南疆四地州片区贫困现状分析及对策建议》，《实事求是》2017 年第 1 期。

② 和田地区 7 个县市：皮山县、策勒县、墨玉县、于田县、和田市、洛浦县、和田县。喀什地区 11 个县市：塔什库尔干塔吉克自治县、英吉沙县、岳普湖县、叶城县、莎车县、疏勒县、伽师县、疏附县、麦盖提县、喀什市、巴楚县。克州 2 个县市：阿克陶县、阿图什市。阿克苏地区 2 个县：乌什县、柯坪县。

③ 《2018 年扶贫简报第 90 期》，新疆维吾尔自治区扶贫开发办公室网，2018 年 7 月 25 日，http://fpb.xinjiang.gov.cn/xjfp/zwfpjb/201807/219abbe0761945c39f338962973c5151.shtml。

（一）贫困人数显著下降

通过分析发现，自实施精准扶贫以来，新疆和南疆四地州的贫困发生率均有显著下降。新疆的总体贫困发生率从 2015 年的 32% 降至 2018 年的 6.51%，年均降低 6.37 个百分点。南疆四地州的贫困发生率由 2017 年的 18.3% 降至 2018 年的 10.51%。[①] 从具体的地区来看，喀什地区深度贫困地区贫困发生率的降幅最为明显，和田地区、克州、阿克苏地区的贫困发生率也有不同程度的下降（见表 1）。

表 1　南疆四地州贫困发生率变化情况（2015～2018）

单位：%

年份	全国	新疆	南疆四地州	阿克苏地区	喀什地区	和田地区	克孜勒苏柯尔克孜州
2015	5.7	32.0	—	—	—	—	—
2016	4.5	15.51	23.54	—	—	—	33.4
2017	3.1	11.57	18.3	5.17	17.02	30.69	21.13
2018	1.7	6.51	10.51	3.49	9.8	17.7	20.4

资料来源："三区三州"贫困发生率是依据新闻数据之间的相互印证和推算得到的；值得说明的是，在查阅官方媒体关于贫困发生率的报道中也发现同一指标的数据前后不一致的情况，但是，本表格尽量依据报道时间最近这一标准采集数据。总体而言，单个数据的不一致现象并不影响对南疆四地州贫困人口数量持续减少这一趋势的判断。

在脱贫退出方面，根据媒体和官网数据推算，2016～2018 年，南疆四地州脱贫人数依次为 48.17 万、27.38 万和 52.17 万，占当年新疆全区脱贫人口的比重分别为 80.3%、61.7% 和 97.1%。3 年间，阿克苏地区实现了整体脱贫，南疆四地州累计实现 4 个县、1284 个村、127.7 万人脱贫，脱贫成效十分显著（见表 2）。尤其是 2018 年，南疆四地州的脱贫人口占新疆全区脱贫人口的 97.1%，对新疆全区脱贫贡献力度很大。

① 王兴瑞：《全区脱贫攻坚战线收缩至南疆四地州》，《新疆日报》2019 年 2 月 22 日第 1 版。

表2　新疆及南疆四地州脱贫摘帽县、村数量及脱贫人口数量（2016～2018）

年份	喀什地区	阿克苏地区	和田地区	克孜勒苏柯尔克孜州
2016	脱贫村271个 脱贫人口23.93万人	地区整体脱贫 脱贫人口6.8万人	脱贫县1个 脱贫村244个 脱贫人口13.38万人	脱贫村28个 脱贫人口4.06万人
2017	脱贫村114个 脱贫人口7.9万人	脱贫村41个 脱贫人口44042人	达标村55个 脱贫人口9.48万人	脱贫村17个 脱贫人口55992人
2018	脱贫县1个 脱贫村232个 脱贫人口23.77万人	脱贫村59个 脱贫人口37195人	脱贫村174个 脱贫人口20.08万人	脱贫县2个 贫困村49个 脱贫人口45993人

资料来源：依据网络报道整理得到，包括《“三张图”绘出新疆脱贫新实景》（http://www.bachu.gov.cn/zzoyw/2017-03-23-7426.html）、《聚焦总目标谱写新疆乡村振兴新篇章》（http://www.xjch.gov.cn/xwfb/szyw/201809/t20180911_25269.html）、《南疆四地州2018年脱贫攻坚战：集中力量攻克深度贫困堡垒》（http://m.haijiangzx.com/pcarticle/1979505）、《2017年和田地区国民经济和社会发展统计公报》（https://www.xjht.gov.cn/article/show.php?itemid=266915）、《阿克苏地区脱贫攻坚综述：综合施策　精准发力》（http://k.sina.com.cn/article_2275883675_87a73a9b020002srk.html）、《和田地区2018年国民经济和社会发展统计公报》（http://www.tjcn.org/tjgb/31xj/35916.html）、《喀什地区2018年国民经济和社会发展统计公报》（http://kashi.gov.cn/Item/47217.aspx）。

（二）贫困家庭收入稳步增加

精准扶贫使南疆四地州贫困家庭的收入水平和结构发生了很大变化。随着转移就业、产业发展和公益性岗位就业等增收措施的大范围实施，南疆地区贫困户的增收途径显著增多。增收渠道的拓宽，对贫困户的收入状况形成明显推动。据统计，2016年和2017年，新疆贫困地区农村居民人均可支配收入较上年同比增长9.7%和11.0%。[①] 2018年，新疆贫困地区农村居民人均可支配收入增幅要高于新疆平均增幅。南疆四地州农村居民人均可支配收入稳步增长，贫困地区农牧民收入结构不断优化。[②] 对南疆四地州的农

① 参见郭玲《去年新疆贫困地区农民收入同比增9.7%》，搜狐网，2017年3月19日，http://www.sohu.com/a/129311673_313171；于江艳：《新疆城镇居民人均可支配收入突破3万元》，凤凰网，2018年2月11日，http://news.ifeng.com/a/20180211/55955856_0.shtml。

② 王兴瑞：《我区贫困群众生产生活条件明显改善》，《新疆日报》2019年2月28日第2版。

（牧）民人均可支配收入增长进行纵向比较发现，农（牧）民人均可支配收入的绝对值逐年增加，以2016年为参照基准，2017～2018年，喀什、阿克苏、和田三个地区的同比增幅逐年增大，克孜勒苏柯尔克孜州的农（牧）民人均可支配收入则持续保持了两位数的增长（见表3）。

表3　南疆四地州农（牧）民人均可支配收入情况（2015～2018）

单位：元，%

年　份	喀什地区		阿克苏地区		和田地区		克孜勒苏柯尔克孜州	
	绝对值	同比增长	绝对值	同比增长	绝对值	同比增长	绝对值	同比增长
2016	7552	—	10632	—	6883	—	6392	—
2017	8013	6.1	10982	3.3	7441	8.1	7273	13.8
2018	8565	6.9	11915	8.5	8088	8.7	8162	12.2

资料来源：依据南疆四地州相应年份的国民经济和社会发展统计公报整理得到。

南疆四地州贫困户家庭收入来源渠道的多样化是深度贫困地区脱贫攻坚的重要成效之一。相比原来从事第一产业存在的挂果周期长、农产品售价低等特点，在脱贫攻坚的带动下，越来越多的有劳动能力的贫困人口通过卫星工厂、劳务输出等方式获得了工资性收入。此外，贫困人口在公益性岗位（如生态护林员、护边员）中则能够获得稳定的政府转移性收入。随着集体经济和农业合作社的不断壮大，一些贫困村的贫困户还能从村集体和参与的农业合作社中获得一定的分红，家庭的资产性收入占比也不断提升。例如，2018年，乌什县400余户贫困家庭加入当地林果、养殖、缝纫等农民专业合作社，享受入股资金按比例分红，1200户贫困家庭参与畜牧养殖分红，670户贫困家庭参与农家乐入股分红，260余户贫困家庭享有土地入股分红。①

（三）贫困人口就业渠道多样

因多方面因素影响，南疆四地州的农村居民长期从事农牧业生产，但是人口增加带来的人地资源紧张导致从事农牧业的农村居民贫困问题越发严

① 盖有军：《乌什打好精准“组合拳”推进脱贫攻坚》，《新疆日报》2018年5月2日第1版。

重。加之语言障碍和缺乏现代产业所需的劳动技能，南疆四地州深度贫困地区有劳动能力的贫困人口很难参与到现代化产业发展中增收致富。为此，新疆自2018年起开展为期3年的南疆建档立卡贫困劳动力的“全员”培训，内容包括：免费技能培训和国家通用语言培训“全覆盖”、贫困家庭劳动力转移就业培训、青年劳动力职业技能培训。2019年，阿克苏地区培训贫困家庭劳动力1.18万人，转移贫困家庭劳动力2.03万人。① 截至2019年5月，克州已实现农村富余劳动力转移96954人次，贫困家庭劳动力有组织转移就业2879人，实现职业技能培训1.5万人。同时与内地20家企业建立长期劳务协作关系，成立3个劳务输出工作站，组织“订单式”输出。②

从培训内容来看，南疆四地州的劳动力技能培训不只是单项劳动技能提升，而是为劳动力能够实现稳定就业和社会融入提供全方位的培训服务。例如，截至2018年10月，喀什、和田两地区针对各类人员开展职业培训17.25万人次，培训内容包括学习掌握国家通用语言文字、法律法规、专业技能（建筑、汽修、电焊、厨师、美发、裁缝、地毯编织等）、健康体检等。③ 这些培训内容的设计有助于有劳动能力的贫困人口持续地找寻工作机会，并稳定地参与到现代产业生产中。这些培训的提供，为南疆四地州培育合格的产业工人奠定了基础。除了产业劳动力技能培训外，农牧民劳动技能提升也是就业扶贫的重点工作。和田地区2018年给贫困劳动力提供了经济作物种植等新型农牧业技能培训，期望使每个贫困劳动力掌握至少1项新型农牧业技术。④

技能培训的开展则为贫困人口的转移就业和劳务输出奠定了基础，越来越多地接受过劳动技能培训的贫困人口走进了标准化的工厂和车间。2018

① 《2019年扶贫简报79期》，新疆维吾尔自治区扶贫开发办公室网，2019年5月29日，http://fpb.xinjiang.gov.cn/xjfp/zwfpjb/201905/ad3b26eb3503454e8ee523840eaf43c4.shtml。

② 《2018年扶贫简报第90期》，新疆维吾尔自治区扶贫开发办公室网，2018年7月25日，http://fpb.xinjiang.gov.cn/xjfp/zwfpjb/201807/219abbe0761945c39f338962973c5151.shtml。

③ 李道忠：《让外出务工人员出得去留得下》，《新疆日报》2018年11月14日第5版。

④ 李道忠：《和田地区脱贫攻坚冬季培训不搞“一锅烩”——区分对象 精准培训》，《新疆日报》2019年1月25日第3版。

年，南疆四地州在发展纺织服装、电子产品组装等劳动密集型产业方面取得了显著成效，全年建成“村办工厂”“扶贫车间”1792 个，带动 1.88 万建档立卡贫困人口就业。[①] 从就业渠道的去向来看，主要包括转移至县域内城镇、企业、园区就业，转移至乡村、社区“卫星工厂”“乡镇工场”就业，小微创业带动就业。[②] 以阿克苏地区为例，近三年来每年安排贫困户就业人数 2400 人，占每年新增就业人口数的 20% 左右。该区采取“订单式培训、整建制就业、干部带队住厂管理”模式，在贫困乡（镇）、中心村大力培育龙头企业带动下，建立以劳动密集型产业为主的“卫星（扶贫）工厂”，着力解决贫困户就近就地就业。[③] 也有一部分贫困人口转移到了疆内其他地区就业。2018 年，953 名南疆贫困人口转移到北疆、东疆等 10 个地区的公益性岗位就业。[④] 为了鼓励贫困人口安心转移就业和解决其所在贫困家庭的后顾之忧，南疆四地州还设立了稳定就业引导资金。以喀什地区为例，设立 7.6 亿元稳定就业引导资金奖补实现“一户一人稳定就业”的贫困家庭，持续奖补 2 年，标准为每人年均 1000 元。[⑤]

总体而言，通过就业扶贫的开展，南疆四地州深度贫困地区贫困人口的劳动技能实现了跨越式的提升，贫困人口就业的渠道也显著拓宽。诸多贫困家庭不仅拥有家门口的庭院经济，女性劳动力还可以在家门口的“卫星工厂”或农业专业合作社就业，更多的男性劳动力则走进了产业园区和厂房成为产业工人。劳动技能培训与产业链延伸的相互促进，推动越来越多的有劳动能力的贫困人口走向了多样化就业，工资性收入增加从而带动脱贫的效果十分明显。

---

① 王兴瑞：《全区脱贫攻坚战线收缩至南疆四地州》，《新疆日报》2019 年 2 月 22 日第 1 版。

② 《2018 年扶贫简报第 65 期》，新疆维吾尔自治区扶贫开发办公室网，2018 年 5 月 2 日，http：//fpb. xinjiang. gov. cn/xjfp/zwfpjb/201805/ef8c9d2a3f8c4f4a86b430c9f35287fc. shtml。

③ 《2019 年扶贫简报第 62 期》，新疆维吾尔自治区扶贫开发办公室网，2019 年 5 月 7 日，http：//fpb. xinjiang. gov. cn/xjfp/zwfpjb/201905/12e41298d64f465d9ac08316e7f1d756. shtml。

④ 《2018 年扶贫简报第 50 期》，新疆维吾尔自治区扶贫开发办公室网，2018 年 7 月 25 日，http：//fpb. xinjiang. gov. cn/xjfp/zwfpjb/201807/219abbe0761945c39f338962973c5151. shtml。

⑤ 韩沁言：《喀什地区多措并举推进脱贫攻坚》，《新疆日报》2018 年 10 月 29 日第 6 版。

（四）生产生活基础设施持续改善

基础设施建设滞后是制约南疆四地州脱贫攻坚的重要因素，实施精准扶贫以来，各级财政加大了对南疆四地州深度贫困地区的基础设施建设投资。一是加大贫困村的整体基础设施建设。各级政府围绕贫困村多维发展能力建设，在通水、通电、通路、通网络，新建文化室、卫生室、文化体育活动场所、办公议事场所等方面开展了规范化的建设，一大批贫困村的村道、路灯、自来水管道、灌溉水渠得以完善，村两委办公场所有了崭新的面貌，贫困村的村容村貌得到明显改善。截至 2018 年，和田地区实施农村饮水安全巩固提升项目 30 个，建设 35 千伏输电线路 22 公里、通硬化（沙砾）路 20.5 公里。2019～2020 年和田地区继续投资 24.43 亿元实施农村饮水安全巩固提升工程 42 项，实现饮水安全全覆盖。① 2019 年，克州投资 2.75 亿元实施农村饮水安全工程 29 个，加快解决 64 个深度贫困村 3.93 万贫困人口的饮水安全问题。② 喀什地区 2019 年投资 122033.1 万元推进饮水安全全覆盖。③ 二是加大住房安全提升建设。2018 年，南疆 22 个深度贫困县的 6.89 万户建档立卡贫困户安居房全部竣工。从 2011 年开始实施安居富民工程到 2018 年，和田地区累计投入 229.03 亿元建成安居富民房 41.7 万多套（户），170 余万农牧民入住安居富民房。④ 至 2019 年 5 月，和田地区当年投入工程建设资金 8.65 亿元用于建设安居富民房 2.19 万户，完成搬迁入住 7146 户 33202 人。⑤ 此外，通过引导贫困家庭开展“三区分离”，贫困户的家庭卫生状况有了较大改善，为村容村貌的提升奠定了基础。

---

① 《2019 年扶贫简报 80 期》，新疆维吾尔自治区扶贫开发办公室网，2019 年 5 月 29 日，http://fpb.xinjiang.gov.cn/xjfp/zwfpjb/201905/322b49f1bd994ae8957321faa96bbdda.shtml。

② 《2019 年扶贫简报 59 期》，新疆维吾尔自治区扶贫开发办公室网，2019 年 5 月 7 日，http://fpb.xinjiang.gov.cn/xjfp/zwfpjb/201905/698d2e9d88384ded936d345981323632.shtml。

③ 《2019 年扶贫简报 90 期》，新疆维吾尔自治区扶贫开发办公室网，2019 年 6 月 25 日，http://fpb.xinjiang.gov.cn/xjfp/zwfpjb/201906/9f8984b5ba874bc0843b093f246d3f88.shtml。

④ 陈晨：《和田地区 170 万农牧民住进安居房》，《新疆日报》2018 年 11 月 10 日第 1 版。

⑤ 《2019 年扶贫简报 71 期》，2019 年 5 月 13 日，http://fpb.xinjiang.gov.cn/xjfp/zwfpjb/201905/87bd76b8f3884a499306031b22dcc3a2.shtml。

（五）特色产业发展动能逐步增强

产业扶贫是南疆四地州深度贫困地区脱贫攻坚的主要途径。尽管南疆四地州深度贫困地区人地矛盾紧张，但是独特的气候条件造就了南疆地区发展特色农牧业和林果业的优势。因此，在“七个一批”中，生产发展扶持一批的重点内容就是扶持发展特色产业。一系列产业扶贫举措的开展，极大增强了南疆四地州深度贫困地区的产业发展动能，规模化、品质化生产能力显著提升。一是大规模开展林果提质增效，释放了特色种植业的产能。南疆地区林果业面积为1700多万亩，约占新疆的75%以上；林果业也被誉为农民增收的“绿色银行”，来自林果的收入可以占农民人均收入的30%以上，部分地区可达40%～50%。[①] 据不完全统计，仅2018年，喀什、和田、克州的林果提质增效面积分别达到了22.32万亩、11.7万亩和1.35万亩。对低产果园的改造，改善了林果的生产条件，果农的园区管理能力提升，林果的产能和品质都得到了提高。林果生长环境的管理方式改进，也使南疆深度贫困地区的林果业走上规模化、品牌化、深加工化成为可能。二是兴建农林牧业生产服务基础设施，完善农产品供销体系。主要包括兴建温室大棚、拱棚、畜禽圈舍、饲草料基地、保鲜库、良种繁育中心、养殖小区、物流中转站和电子商务服务站点。据不完全统计，2018年，南疆四地州共建蔬菜大棚、拱棚4.7万余座；喀什地区新建和修复保鲜库364座，阿克苏地区建成南疆商贸物流集散中心。农业服务基础设施的完善，使南疆深度贫困地区的农产品实现高质量生产成为可能。而物流和电商等现代化销售业态的发展，则在很大程度上破解了南疆地区好产品卖不出好价格的难题，越来越多的高品质农产品以更加有竞争力的价格走进了全国各地的商场。三是积极发放扶贫小额贷款，增强产业发展的资金扶持力度。2017年，新疆农村信用社在南疆四地州深度贫困县发放扶贫类贷款89.80亿元，其中发放扶贫小额信用

① 王永飞：《特色林果提质增效　精准扶贫开花结果》，《新疆日报》2018年10月16日第1版。

贷款余额62.48亿元，占全系统扶贫小额信用贷款的82.60%。[①] 2018年，和田地区新增扶贫小额贷款11.64亿元，惠及贫困户2.53万户；克州新增扶贫小额贷款8516.4万元，惠及2576户贫困户。扶贫小额贷款资金解决了贫困户发展庭院经济和种养殖的资金短板问题，使贫困户获得了发展动力，从而调动了贫困户参与产业发展的积极性和投入力度。四是扶持成立农村新型经营主体，提升了贫困地区生产主体的组织化程度。新型农村经营主体主要是农牧业专业合作社。2018年，喀什地区的农民合作社已达1600余家；阿克苏地区培育和扶持具有民族、地域、文化特色的劳动密集型农民专业合作社，辐射带动农户14万户，转移富余劳动力33.6万人。这些专业合作社在提升深度贫困地区的生产组织化方面发挥了重要作用，例如在生产资料购买、农技服务、田地管理、销售与分红等方面进行统一协作，通过合作社的长期运营，改变了贫困户原有的小农意识，树立起了规模经营、组织化经营的观念，当地贫困户和非贫困户通过专业合作社结成了利益共同体和生产共同体，村民和村集体在组织生产和参与市场竞争方面的能力不断提高。值得一提的是，南疆四地州特色产业发展环境的持续优化，带动了南疆地区文化旅游产业与农牧业的深度融合发展。文化旅游产业优势的发挥，进一步促进了南疆四地州贫困地区产业基础设施建设和规模化生产，对南疆深度贫困地区的产业兴旺提供了发展契机。

（六）社会保障兜底帮扶成效显著

对于贫困家庭中无劳动能力的贫困人员的基本生存，以及贫困家庭因学致贫、因病致贫等问题，新疆通过发挥社会保障的兜底帮扶功能，保障无劳动能力贫困者的基本生活，分担贫困家庭的灾难性支出，通过教育帮扶阻断贫困的代际传递。2018年，南疆四地州22个深度贫困县按照8%左右的增长幅度提高农村低保标准，实现“两线合一”，支出40余亿元资金保障147万名农村低保对象。用机构建设资金中的大部分兴建和改扩建深度贫困县的

① 刘大为：《担负起新时代赋予新疆农村信用社的新使命》，《新疆日报》2018年4月3日第4版。

供养机构、儿童福利机构。投入资金 2000 多万元，继续实施“明天计划”“光彩明天”“贫困家庭儿童疝气手术”等免费手术康复项目。拨付临时救助资金 2 亿余元。拨付医疗救助资金 3.6 亿余元用于开展医疗救助，提高贫困家庭中重度残疾人医疗救助率，将建档立卡贫困人口全部纳入重特大疾病救助范围，全面落实 80% 的住院救助报销比例，进一步规范门诊救助，适度提高门诊救助金额，切实减轻困难群众的就医负担。[①] 在社会保险方面，新疆出台《关于切实做好自治区社会保险扶贫工作的通知》，实现大病保险全面覆盖建档立卡贫困群众，实施大病保险倾斜性报销政策，各分段报销比例提高 5 个百分点以上。实现贫困人员医疗费用一单结算。[②] 2019 年，喀什地区集中救治建档立卡人员 14045 人，重病兜底保障 1070 人。克州实施大病分类集中救治，救治大病患者 1830 人，开展“一站式”医疗救助服务困难群众 5479 人，救助重特大疾病患者 2893 人。[③]

在教育救助方面，南疆四地州围绕“两不愁、三保障”的原则，大力开展教育帮扶。“十三五”以来，南疆四地州投入 102.4968 亿元，引进中小学和幼儿园教师 63055 人，支教老师 11039 人，双向挂职 1268 人，全面加强贫困地区教师队伍建设。累计投入 37.2 亿元用于改善学校的基础设施建设和人才引进。据统计，南疆四地州学前三年教育普及率达到 100%，小学净入学率达到 99.89%，初中净入学率达到 98.60%，初中毕业升入高中阶段升学率达到 98.60%，高中阶段毛入学率达到 90% 以上。同时，多类教育资助项目阻断贫困代际传承，补足南疆教育发展“短板”，促进教育公平。[④] 喀什地区加大国语教师招聘力度，大力发展寄宿制教育，不断提高教

① 《2018 年扶贫简报 48 期》，新疆维吾尔自治区扶贫开发办公室网，2018 年 3 月 21 日，http：//fpb.xinjiang.gov.cn/xjfp/zwfpjb/201803/56741a29dc7243fbbf6754227520cb22.shtml。

② 《2018 年扶贫简报 8 期》，新疆维吾尔自治区扶贫开发办公室网，2018 年 1 月 16 日，http：//fpb.xinjiang.gov.cn/xjfp/zwfpjb/201801/fb1cab5ee34f40c5b62e03c09a0a6f9a.shtml。

③ 《2019 年扶贫简报 91 期》，新疆维吾尔自治区扶贫开发办公室网，2019 年 6 月 25 日，http：//fpb.xinjiang.gov.cn/xjfp/zwfpjb/201906/cc8e2c450c264ec39c878968e394dbb1.shtml。

④ 《2019 年扶贫简报 53 期》，新疆维吾尔自治区扶贫开发办公室网，2019 年 5 月 7 日，http：//fpb.xinjiang.gov.cn/xjfp/zwfpjb/201905/5ea9727bd89642f6aa694bbda99d00d9.shtml。

学质量。和田地区采取分层次教学、城乡包联、信息技术辅助等措施，提高少数民族学生国家通用语言文字能力。自 2017 年以来，和田地区国家通用语言文字教学教师占比由 11% 提高到约 50%；2018 年中考语文平均分由 2017 年的 36.7 分提升到 50.94 分。①

总体而言，南疆四地州围绕“七个一批”和“三个加大力度”的多维反贫困政策体系，在党的领导下，整合资金和帮扶力量，使深度贫困县和贫困村的基础设施有了很大改观，村容村貌和农村居民家庭环境有了很大改善。社会保障兜底帮扶解除了很多贫困家庭的后顾之忧，越来越多的有劳动能力的贫困人员被引导到技能培训和产业生产车间中，普通话掌握程度和现代产业劳动技能水平均显著提升。伴随着收入渠道的多元化，越来越多的深度贫困县、贫困村和贫困户脱贫摘帽，南疆四地州的地区发展条件和农村家庭的发展能力、动力都有了可观的改善和增强。

三　南疆四地州脱贫攻坚的主要经验

南疆四地州深度贫困地区在党的领导下，得到了来自党和国家各个方面的扶贫资源。在按照“七个一批”“三个加大力度”的总体政策思路下，各类反贫困主体团结协作，不断探索和创新了南疆四地州在产业发展、转移就业、对口支援帮扶、扶贫与扶志扶智相结合等多个领域中的实践路径，取得了显著的成效，并形成了以下六条主要经验。

（一）始终坚持在党的领导下实现脱贫攻坚与社会稳定相互促进

搞好民族团结，促进社会稳定和长治久安是新疆经济社会发展的基础，也是全国各族人民的共同奋斗目标。第二次中央新疆工作座谈会明确提出：“围绕社会稳定和长治久安总目标，以推进新疆治理体系和治理能力现代化

① 《2019 年扶贫简报 76 期》，新疆维吾尔自治区扶贫开发办公室网，2019 年 5 月 22 日，http://fpb.xinjiang.gov.cn/xjfp/zwfpjb/201905/f8e81100ce71456ab8f90bca36d424b2.shtml。

为引领，以经济发展和民生改善为基础，以促进民族团结、遏制宗教极端思想蔓延等为重点，坚持依法治疆、团结稳疆、长期建疆，努力建设团结和谐、繁荣富裕、文明进步、安居乐业的社会主义新疆。”① 为此，新疆坚持自治区负总责、市县抓落实，五级书记一起抓，聚焦“两不愁三保障”解决绝对贫困；狠抓作风建设，整治扶贫领域形式主义、官僚主义；将社会稳定和脱贫攻坚工作进行协同治理。② 南疆四地州脱贫攻坚将社会稳定紧密联系在一起，以脱贫攻坚各项措施筑牢社会稳定和可持续发展的基础，用逐步营造的社会稳定良好氛围增强南疆深度贫困地区人民群众的生产生活信心。南疆四地州在脱贫攻坚的实践中，形成了很多脱贫与维稳相互促进的宝贵经验。2018 年，新疆为南疆四地州 1289 个深度贫困村选派第一书记 1289 名，其中厅级干部 31 名、处级干部 869 名、处级年轻储备干部及其他优秀骨干 389 名；自治区高校选派 1289 名工作队员，其中懂双语的 546 名。③ 在党的领导下，新疆形成了专项扶贫、行业扶贫、社会扶贫、援疆扶贫“四位一体”扶贫格局。各级党政干部入驻基层开展帮扶，不仅形成了稳定的帮扶机制，提高了扶贫资源的使用效率，也增进了干部群众互信和民族团结，以人民为中心的理念得到充分体现。基础设施建设、庭院环境整治、庭院经济、卫星工厂等一系列扶贫措施的开展，使各族群众积极投入就业岗位中，群众间的社会交往能力和收入实现了双提升。党委领导下的各类扶贫项目使南疆深度贫困地区的贫困人员越来越走在一起，结成了共同团结反贫困、共同协作发展的命运共同体，强化了团结统一、稳定发展的共同体意识。

（二）持续开展对口支援实现共同团结互助发展

对口援疆是我国治理新疆的国家战略，是实现我国少数民族和民族地区

① 《习近平主持第二次中央新疆工作座谈会》，新华网，2017 年 7 月 11 日，http：//www.chinaxinjiang.cn/zhuanti/2017/08/5/201707/t20170711_555119.htm。

② 《2019 年扶贫简报 93 期》，新疆维吾尔自治区扶贫开发办公室网，2019 年 7 月 4 日，http：//fpb.xinjiang.gov.cn/xjfp/zwfpjb/201907/59afeb49cbaa44349f00357b2b1151fa.shtml。

③ 《2018 年扶贫简报 52 期》，新疆维吾尔自治区扶贫开发办公室网，2018 年 3 月 27 日，http：//fpb.xinjiang.gov.cn/xjfp/zwfpjb/201803/25565fbb889949ae87fff1f5acf102cb.shtml。

共同团结奋斗、共同繁荣发展的重大举措。2014 年中央第二次新疆工作座谈会召开后，对口援疆的 19 个省市也将援疆工作聚焦到新疆的精准扶贫与脱贫攻坚上来，其中北京（和田地区）、广东（喀什地区）、山东（喀什地区）、上海（喀什地区莎车、泽普、叶城、巴楚四县）、深圳（喀什地区）、天津（和田地区）、浙江（阿克苏地区）、安徽（和田地区皮山县）、江苏（克孜勒苏柯尔克孜自治州）、江西（克孜勒苏柯尔克孜自治州阿克陶县）等 10 个省市对口支援南疆四地州片区。2018 年，这 10 个援疆省市共计投入 81.5 亿元实施 529 个帮扶项目。[①] 援疆省市结合受援地区的实际情况，开展了住房建设、基础设施、教育、医疗、公共服务设施、就业及劳动力培训、产业发展、金融、科技、干部人才支援及培养培训、基层政权及阵地建设等多方位的援助，并持续创新援助方法和模式以实现援疆扶贫的帮扶效率和效果。上海援疆的“就业促脱贫”、山东援疆的“如意纺织”和“扶贫车间”、广东援疆的“广州新城”、深圳援疆的“深圳产业园”、江苏援疆的“连心券”、江西援疆的“卫星工厂”和“旅游助脱贫”等，[②] 这都是在援助南疆四地州的过程中打造出来的品牌扶贫工程。从单个省份的帮扶情况来看，2018 年，北京投入 25 亿元帮助当地 2.6 万名贫困群众摘掉了“穷帽”，并大力支持工业园区标准化厂房和基础设施建设。[③] 2019 年，浙江投入 17.31 亿元，对口援助阿克苏的产业就业、民生保障、基层维稳、教育援疆、智力支持、交往交流等六大类项目。[④] 对口支援的开展，充分体现了我国社会主义制度的优越性，充分体现了党和国家致力于加快实现民族地区社会主义现代化的战略布局，充分体现了中华民族一家亲的团结、互助感情。

---

① 《2019 年扶贫简报 56 期》，新疆维吾尔自治区扶贫开发办公室网，2019 年 5 月 7 日，http：//fpb. xinjiang. gov. cn/xjfp/zwfpjb/201905/d7b0fae4a9ed4c27ab709acf59c15189. shtml。

② 刘伟：《援疆工作如何助力南疆打赢脱贫攻坚战？六省市援疆总指挥接受专访》，国家援疆新闻平台，2018 年 4 月 24 日，http：//yj. chinadevelopment. com. cn/toutiao/2018/04/1260075. shtml。

③ 芦晓春：《“京和”情深八千里——北京市对口支援新疆和田地区脱贫攻坚探访》，《农民日报》2019 年 1 月 23 日第 1 版。

④ 俞刘东：《投入 17.31 亿元　浙江 230 个援疆项目今集中开工》，浙江在线，2019 年 4 月 8 日，https：//zj. zjol. com. cn/news. html？ id = 1174374。

（三）明确树立以就业为导向的反贫困实践主线

就业是民生的根本议题。在南疆四地州的多维扶贫政策体系中，转移就业扶持一批也被摆在首要位置。结合南疆致贫原因，绿洲农业扩容有限和人口持续较快增长加剧了南疆人地资源紧张的程度，这也是南疆深度贫困地区反贫困面临的最突出制约因素之一。新疆维吾尔自治区陈全国书记提出："抓好喀什、和田地区富余劳动力就业，有利于做好稳定工作；有利于团结群众、争取人心；有利于脱贫攻坚总目标的实现；有利于各族群众的交往交流交融，推动民族团结。这是一条解决南疆问题的好措施、好路子。"① 转移农村大量剩余劳动力稳定就业也是南疆四地州精准扶贫最突出的政策实践。2018 年，新疆出台《南疆四地州深度贫困地区就业扶贫培训促进计划（2018～2020年）》，集中瞄准所列地区的建档立卡贫困家庭劳动力，以提供技能培训服务和补贴的方式，帮扶贫困家庭的劳动力实现疆内跨地区就业，赴对口支援内地省份就业，赴兵团就业，就地就近转移城镇，企业、园区就业，赴"卫星工厂""乡镇工场"就业，小微创业带动就业等。根据规划，南疆四地州 3 年内实现转移就业 10 万人。截至 2019 年上半年，南疆 22 个深度贫困县建档立卡贫困家庭劳动力转移就业 5.46 万人。② 从反贫困政策实践来看，南疆四地州深度贫困地区贫困家庭劳动力转移就业途径越来越多样化。实地调研发现，就业状况的改善，使得贫困家庭的收入状况有了直观改善，贫困家庭劳动力的自信心和社会交往主动性也持续增强，工厂式劳动观念和技能有了显著提升，农村妇女地位也进一步提升，转移就业给贫困家庭带来的综合效应十分明显。

（四）重视增强干部开展结对认亲帮扶能力的培训与提升

党政干部是南疆四地州开展深度贫困地区脱贫攻坚的重要力量。从贫困

① 《扎实推动转移就业工作　办好利民惠民实事好事》，和田政府网，2017 年 5 月 11 日，https：//www. xjht. gov. cn/article/show. php？itemid＝118705。

② 《新疆南疆积极承接产业转移推进农村富余劳动力转移就业　以就业促脱贫取得实效》，《新闻和报纸摘要》2019 年 8 月 2 日。

状况调查，到精准扶贫方案制定，再到带头落实扶贫项目和解决贫困家庭的切实困难，各级党政干部都发挥了以人民为中心的模范引领和示范带动作用。从下派干部承担的角色来看，一方面他们是“访惠聚”驻村工作队队员，另一方面则是“民族团结一家亲”的结对认亲干部。2016 年，新疆启动“民族团结一家亲”活动，11 万干部职工深入南疆四地州与各族群众“一对一”结对认亲，真诚扶贫帮困。[①] 2018 年，新疆向南疆派出 7 万多名干部、在 1 万多个村开展“访惠聚”驻村扶贫工作；在重视发挥党政干部帮扶脱贫和促进民族团结功能的同时，新疆也积极加强了对这些干部结对帮扶能力的培训。通过开办干部夜校、专题授课培训、编印参阅资料、实地巡回授课、建立工作“直通车”、远程教育培训等多种培训方式，对扶贫系统干部、“访惠聚”驻村工作队、贫困村第一书记等进行了全覆盖培训。据统计，2018 年，新疆累计培训 15.4 万人次，其中：扶贫系统干部 0.53 万人次，行业部门干部 0.4 万人次，帮扶干部 1.6 万人次，驻村工作队和第一书记、贫困村干部 10.3 万人次。[②] 2019 年，新疆又举办南疆四地州扶贫对象动态管理业务知识培训班，南疆四地州有扶贫任务的行政村驻村工作队成员、第一书记、村“两委”班子成员等扶贫力量近万余人参加了培训。[③] 通过加强对驻村帮扶干部的全方位培训指导，深入南疆四地州的干部为人民服务的能力得到显著提升，扶贫资源和扶贫项目的落实也更有效率，干群之间相互信任、团结帮扶的情感也更加浓厚。

（五）大力加强教育宣传工作促进扶贫与扶志扶智深度融合

在提高贫困家庭的收入水平之外，南疆四地州根据农牧区群众受教育水平的情况加强了普通群众和学生的普通话教育，同时通过加大教育扶贫力度

---

① 杨明方：《11 万干部职工将与南疆基层群众结对认亲》，人民网，2016 年 10 月 16 日，http://xj.people.com.cn/GB/n2/2016/1016/c188518-29150994.html。

② 《2018 年扶贫简报 101 期》，新疆维吾尔自治区扶贫开发办公室网，2018 年 8 月 29 日，http://fpb.xinjiang.gov.cn/xjfp/zwfpjb/201808/7db962a096e14bcbbfb9612511cb5388.shtml。

③ 《2019 年扶贫简报 71 期》，新疆维吾尔自治区扶贫开发办公室网，2019 年 5 月 13 日，http://fpb.xinjiang.gov.cn/xjfp/zwfpjb/201905/87bd76b8f3884a499306031b22dcc3a2.shtml。

阻断贫困的代际传递。在普通话教育方面，一方面，加强对普通群众通用语言文字的教育。南疆四地州各地创新推行普通话教育“强化班、补习班、夜校班、爱心班”，推动形成“学校+住户干部+‘访惠聚’驻村工作队+家庭”四位一体的国家通用语言文字学习模式。另一方面，就是将国家通用语言文字学习实现学前和义务教育阶段、职业教育全覆盖。例如，克州的乌恰县出台《乌恰县加强和改进双语教育工作实施方案》，全县58所中小学、幼儿园404个班级实现了国家通用语言文字教育全覆盖。此外，各地区加大双语教师招聘力度，并对不胜任普通话教学的教师进行转岗分流，夯实了普通话教学的师资基础。促进扶贫与扶志扶智相结合的另一项重大举措是加强教育扶贫，全面落实15年免费教育和贫困学生资助政策。“十三五”时期，新疆累计投入37.2亿元帮助南疆四地州实现15年免费教育全覆盖，同时各类教育措施也促进了贫困家庭的子女能够获得学历教育和职业教育。截至2019年3月，南疆四地州学前三年教育普及率达到100%，小学净入学率达到99.89%，初中净入学率达到98.60%，初中毕业升入高中阶段升学率达到98.6%，高中阶段毛入学率达到90%以上。① 在加强教育之外，以宣传工作加强贫困群众的思想转变也是扶志与扶智的重要体现。一些地区通过积极组建脱贫攻坚宣讲队，利用周一升国旗、“三会一课”、村民大会、农牧民夜校等时机，深入开展政策宣读、思想引导、脱贫户现身说法等活动，实施乡风文明行动，倡导现代化生活方式，鼓励主动脱贫、率先脱贫，激发贫困家庭的信心和主动性。通过语言能力提升和教育扶贫的开展，贫困家庭劳动力参与转移就业的积极性和适应能力有了较好的提高，积极劳动的观念得以树立，贫困家庭学生则因为教育扶贫而能够持续上学，阻断了贫困的代际传递。

（六）创新开展土地清理再分配和发挥收益扶贫效应

实行土地清理再分配，是南疆四地州在脱贫攻坚中改善收入分配和促进

---

① 阿依努尔：《教育扶贫举措“托底”南疆深度贫困地区教育发展》，新华网，2019年3月27日，http://www.xinhuanet.com/politics/2019-03/27/c_1210092791.htm。

社会公平的一大创新。其主要做法是将依法清理收回的违规开荒地，根据国有土地、集体土地管理办法，由扶贫办牵头农业、林业、畜牧、国土等相关部门，对已收回熟地，按照属地化分配、按量化分配、按需分配的原则分配给贫困户，切实为贫困户增加实质性收益。2019 年，和田地区土地清理再分配收益面积为 91.49 万亩，惠及贫困人口达 14.94 万人。喀什地区对依法依规清理收回的 408 万亩土地统一对外发包经营，所得 12.1 亿元收益全部用于脱贫攻坚，重点扶持发展产业、促进就业，助力脱贫攻坚。具体包括：一是设立 6.2 亿元稳定就业补助资金，对实现“一户一就业”的贫困家庭人均补助 1000 元；二是设立 3.1 亿元畜牧良种发展资金；三是设立 5000 万元林果业发展资金，用于林果业提质增效和果品托市收购；四是设立 6000 万元困境学生关爱资金和 4000 万元教育资助资金，对困境学生和疆内大专以上贫困学生给予补助；五是设立村集体奖补资金 8630 万元，对实现“一户一就业”的贫困村给予每村 5 万元补助。[①] 通过对违规开荒地收回后再分配，贫困家庭获得的可耕地面积以及村集体用于土地流转的面积均有所增加。土地增加带来的增收，则为深度贫困地区改善内生发展条件提供了强劲动力。土地清理再分配形成的资金收入被用于当地的就业、产业发展和兜底保障事业，既激发了贫困家庭劳动力的劳动积极性，也使无劳动力能力的贫困人员能够共享土地清理再分配收益。这一实践是南疆四地州以收入再分配方式促进地区社会公平的重要表现。不仅为地区的经济社会发展提供了一笔宝贵的资金，还为当地的产业发展提供了更大的土地空间，是一次地区发展资源的增量开发。

四　南疆四地州脱贫攻坚面临的主要难题和建议

受多方面因素的影响，南疆四地州深度贫困地区的整体发展条件依然比

---

① 《2019 年扶贫简报 62 期》，新疆维吾尔自治区扶贫开发办公室网，2019 年 5 月 7 日，http：//fpb. xinjiang. gov. cn/xjfp/zwfpjb/201905/12e41298d64f465d9ac08316e7f1d756. shtml。

较脆弱，在实现稳固脱贫和产业可持续发展的方面依然面临一些困难。2019年4月，习近平总书记指出，到2020年稳定实现“两不愁三保障”是贫困人口脱贫的基本要求和核心指标，直接关系到攻坚战质量。总的看，“两不愁”基本解决了，“三保障”还存在不少薄弱环节。要坚持现行脱贫标准，既不拔高，也不降低。脱贫既要看数量，更要看质量。要多管齐下提高脱贫质量，巩固脱贫成果。[①] 因此，要准确把握南疆四地州脱贫攻坚存在的短板，严格按照“两不愁三保障”原则，重点解决绝对贫困问题，确保到2020年现行标准下农村贫困人口全部脱贫、消除绝对贫困，确保贫困县全部摘帽、解决区域性整体贫困。

（一）面临的主要难题

1. 产业发展带动脱贫能力较弱

受气候和地理条件等影响，南疆四地州深度贫困地区的产业结构普遍存在“一产大而不强、二产小而不优、三产发育程度低”的特点，产业结构失衡问题较为突出。尽管通过整合各方资源发展了特色种养殖业，但是特色农牧业的规模化、标准化、组织化生产程度相对较低，农产品的品牌效应尚未凸显。近年来的产业发展尽管将深度贫困地区的一大批农户纳入特色种养殖产业链中，但是产品的价值链未建立，农户通过种养殖业持续增收的难度依然很大。加之大部分深度贫困地区的城镇化率偏低，服务业吸纳劳动力就业能力弱，因此当前主要以特色种养殖业遍地开花式的产业发展状况较难实现可持续的增收效应。

2. 生产生活基础设施依然相对薄弱

加大基础设施建设力度被摆在“三个加大力度”的重要位置，但是农村居民的安全饮水、道路硬化和必要的亮化、危房改造等方面的问题依然亟待解决。一些易地搬迁安置点的生活配套设施和周边生产社会化服务设施等方面存在的短板也依然有待加快完善。在生产性基础设施方面，随着特色农

① 习近平：《在解决“两不愁三保障”突出问题座谈会上的讲话》，《求是》2019年第16期。

牧业的快速发展，农产品的储存对现代化的冷鲜库建设提出了更加迫切的需求。而部分农产品加工厂的逐步建立，也对深度贫困地区的水、电、网络通信建设有了更多的要求。从提升深度贫困地区生产生活便利度的角度来看，服务于现有扶贫产业的规模化生产和产业链进一步延伸，当前依然要加快推进生产生活基础设施建设步伐，补齐基础设施方面的短板。

3. 贫困人口内生脱贫和发展动力不足

尽管近年来已经开展扶贫与扶志扶智相结合的思想教育引领工作，但是受长期教育水平偏低的影响，一部分贫困人口依然存在“等、靠、要”思想。还有一部分贫困人口在获得政府转移性收入后，容易满足现状，没有利用当前好形势好机遇积极劳动增加收入的观念，加之普通话能力并未达到熟练程度，主动脱贫的意愿依然不强。

4. 扶贫资源的整合协调力度有待提高

南疆四地州获得的扶贫资源十分丰富，扶贫项目和措施也十分多样。无论是扶贫资金拨付，还是扶贫项目实施，“大扶贫”格局下的各类扶贫主体都在尝试利用各自的优势带动深度贫困地区和贫困家庭摆脱贫困。但也要注意，由于对扶贫资源的整合力度不够，南疆四地州的扶贫资源的实际效率不太高。一些项目重复建设，而一些脱贫需求则没有得到必要的扶贫资源。在海量扶贫资金和繁多的扶贫项目中，如何做好脱贫资源需求和扶贫资源供给之间的匹配及资源整合、项目协同，是进一步确保南疆四地州深度贫困地区高质量脱贫必须反思的问题。

（二）对策建议

当前，脱贫攻坚战进入决胜的关键阶段，南疆四地州要紧扣“两不愁三保障”目标，提高扶贫资源使用的精准性，增强转移就业的稳定性，增强产业发展的持续性，提升扶贫项目的协同性，形成扶贫政策与资源合力，聚焦解决绝对贫困问题。

1. 提高扶贫资源使用的精准性

确保南疆四地州实现高质量脱贫，实现稳定解决绝对贫困问题，就必须加强当前扶贫资源使用的精准性。一方面要紧紧围绕“两不愁三保障”目标，以“七个一批”和“三个加大力度”为政策实践主线，对贫困地区存在的基础设施建设不足、脱贫户返贫率较高、易地搬迁稳不住等问题进行精准排查，优先安排资金用于上述领域。另一方面要增强扶贫资源投放对象的精准性。针对具体的贫困村、贫困户，要切实提高扶贫资源帮扶类型的精准度，继续充分发挥驻村帮扶干部的工作优势，做到扶到点上、扶到根上、扶贫扶到家。

2. 增强转移就业的稳定性

“两不愁三保障”目标的实现，依然离不开贫困家庭通过就业获得稳定的收入。因此，在继续坚持就业为导向的扶贫理念的同时，一方面要增强“卫星工厂”“乡镇工厂”等就业基地的稳定发展，确保贫困村的劳动力实现稳定就近就业。另一方面，建议继续做好转移就业动态管理服务工作，加强转移就业服务工作，确保赴外地转移就业的人员能够树立起持续稳定就业的心态。

3. 增强产业发展的持续性

尽管南疆四地州产业发展带动贫困人口脱贫致富的能力在目前比较薄弱，但是要看到，产业发展需要一定的周期。因此在当前阶段，建议加强已有扶贫产业项目的整合与协同，并且加快特色养殖业的社会化生产服务体系建设，打好产业发展所需的软硬件基础。充分利用特色产业的受益等待期，继续有规划地做好提质增效和产品品牌化工作，为南疆四地州培育出具有市场竞争力的高端品种打好基础。

4. 提升扶贫项目的协同性

党和国家以及各方面帮扶主体投入南疆四地州的扶贫资源很多。如何统筹整合各类扶贫项目，增强扶贫项目之间的协同性也是当前实现高质量脱贫需要解决的重大问题。建议在坚持深化援疆扶贫、定点帮扶、区内协作扶贫、社会扶贫，完善“四位一体”的大扶贫格局的基础上，增强各类扶贫项目在规划方案、实施进度方面的协同性，为解决南疆区域性整体贫困奠定基础。

当前，南疆四地州深度贫困地区已经取得的脱贫攻坚成效为国内外所赞许，一些反贫困实践经验也充分体现了中国特色解决贫困问题的智慧。但是，要实现高质量脱贫，南疆四地州深度贫困地区在实现全面脱贫摘帽之前，依然要高度重视返贫问题的解决。要按照习近平总书记在解决“两不愁三保障”突出问题座谈会上的讲话中关于“提高脱贫质量”“稳定脱贫攻坚政策”等方面的要求，夯实贫困人口致富和贫困地区发展条件改善的各项基础，助推南疆四地州深度贫困地区高质量脱贫摘帽和迈入乡村振兴。

B.4

四川省凉山州深度贫困破解与全面小康社会建设

郭晓鸣　高　杰*

摘　要： 四川凉山州是我国贫困程度最深、贫困问题最为复杂的民族贫困地区。在多轮扶贫工作持续推进，特别是精准扶贫战略实施以来，四川凉山州的贫困问题得到极大缓解，彝族贫困同胞生产生活条件产生了翻天覆地的变化，全州小康社会建设取得了突破性进展。在脱贫攻坚的决胜期，四川凉山州仍需应对贫困整体性与帮扶资源精准性、发展能力有限性与增收持续性、致贫原因交互性与帮扶方式单一性、民族文化独特性与脱贫路径现代性的矛盾，通过政策调整与机制创新实现如期稳定脱贫和全面建成小康社会目标。

关键词： 深度贫困　全面小康　凉山　彝区

一　四川凉山州深度贫困特征分析

凉山州位于四川省西南部川滇交界处，全州辖区面积6.04万平方公里，是我国最大的彝族聚居区。2018年底，全州总人口521万人，其中彝族人口275.7万人，占人口总量的52.92%。凉山州是全国十四个集中连片特困地区之一，也

* 高晓鸣，四川省社会科学院研究员；高杰，四川省社会科学院博士研究生。

是“三区三州”深度贫困地区之一。2013年底，全州深度贫困县11个，贫困人口总量60.3万人，贫困发生率13.5%，少数民族贫困人口比例为82.4%①。

（一）整体性贫困问题突出

凉山州贫困人口分布多集中于高山区和二半山区县，安宁河谷地区贫困人口相对较少。从贫困分布情况看，集中连片特困区域达4.16万平方公里、占全州面积的68.9%；全州17个县市中，有11个是国家扶贫开发工作重点县，约占全省国家级贫困县总数的1/3。2013年底，全州60.3万贫困人口中，近83%的贫困人口集中在“老九县”② 及木里藏族自治县，其中，布拖县、甘洛县、美姑县、木里县贫困问题最为严重，贫困发生率均超过20%。相对而言，西昌市、德昌县、会理县、惠东县、宁南县、冕宁县贫困人口较少，平均贫困发生率为6.5%左右。

表1　2013年凉山州深度贫困县贫困人口及贫困发生率

地　区	乡村人口（万人）	少数民族人口（万人）	贫困人口（万人）	贫困发生率（%）	少数民族贫困人口比例（%）
普格县	19.2	16.0	2.9	16.3	90.8
布拖县	18.2	17.6	3.5	20.0	97.7
金阳县	20.1	17.7	3.6	19.4	91.9
昭觉县	30.7	30.1	5.4	18.7	99.1
喜德县	22.4	20.3	3.9	19.3	95.2
越西县	34.6	26.7	5.7	18.0	92.2
甘洛县	22.4	17.1	4.4	21.2	84.3
美姑县	26.2	25.9	5.2	20.9	99.5
雷波县	26.6	14.8	4.6	18.6	84.1
盐源县	38.1	23.6	5.4	15.0	73.0
木里县	13.8	10.2	2.6	21.5	85.5

资料来源：根据四川省扶贫开发局（原扶贫和移民工作局）《四川省扶贫开发建档立卡数据汇总资料》数据整理。

① 资料来源：全国扶贫建档立卡信息管理平台，数据截止日期为2015年1月19日。

② 1978年，凉山州与西昌专区合并，原凉山州下辖马边县、峨边县划归乐山地区，原来凉山州的昭觉、布拖、甘洛、金阳、普格、喜德、美姑、雷波、越西（原称越嶲）9县被称为“老九县”。

（二）致贫原因复杂多样

从致贫原因来看，缺资金和缺技术是凉山州深度贫困地区贫困农户致贫的主要原因，分别占比为70.22%和40.19%，交通落后、缺劳动力和缺土地分别占比为34.10%、18.40%和13.35%（如表2所示）。凉山州致贫原因分布体现了其深度贫困地区的特征，与一般贫困地区相比，深度贫困地区的贫困问题表现为贫困人口更多、贫困程度更深，但从致贫原因上看，在一般贫困地区，导致贫困的主要原因大多为贫困者身体和主观意愿因素，贫困户多为因病、因残、缺劳动力致贫。而在深度贫困地区，大多数贫困农户陷入贫困的主要原因在于外部发展机会的制约，如乡村金融滞后导致缺少融资途径、地理区位偏僻导致与市场分割、乡村基础设施和公共服务基础差导致受教育程度偏低及接受技术培训机会有限。

表2　2013年凉山州深度贫困县致贫原因比例

单位：%

地区	因病	因残	因学	因灾	缺土地	缺水	缺技术	缺劳动力	缺资金	交通落后	发展能力不足	其他原因
普格县	8.8	1.4	10	4.5	9.8	7.3	30.3	12.4	86.1	37.9	0.3	7.9
布拖县	21.6	1.5	3.7	10.2	5.8	1.2	34.8	28.2	68.1	13.5	11.3	23.7
金阳县	0.2	0.4	3.3	5.5	22.1	26.9	52.7	11.3	48	54.4	8.3	13
昭觉县	12.9	1.2	10.9	5	13.2	0.9	51	24.8	74.8	32.8	2.3	4.5
喜德县	0.7	0.7	11.8	10.1	10.3	5.5	38.3	18.1	85.6	41.3	15.3	3.4
越西县	10.9	2.1	4.5	2.1	15	4	49.4	24.3	79.9	29.2	13.2	5.4
甘洛县	37.9	4.4	12.7	9.8	12.9	2.9	23.8	9.6	63	20.1	4.1	13.6
美姑县	5.9	1.3	4.3	5.9	20.5	4.1	42.8	25	81.1	41.6	0	7.6
雷波县	19.1	2.6	5	7.6	11.5	7	26.4	28.4	48.9	38.2	15.3	9.2
盐源县	7.4	2	18.3	11.5	16.5	19	35.2	14.5	65.2	32.4	8.2	15.1
木里县	17.2	2.1	13.6	3.6	9.3	17	57.4	5.8	71.7	33.7	13.3	10.7
平均	12.96	1.79	8.92	6.89	13.35	8.71	40.19	18.40	70.22	34.10	8.33	10.37

资料来源：根据四川省扶贫开发局（原扶贫和移民工作局）《四川省扶贫开发建档立卡数据汇总资料》数据整理。部分贫困户致贫原因重叠，故致贫原因比例加总不为100%。

（三）发展基础条件滞后

由于发展起步较晚，凉山州深度贫困地区的“硬件”基础普遍较差，生产生活条件恶劣。全州贫困地区主要分布在远离交通主干道与市场中心的偏远地区，部分边远贫困村社尚不通公路，贫困村内公路条件差，信息闭塞，严重阻碍了农产品流通和要素流动。全州公路路网密度仅 42.7 公里/百平方公里，低于全省 15.7 个百分点；高速公路通车里程仅 217 公里；国省干线和农村公路等级较低，普遍弯多、坡陡、路窄，基本上没有防护设施，安全性差、抗灾能力弱；农村公路通达通畅程度低，尚有 9 个乡、453 个建制村不通公路，199 个乡镇、2460 个建制村不通油路（水泥路）；1096 个村不通电，23.55 万人居住在高寒山区、严重干旱缺水地区、滑坡泥石流易发多发地区。作为全国生态最脆弱的地区之一，全州水土流失面积达 1.6 万平方公里，占全州面积的 1/4。同时，凉山州深度贫困地区社会发育程度较低，教育、卫生等社会事业发展滞后，还有相当一部分农村青壮年不懂汉语，就业能力弱、创业意识差，苦熬守穷、贫困代际传递现象依然存在。

（四）空间贫困陷阱显著

将地区物质和人力资本、社会资本、各类正式和非正式制度等因素集合于空间地理区位之中，形成“地理资本”（Geographic Capital），而地理资本较弱形成的“空间贫困陷阱”（Spatial Poverty Traps）被认为是贫困的主要成因。虽然空间贫困理论因过于强调地理环境对于贫困的决定性作用而受到部分学者的批评，但是其对于自然地理、经济、社会等多维致贫因素所构成的“空间贫困陷阱”的分析对于理论研究具有较强启发性。

四川凉山州深度贫困地区的致贫机理表现为显著的“空间贫困陷阱”，具有地域特征的地理环境、经济基础、文化习俗等变量相互作用并嵌入贫困者主体行为而形成的多重的、内生的“贫困陷阱”：恶劣的自然环境使凉山深度贫困地区的农业生产条件极差，家庭产出较低且不稳定。同时，偏远的区位条件阻断了这些地区参与市场分工从而实现经济现代化的机会，家庭生计来源结构单一且脆弱。因此，为了应对外部环境，保证家庭生存，凉山深度贫困地区以血缘为联结的家支传统得以保留，而以维护家支地位为目的的个体行为，如严格遵守习惯法、礼仪性消费等行为与现代市场经济要求的创新、投资相冲突，从而形成了所谓的“贫困文化”。“贫困文化”与现代文明的差异加剧了外部与彝区贫困群体的相互排斥，进一步减少了彝族贫困农户在外部市场中获得收入的机会，进而使贫困农户收入来源受到限制，陷入低水平均衡状态。

（五）贫困人口非理性消费观现象突出

封闭恶劣的地理环境和错综复杂的历史沿革使四川彝区长期处于相对隔绝的发展状态。在历史发展过程中，除了在重大历史节点中受外部冲击发生“改土归流”“解放彝区”“奴隶制改造”等“突变”外，四川彝区总体保持着相对封闭、渐变演进的社会发展方式。故而，这一区域的社会结构、民族习俗等具有显著的独特性，而独特的社会文化背景则直接影响当地人民的思想意识和行为方式，进而塑造了凉山彝区社会特殊的生产方式和个人经济行为，而这种行为方式与现代市场经济存在较大冲突，在市场原则评价体系下，部分行为方式表现为“非经济理性”和“发展性”不足问题。

在凉山州深度贫困地区，“缺资金”是制约贫困农户发展的重要原因，但是与之相对应的是不少彝族贫困农户仍存在“过度消费”行为。如婚丧嫁娶等礼仪性消费支出、喝酒吸烟聚会等炫耀性消费支出较高。从表象上看，彝族贫困地区农户的消费行为很容易被归结为“爱面子”“攀比”的非理性行为，并对其进行简单化劝导甚至强制禁止。但从深层次看，维系家支关系并提高个体在家支中的地位既能够体现社会价值，又能够带来实际物质利益，所以对于彝族个体而言，通过各种“信号显示”证明其能力极为重要，各类看似不理性的行为实际上是在既定约束条件下的理性行为。在相对封闭的环境中，礼仪性消费和炫耀性消费是传播最广、显示能力最强的“信号”，如在与彝区农户交流中，当提到村内较为富裕的家庭时，往往会提及某次婚礼或丧礼仪式“打了很多牛、羊”。因此，要改变彝区贫困农户的所谓“非理性”消费行为，阻断社会结构与贫困的恶性循环，就必须在强化家支对个体社会支持和道德约束等积极作用的同时，拓展彝区家庭的社会资本渠道，淡化家支内部分配在彝族家庭生计来源结构中的比例。

二　破解四川凉山州深度贫困问题的主要做法与成效

为破解深度贫困问题、如期完成脱贫攻坚和全面小康历史任务，中央、四川省及凉山州各级政府坚定贯彻习近平总书记重要指示讲话精神，针对贫困地区现实情况和贫困特征制定了全面的帮扶政策举措，全州深度贫困地区的脱贫攻坚取得了重大进展和关键性胜利。

（一）凉山州深度贫困地区脱贫攻坚的主要做法

1. 主要帮扶政策梳理

为了从根本上解决大小凉山彝区各种突出的贫困根源性问题，2014 年四川省印发《大小凉山彝区“十项扶贫工程”总体方案》，提出从 2014 年到 2020 年，在大小凉山彝区 13 个县（区）[①] 强化彝家新寨建设、乡村道路畅通、农田水利建设、教育扶贫提升、职业技术培训、特色产业培育、农业新型经营主体构建、产业发展服务、卫生健康改善和现代文明普及等“十项扶贫工程”。为对接省“十项扶贫工程”46 个大项 88 个小项建设任务，凉山州编制历年实施方案，明确项目建设任务落实主体和推进时间表。

此外，四川省还出台了《关于精准施策综合帮扶凉山州全面打赢脱贫攻坚战的意见》、“11 + 11”对口帮扶、支持彝区脱贫奔康“17 条”和《关于深入落实综合帮扶凉山州脱贫攻坚政策的若干工作措施》等政策，并制定实施了交通扶贫、禁毒防艾、人才振兴等专项方案。

---

① 包括乐山市的峨边县和马边县。

2018 年，四川省在既有的 10 个扶贫专项方案基础上，又专门为凉山出台 12 个方面 34 条政策措施，投入各级财政专项扶贫资金 37.08 亿元；选派 5700 多名干部组成综合帮扶工作队，分赴凉山州 11 个深度贫困县开展为期三年的脱贫攻坚和综合帮扶工作。凉山州部署了脱贫攻坚“八大行动”，包括深入开展精准对标大排查行动、项目开工行动、产业扶贫行动、习近平总书记重要论述学习行动、控辍保学行动、问题整改行动、就业扶贫行动和精神扶贫行动。

2. 脱贫攻坚规划任务及投资情况

从帮扶内容上看，根据国家精准扶贫战略总体部署，四川省规划了凉山州“十三五”脱贫攻坚规划项目，包括精准到人建设内容、解决突出贫困问题建设内容、区域发展建设内容三大类 26 项内容。其中：精准到人建设类包括特色产业发展一批、创新创业致富一批、低保政策兜底一批、医疗保障扶持一批、治毒戒毒救助一批、移风易俗巩固一批 6 项；解决突出贫困问题建设类包括基础设施、产业扶贫、新村新寨扶贫、教育扶贫、卫生计生与艾滋病防治、生态扶贫建设、文化惠民、社会保障扶贫、就业技能培训、禁毒戒毒扶贫、旅游扶贫、工业扶贫、电商扶贫、科技扶贫、土地整治专项扶贫、社会扶贫、易地移民扶贫搬迁 17 项；区域发展建设类包括重大交通建设、重大水利建设、重大电力建设 3 项。所有项目规划总投资预计 6964.3 亿元，其中政府性投入 3215.0 亿元、其他投入 3749.3 亿元（见表 3）。

表 3　凉山州“十三五”脱贫攻坚规划项目投资总额

单位：万元

建设内容	总投资	政府性投入	其他投入
精准到人建设内容	2039452	1405418	634034
解决突出贫困问题建设内容	34151263	9973725	24177538
区域发展建设内容	33452299	20771326	12680973
合　计	69643014	32150469	37492545

资料来源：根据凉山州扶贫开发局提供《四川省凉山彝族自治州“十三五”脱贫攻坚规划项目资金汇总表》数据整理。

（二）凉山州深度贫困地区脱贫攻坚的主要成效

脱贫攻坚战略在四川省凉山州取得了巨大成效，全州深度贫困地区的贫困问题得到极大缓解，贫困人口持续减少、贫困地区经济发展能力显著增强、贫困乡村的生产生活条件得到根本性改善。

1. 贫困人口持续减少

2013～2018 年，凉山州贫困人口数量由 94.2 万人减少至 30.9 万人①，年均减少 24.98%，贫困发生率由 21.2% 下降至 7.1%，累计退出贫困村 1454 个（如图 1 所示）。截至 2018 年底，全州剩余贫困人口 30.9 万人，贫困发生率为 7.1%，剩余贫困村 618 个，整体性贫困问题得到根本性改变，深度贫困状况显著减轻。

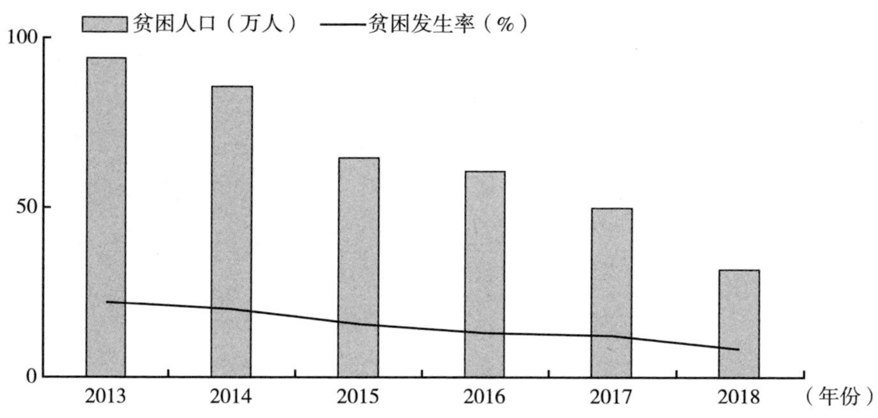

图 1　2013～2018 年凉山州贫困人口及贫困发生率变化趋势

资料来源：根据历年《凉山州政府工作报告》数据整理。

2. 特色产业稳定发展

截至 2018 年底，凉山州新增经济作物面积 66.03 万亩，新增产量 93.37

① 2015 年凉山州调整了建档立卡贫困人口数量，因此从统计数字上看，全州贫困人口发生了大幅度增加。

万吨，新增产值31.52亿元；新建成省级现代农业重点县3个，创建并挂牌省级现代农业产业示范园区3个，省级农业科技示范基地2个，新建产业融合示范园区14个；农产品产地初加工率达49%，累计创建国家、省级特色农产品品牌及“三品一标”认证350个，“1+X”生态林业产业、“果薯蔬草药”农牧业和乡村旅游产业持续发展，全州8.6万名贫困群众通过发展产业脱贫致富。

3. 基础设施日益完善

通过脱贫攻坚战略的实施，凉山州深度贫困地区道路交通、水利、电力等基础设施条件显著提升。截至2018年底，全州基本实现西昌到各县干线公路畅通，建成农村公路9795公里，新增868个建制村通硬化路；新建高标准农田建设62.54万亩，农机总动力新增11.9万千瓦，达到336.7万千瓦，新建和改建提灌站608座，新建农机化生产道路2414.3千米。全州共完成惠及38.9万人的农村饮水安全巩固提升工程、18.1万人的农村电网改造工程。

4. 乡村面貌全面改善

经过易地扶贫搬迁等帮扶项目的建设实施和贫困乡村农民的共同努力，全州深度贫困地区乡村面貌得到全面改善。截至2018年底，全州累计完成易地扶贫搬迁11.2万人，建成彝家新寨302个、藏区新居1675户，改造农村危房2.3万户、土坯房8.82万户，66.6%的贫困群众住上好房子。根据山区乡村地域特征，在贫困乡村推广“小规模、组团式、微田园、生态化”建设模式，全州新建幸福美丽新村628个、新村新寨638个，创建中国美丽休闲乡村、四川最美古村落3个。

三　全面建成小康社会面临的新矛盾和新挑战

随着脱贫攻坚战略的实施，凉山州的贫困问题得到有效缓解，全面建设小康社会目标不断推进。但由于凉山州深度贫困地区受到贫困人口量大面广、贫困乡村发展基础薄弱、贫困群众发展动力不足等现实问题制约，同时还面临独特的民族文化和社会结构，在脱贫攻坚战略不断推进并取得重大进展的同时[①]，贫困问题也发生了变化，贫困地区出现了一系列新情况和新问题，给脱贫攻坚和全面建成小康社会提出了新的现实挑战。

（一）行政主导的物质投入式帮扶蕴含返贫风险

随着扶贫任务目标考核期的迫近，部分地区为完成脱贫任务而采取了以行政力量为主导的物质投入式帮扶方式。向贫困户、贫困村集中投入帮扶资源能够在短期内快速提高贫困群体生活水平，但同时，由于发展基础较弱，短期帮扶很难形成贫困地区和贫困人口持续发展的基础和能力，一旦外部帮扶力量撤出，可能出现不同程度的返贫。同时，政府在一定程度上替代了原有社会组织和社区的功能，对市场机制事实上形成了排斥和挤出效应。政府职能的过度发挥和市场机制的缺失，大幅增加了政府的财政负担，也使扶贫资金的使用和扶贫项目的运行缺乏市场化导向，导致管理方式普遍效率低下。

（二）民族文化独特性与脱贫路径现代化的矛盾

在市场经济环境下，凉山彝区的稳定脱贫和持续发展必然要以现代市场体系的发育和完善为基础和路径[②]，而封闭、固化的家支传统本质上是排斥市场经济的，这一矛盾导致彝区贫困人口行为的“非理性”，进而影响扶贫政策的实施效果，这一问题突出表现在就业扶贫政策中：通过与沿海地区的对口就业帮扶政策，彝区贫困人口获得了务工机会，但是彝族务工群体在用工地也以家支为单位“抱团”发展，并将家支聚会喝酒等传统带到了流入地，当地用工企业很难对其进行有效管理，只能采取临时工方式聘用彝族工人。

---

① 汪三贵、匡远配：《贫困区域收敛与新时期扶贫开发研究》，《湖湘论坛》2012 年第 2 期，第 80 页。

② 郭佩霞：《四川彝区政府反贫困研究》，经济科学出版社，2008，第 32 ~ 70 页。

（三）传统治理结构与贫困乡村现代治理体系建设的矛盾

长期的子嗣传承和流动迁徙，使凉山彝区大部分乡村都形成了聚家支而居的村庄格局，强势家支构成村寨主体的现象比较普遍。家支传统对乡村治理产生了较大影响，使现代乡村治理陷入两难。一方面，以家支意志代替民主自治、以习惯法代替自治法。民主选举被强势家支控制，村委干部同时也是家支头人的现象非常普遍，乡村治理成为体现家支意志的工具，村民事务仍依靠家支习惯法解决。另一方面，彝族农民对家支的依赖超过对基层组织的依赖。如果盲目消除家支传统在基层治理中的作用，在家支对个体道德约束失效的同时，以社区为基础，以基层自治为逻辑的现代治理机制尚未建立，那么彝区乡村发展将面临主体行为失范、乡村秩序失衡的风险。

四　四川凉山州破解深度贫困、全面建成小康社会的对策建议

（一）全面加强现代社会保障体系功能，弱化彝区农户对家支保障救助功能的依赖

彝族贫困农户对家支高度依赖的根本原因在于，家支发挥了重要的生存保障和生活互助功能。因此，要抑制家支传统的不利影响，弱化彝族群众对家支的依赖，就要全面完善彝区现代社会保障体系建设，为贫困农户提供更加稳定有效的保障机制。

一是逐步建立覆盖彝区所有农户的社会保障预警和响应机制。在实现城乡低保、养老和医疗保险贫困人口全覆盖的基础上，探索扩大保障范围，建立保障预警机制，实现对农村相对贫困户的动态监测，当出现致贫风险时，及时启动社会保障响应机制。

二是探索建立彝区贫困村庄生活互助基金。整合部分财政扶贫资金、部

门和社会帮扶资金以村为单位建立彝区农民生活互助基金，以村民互助的形式解决农户家庭各类大额支出资金筹集的问题，逐步以规范的互助机制代替家支血缘互助。

（二）积极引导民族间文化的双向接纳，实现民族优秀文化与现代市场文明的融合

加强彝族传统文化和市场现代文化的双向理解、交流和交融，破除文化隔阂，强化彝区贫困群体把握现代市场机会的意识和能力。

一是加强文化宣传，消除民族间文化隔阂和误解。一方面，高度重视彝族“污名化”问题对彝族同胞发展机会的抑制。加强对彝区移风易俗、禁毒防艾等工作成效的宣传，引导社会对彝区形成正确认知，以开放包容的心态理解并接纳民族文化。另一方面，完善彝区民族传统文化保护和推广体系，深度挖掘彝族优秀传统文化，进一步支持彝区文化产业发展，以市场手段保护、传承并推广民族传统文化。

二是瞄准关键群体，发挥示范带动和文化沟通作用。在凉山彝区，家支“头人”“能人”受到家支成员的普遍尊重，其行为具有极强的示范带动和约束作用。因此，要通过组织家支精英的外出参观、政策学习、树立典型等形式积极争取这部分群体对脱贫攻坚政策的理解和支持，通过增强乡村精英的现代化意识带动家支成员思想意识的整体改变。同时，建立彝族外出人才返乡的政策激励机制，设立彝族返乡精英创业基金，对个人素质高、带动能力强的返乡人才实施专项奖励。

三是重视党建引领，加强外出务工群体的党建工作。在迁入地做好彝族外出务工人员党员登记制度，并鼓励迁入地和流出地协同做好彝区流动人口的党组织建设工作。积极吸收彝族优秀务工者加入党组织，建立党建联络员制度，选择优秀“工头”“带工者”和家支领导者担任党建联络员，拓展党组织职能，使其成为凝聚、服务彝族外出务工者并且为其提供社会支持的重要组织。

（三）加快推进彝区集体产权制度改革，引导贫困乡村规范发展现代合作经济

充分发挥彝族家支的互助传统，以集体产权制度改革为基础推进现代合作经济规范发展，构建家支合作意识与现代合作规范相结合的乡村市场化合作经济制度。

一是引导凉山彝区贫困乡村推进集体经济产权制度改革。针对凉山彝区深度贫困地区出台特殊的集体产权制度改革支持政策，在清产核资等环节基于专业人才和资金支持，帮助贫困乡村扎实做好集体产改的前期工作。鼓励各地结合未上户群体、自发搬迁人口的情况灵活探索成员确认工作。进一步完善贫困村财政支农资金股权量化改革，探索推进财政投入资金、行业帮扶资金和社会扶贫资金的村级整合和股权量化工作。

二是帮助贫困乡村建立形式多样、运行规范的现代合作经济组织。充分发扬凉山彝族乡村的合作传统，鼓励对口帮扶单位和村两委帮助农户建立起规范的合作组织，引导帮扶主体、社会资本以入股合作的方式与农户建立稳定的利益联结。继续完善资产收益扶贫方式，优化贫困农户生计来源结构，将发展现代合作经济组织作为彝区贫困农户共同发展、融入现代乡村产业、分享经济发展红利的重要路径。

B.5 甘肃省临夏州深度贫困破解与全面小康社会建设*

马忠才　韩凤莹**

摘　要： 本文以临夏州广河县水岸花苑易地扶贫搬迁小区及其周边技能培训点、临夏市八坊十三巷旅游景区、神韵砖雕厂、“燕之屋”食品加工扶贫车间的实地调查为基础，总结了临夏州脱贫攻坚工作的实践与成效，主要表现为：基础设施建设日益完善，公共文化服务事业不断推进；强化技能培训，开展并推广专业化技能培训项目；设立扶贫车间助推就业；基本建成“党建+合作社+农户”模式，产业脱贫成效显著；强化干部教育培训，建立有效帮扶机制。同时还分析了临夏州全面建成小康社会的现实困境并提出了相关政策建议。

关键词： 深度贫困　旅游产业扶贫　小康社会

临夏回族自治州位于黄河上游、甘肃省中部西南面，总面积8169平方公里，户籍人口241.9万人，有回、汉、东乡、保安、撒拉等31个民族，其下属的8县市（永靖县、康乐县、和政县、临夏县、东乡县、临夏市、

* 本文为国家社科基金项目“临夏州稳定脱贫内生动力的培育路径与社会工作介入机制研究”（项目编号：19BMZ118）阶段性成果。

** 马忠才，西北民族大学教授、博导，国家民委国别和区域研究中心中亚与中国西北边疆研究中心研究员，研究方向：民族社会学；韩凤莹，国家民委人文社科重点研究基地西北民族大学西北民族非物质文化遗产保护研究中心助理研究员。

积石山县、广河县）均为深度贫困地区，全部被列为国家六盘山集中连片特困片区扶贫重点县，核定建档立卡贫困村560个，占全州行政村的48.7%；核定贫困人口90.02万人，占全州农业人口的52.04%。随着脱贫攻坚战略的实施，为坚决打赢脱贫攻坚战，临夏州从基础设施建设、富民产业发展、易地搬迁安置、公共服务完善等关系民生的诸多方面入手，探索适合本地脱贫攻坚的有效路径，近年来成效显著，全州贫困面与贫困人口明显下降。截至2018年底，临夏州建档立卡贫困人口由2013年底的56.32万人减少到16.38万人，贫困发生率由32.5%下降到8.97%，下降23.53个百分点。①

本文的资料主要来自2018年9月至2019年10月的实地调查。笔者选取了广河县水岸花苑易地扶贫搬迁小区及其周边技能培训点、临夏市八坊十三巷旅游景区、神韵砖雕厂、“燕之屋”食品加工扶贫车间分别进行了实地调研。

一 临夏州脱贫攻坚工作的实践与成效

在脱贫攻坚战略背景下，临夏州不断完善基础设施、壮大富民产业、发展社会事业，从精准扶贫的主要内容入手，通过村道硬化、饮水安全、危房改造、农电保障、信息网络、易地搬迁、教育文化、卫生保健、社会救助、生态环境建设、村容村貌整治等，不断改变全州贫困现状、推进脱贫攻坚工作。

截至2016年底，全州贫困人口下降到29.94万人，贫困发生率下降到17.03%，农民人均年收入增加到5680元。2016年，新建改建农村公路450公里，100%的建制村、70%的自然村实现了通沥青/水泥路；完成42个贫困村安全饮水工程，解决了5.3万人的饮水安全问题，农村自来水入户率达到93%；改造农村危房1.96万户，易地搬迁2.2万人；完成26个贫困村农

① 《以冲刺的状态跑出决胜的姿态——“三区三州”甘肃深贫区脱贫攻坚报告》，临夏回族自治州人民政府网，2019年9月2日，http://www.linxia.gov.cn/Article/Content? ItemID=44514cd7-f17f-4285-a632-0fc54e0a1ef3。

网改造任务，实现贫困村动力电全覆盖；完成技能培训 6.46 万人，劳务输转 50 万人，实现劳务收入 76 亿元，占到农民收入的一半以上；新建农村幼儿园 282 所、乡镇卫生院 16 所、村卫生室 150 个、乡镇文化站 38 个、乡村舞台 298 个，基本公共服务均等化水平明显提升。截至 2017 年底，在危房改造脱贫项目方面，临夏州共开工建设 14108 户，竣工 9183 户，其中建档立卡贫困户已开建 3441 户，竣工 2515 户。在安全饮水脱贫项目方面，列入全省农村饮水安全巩固提升建设计划项目 4 项，总投资 2.14 亿元，惠及贫困村 88 个、贫困户 1.29 万户、贫困人口 5.68 万人。① 城镇化步伐不断加快，2018 年底，全州建成区面积达 62.1 万平方米，城镇化率达 36.02%。党的十八大以来，临夏州脱贫攻坚取得了重要的阶段性成效，贫困人口从 2012 年底的 73.3 万人减少到 2018 年底的 16.38 万人，贫困发生率从 42.2% 下降到 8.97%。② 2018 年，全州实现 160 个贫困村、11.22 万人脱贫，其中，临夏市脱贫摘帽。③ 本文将从重点项目入手，阐述临夏州脱贫攻坚工作的实践与成效。

（一）基础设施建设日益完善，公共文化服务事业不断推进

从基础设施建设出发，不断改善农村基础条件。目前临夏州范围内人民基本实现“两不愁、三保障”，与此同时，通过加快推进农村道路、安全饮水、危房改造、易地搬迁等项目，全州基础设施建设日益完善。在饮水安全方面，切实保障农村地区饮水安全，基本建成引黄济临供水工程。2015 年 7 月 15 日，引黄济临供水工程开工建设，施工单位克服多项施工难题，在 2016 年 10 月 16 日，临夏回族自治州成立 60 周年庆祝大会前夕完成通水任

① 《向着全面小康坚定前行——临夏州脱贫攻坚工作综述》，每日甘肃网，2017 年 12 月 16 日，http://gansu.gansudaily.com.cn/system/2017/12/26/016877640.shtml。

② 《近 40 年累计减少贫困人口 140 多万　临夏州创造民族贫困地区脱贫奇迹》，每日甘肃网，2019 年 9 月 6 日，http://gansu.gansudaily.com.cn/system/2019/09/06/017258900.shtml?from=timeline。

③ 《让日子一年更比一年好——临夏州推进脱贫攻坚工作综述》，中国临夏网，2019 年 3 月 15 日，http://www.chinalxnet.com/a/xinwen/linxiaXinwen/2019/0315/44915.html。

务。引黄济临供水工程年提水量为4970万立方米，输水管线长40.5公里，可有效解决临夏市与临夏县57万人的饮用水问题。[①] 康乐县北部与和政县北部实施农村饮水安全巩固提升工程，截至2017年，解决1.7万人的饮水安全问题。

在村道硬化建设方面，加快自然村组道路及主巷道硬化建设。从2018年开始，利用三年时间，计划投资28.6亿元，实施30户以上自然村组道路硬化4695公里和村内主巷道硬化1461公里，到2020年前实现70%的自然村通硬化路。抓好临夏州当前在建的8条普通省道、1条旅游公路、东乡县折红二级公路、康冶二级公路、唐达二级公路、积石山县旧城区道路改造、康乐莲麓至积石山大河家旅游扶贫大通道建设等任务。[②]

截至2017年底，临夏州及所属8县市均制定出台医疗卫生服务体系规划，持续加强医疗卫生基础设施建设。总投资6.1亿元的州人民医院迁建项目建成投入使用。总投资1.57亿元的4个省级下达医疗卫生基础设施项目中，积石山县中西医结合医院建设项目主体完工，广河县人民医院、康乐县人民医院二期住院部、永靖县疾病预防控制中心业务用房建设项目完成设计。全州4个县级医院重点专科建设项目已基本完成。[③]

推进教育事业发展，实施临夏中学新校区二期、临夏现代职业学院二期等建设项目，临夏现代职业学院办学规模达到5100人，其中高职生3233人。推进各县市示范性幼儿园建设，有7所幼儿园创建为省级一类幼儿园。加大义务教育控辍保学力度，提高教育教学质量，招录各类教师1069名，培训教师8500人次。[④]

---

① 《引黄济临供水工程通水为甘肃57万旱塬群众解饮水难》，中华人民共和国中央人民政府网，2016年10月15日，http://www.gov.cn/xinwen/2016-10/15/content_5119634.htm。

② 《临夏州交通运输局全力打赢交通脱贫攻坚战》，临夏回族自治州人民政府网，2018年6月7日，http://www.linxia.gov.cn/Article/Content?ItemID=4d9fd6fb-1153-4e83-bcb8-18b966310fb6。

③ 《建设健康临夏　提高服务水平——临夏州卫生与健康工作综述》，每日甘肃网，2017年11月7日，http://baijiahao.baidu.com/s?id=1583371068804782665&wfr=spider&for=pc。

④ 《政府工作报告（摘登）》，临夏回族自治州人民政府网，2018年1月5日，http://www.linxia.gov.cn/Article/Content?ItemID=9350df7c-b77b-440e-ad24-4800f07b2990。

在易地搬迁方面，州医院搬迁、康乐县鸣鹿水库、永靖县城北新区易地搬迁、广河县三甲集镇康家村易地搬迁安置点、广河县水岸花苑易地搬迁安置点等项目基本完成。其中广河县水岸花苑易地扶贫搬迁小区竣工于2018年11月，隶属于广河县城西社区，该小区居民大多于2019年初从农村搬迁至此。小区主要负责搬迁安置来自广河县城关镇、祁家集镇、庄窠集乡、官坊乡、买家巷乡、阿力麻土东乡族乡、水泉乡草滩村等7个乡镇43个行政村的建档立卡户，共安置528户2400人。在道路建设与环境改善方面，八坊十三巷通过旅游景点的开发，原有的道路及周边环境得到明显改善。当地居民是基础设施改善的直接受益者：

> 住的条件还可以，有两室一厅一卫一厨的，有三室一厅两卫一厨的，还有三室一厅一卫一厨的，都不一样，看家里有多少个人。有3口人的家庭房子是69平方米，有5口人的家庭房子是92平方米，有7口人的家庭房子是104平方米或110平方米，按家里面人口多少分的。**（广河县水岸花苑易地扶贫搬迁小区居民，男，东乡族，56岁）**
>
> （八坊十三巷）（设施）很多木质的窗户、外面的和路面都是政府修的。**（八坊十三巷旅游中心讲解员，女，回族，24岁）**
>
> 景区开放以后大部分（设施）还是比较好的，而且卫生环境也一年比一年好。刚来的时候全是土路，到处倒垃圾，也没人管。现在路已经修好了。**（八坊十三巷蔬菜店经营者，女，回族，60岁）**

（二）强化技能培训，形成专业化技能培训项目

为推进临夏州就业扶贫工作，支撑和带动建档立卡贫困劳动力增收，结合全州实际情况，制定了《临夏州脱贫攻坚就业扶贫三年行动计划（2018—2020年）》，确立开展精准扶贫劳动力培训和劳务输转到户到人基础管理工作。按照脱贫攻坚“一户一策”要求，以全州建档立卡贫困户中有培训需求和输转意愿的劳动力为对象，制定精准培训计划和劳务输转计划。

以职业技能培训为基础，不断提高劳动者技能水平和劳务输转质量。结合临夏州输转特色和优势，开展市场需求量大、就业前景广阔、易学易懂的培训工种，重点扶持和培育牛肉拉面、东乡手抓、临夏砖雕等具有地方特色和一定市场占有率的培训工种，扩大“临夏劳务”知名度。[①] 东乡县创新劳务技能培训模式，2019 年已完成培训 2820 人，精准户培训 1857 人；完成劳务输转 4.62 万人，其中建档立卡贫困劳动力 4443 人，实现劳务收入 5.82 亿元。[②] 在调研过程中，笔者实地走访了两个特色技能培训点，广河县水岸花苑易地扶贫搬迁小区周边的技能培训点与临夏神韵砖雕厂特色砖雕技能培训点。以下为调研材料。

案例 1　广河县龙盛源商贸有限公司扶贫车间及技能培训点

广河县龙盛源商贸有限公司扶贫车间成立于 2019 年 6 月，是因广河诚德职业技术培训学校发展所需而成立，经县人社局、商务局、财政局、扶贫开发办审批认定，位于广河县城关镇水岸花苑易地搬迁安置点，集技能培训食品加工销售于一体的综合性扶贫车间。在中式面点速成班培训中，聘用多年从事中式面点制作的专业技术人员，通过现场教学，一对一辅导，学习制作馓子、酥馓、炸馃、千层油饼等民族特色美食。牛肉拉面师速成班，聘用从事兰州牛肉拉面行业 15 年以上的专业老师，教授学员全套拉面手法和调汤技艺，包括最基础的和面、捣面、揉面、拔剂子、拉面。培训机构在教学上实施“技能 + 素质”一体化教育，一方面注重技能培训，提供实践机会；另一方面重视学员综合素质教育，培养符合社会需要的复合型、专业型人才，助力全县脱贫攻坚。

---

① 《关于印发临夏州脱贫攻坚就业扶贫三年行动计划（2018—2019 年）的通知》，临夏县人民政府门户网，2018 年 12 月 18 日，http：//www.linxiaxian.gov.cn/Article/Content？ItemID = 77e1bc6b – 00dd – 49f8 – 9106 – 705b588eec63。

② 《“四个突出”强化技能培训　打造劳务输转“铁杆庄稼”》，临夏回族自治州人民政府网，2019 年 6 月 14 日，http：//www.linxia.gov.cn/Article/Content？ItemID = e1b16f15 – 55d2 – 410d – ae5c – 42a35cbc03b0。

案例2　临夏神韵砖雕厂特色砖雕技能培训

神韵砖雕厂2006年成立，是临夏最早成立的砖雕厂，且居全国前列。临夏大大小小厂家很多，但主要的大雕刻厂有三个，神韵、清韵、香台砖雕厂。神韵刚成立的时候只有五六个师傅，目前有22个雕刻工，清韵有七八个雕刻工，香台有2个雕刻工。神韵砖雕厂没有雕刻机器，只有机器翻模，打眼打孔由机器打，其余几乎都是人工雕刻，很少用机器雕刻。砖雕厂也是州妇联设定的残疾人培训基地，现在厂里有一两个残疾人雕刻师傅，最近也有临夏州聋哑人学校的老师带学生过来学习。所有学徒们来学习不用交学费，在工厂边工作边学习。

（三）设立扶贫车间助推就业

通过东西协作，积极打造多类型“扶贫车间”，探索出了一条政策扶持为牵引、企业带动为支撑、群众增收为目标的就近就业扶贫新路子。目前已创建“扶贫车间”123个，吸纳劳动力6688人，其中有3094名建档立卡贫困劳动力实现就业，“扶贫车间”已成为贫困村加工、生产、消费扶贫产品的主阵地。[①] 东乡县创建“党建+扶贫车间”新模式，打造就地就近就业稳定增收渠道，有效激发群众脱贫致富内生动力，加快脱贫攻坚进程。和政县积极主动地与厦门有关企业洽谈对接，大力发展“扶贫工厂”，对参与“扶贫工厂”的厦门企业实行“保姆式”服务，从工厂场地建设，到工厂硬件设施配给予以大力支持，为扶贫车间的建立提供了必要保障。其中泉州顺然包袋有限公司在和政县成立了临夏吉美包袋公司。截至目前，和政县“扶贫工厂”累计吸纳劳动力就业381人（其中建档立卡贫困劳动力280人），实现了地企互利共赢，贫困户持续稳定增收。[②] 广河县水岸花苑易地搬迁安

---

① 《临夏州积极开展消费扶贫》，临夏回族自治州州人民政府网，2019年4月10日，http://www.linxia.gov.cn/Article/Content?ItemID=9ce734c4-4960-451d-b4e4-52f04d466df0。

② 《东西协作携手共建　扶贫工厂助推就业》，临夏回族自治州人民政府网，2019年4月22日，http://www.linxia.gov.cn/Article/Content?ItemID=e2a455c8-3529-4390-afa4-6ab0d5c8e948。

置点设立“燕之屋”食品加工扶贫车间与窗帘家纺扶贫车间，妇女实现家门口就近就业，极大地解决了妇女照顾家庭与劳动就业之间的矛盾。以下是调查员与广河县“燕之屋”食品加工扶贫车间负责人的一段对话，可大致了解该车间的基本情况。

（调查员）问：您这个车间主要是做什么的？

（车间负责人）答：做燕窝，燕窝粗加工，就是去除原料中的小毛，他们（工人）主要是挑毛。

（调查员）问：就做这一项工作吗？

（车间负责人）答：对。

（调查员）问：你们从福建送过来，然后这边挑小毛，完了之后再送回去。

（车间负责人）答：对。

（调查员）问：你们这样做划算吗？你们那边（厦门）不能做吗？

（车间负责人）答：我们那边（厦门）也做，一个厂里五六百人。如果只是计算经济效益，我们不考虑这边（广河）。

（调查员）问：纯粹是为了扶贫来的？

（车间负责人）答：对，哪怕现在政府多支持我们，但有可能前面一整年我们还是亏本。如果只考虑经济效益，我们算过，前面一年基本是亏损的。

（调查员）问：这边（广河）加工的优势在哪里？

（车间负责人）答：其实目前优势还没有，因为我们这边主要目的还是扶贫，和政府扶贫工作的一个合作，我们企业还是做得比较大，目前想做一些对社会有意义的事，我们希望这边还是能提供一些效益，但目前（这）不是考虑的重点。

（调查员）问：（那目前）考虑的重点是什么？

（车间负责人）答：考虑重点是先把扶贫的工作做完。

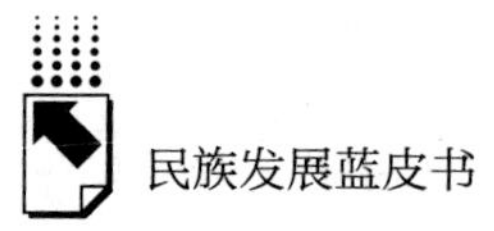

（调查员）问：你们具体的扶贫工作是什么？

（车间负责人）答：就是解决这个地方（广河县水岸花苑易地扶贫搬迁小区）的就业问题。

（调查员）问：你们现在能解决多少就业？

（车间负责人）答：初期我们的目标是100人到150人就业。

（调查员）问：你们应该还有其他车间吧？如果容纳150人的话。

（车间负责人）答：目前我们就是只有这一个车间。

（调查员）问：那一百多号人怎么工作？这个场地有点小。

（车间负责人）答：我们做的工种简单一点，他们坐在那边（车间）上班就可以，每个人占用的空间很小。

（调查员）问：前期政府（提供的）帮助主要有哪些？

（车间负责人）答：政府提供免费场地，包括场地的装修，其他的就是自己解决。

（调查员）问：你们基本上就需要这么一个场地就行了吗？

（车间负责人）答：我们的加工稍微简单一点，除了场地另外一个就是人员，一些简单的设备我们自己带过来。

（调查员）问：如果这边女工做得比较慢，或者不会做，工厂会怎么办？

（车间负责人）答：耐心培养三个月，第一个月是底薪1500元加900元的补贴，第二个月补贴降到600（元），第三个月补贴降到300（元），还有一部分是计件工资，做多少给多少。第四个月开始，试用期结束后，完全就走计件，底薪1700（元）加计件。即使到时候还是做得很慢，只要计件数达到200多件，也可以赚个2000元。

（调查员）问：您刚说的补贴是你们给还是政府给？

（车间负责人）答：补贴主要是我们这边给，前三个月政府会给公司（扶贫车间）补贴。

（调查员）问：就是政府给你们补贴，你们给工人补贴是吗？

（车间负责人）答：对，政府不参与我们薪酬制度。

通过对“燕之屋”食品加工扶贫车间负责人的访谈，我们了解到该扶贫车间是企业在政府的支持下开办的，政府为扶贫车间提供了免费的场地与一定的补贴，以车间为载体，以扶贫为目的，解决易地扶贫搬迁安置点居民的生计问题，为其提供就业机会，“燕之屋”食品加工扶贫车间目前可解决100～150人的就业问题，是广河县比较大型的扶贫车间。

（四）基本建成“党建+合作社+农户”模式，产业脱贫成效显著

临夏县依托甘肃临夏国家农业科技园区，发挥园区自身科技创新力，大力发展高原夏菜产业，促进土地增效、农民增收，全县高原夏菜种植面积超过1万亩，参与经营的农户户均增收2万元以上，成为持续增加群众收入的支柱产业。充分挖掘北塬灌区、中部川区光热充足、气候适宜、灌溉便利、土壤肥沃、环境无污染的独特优势，在农业科技园区和北部塬区、中部川区集中流转土地7266亩，建成以先锋、桥寺、北塬、新集、尹集、刁祁等乡镇为中心的6个种植基地，为6个基地全部配套修建了水电路、喷滴管等农业所需的硬件设施。在全县抽调403名农业科技人员全程进行技术服务指导，培育形成特色优势产业。按照“政府引导、企业和合作社带动、市场化运作、群众入股分红”的思路，积极推行“党建+合作社+农户”的模式，在全县所有村成立村党支部书记为理事长、农户参与的产业扶持合作社，动员引导2000多户农户（贫困户500多户）参与合作经营。[①] 永靖县通过党建引领，以村级党支部为核心，创立“党支部+合作社+农户”的党建助推产业发展新模式。通过支部牵头，村“两委”领办带动，充分发挥村级党组织和党员在农村经济社会发展中的先锋引领作用，秉承农户自愿入社共建原则，号召全民参与，着力构建四方利益联结共享机制，建立完善“国有龙头企业+合作社+农户+金融保险”四方联利机制。县属国有刘家峡农业开发集团负责品牌打造和包装销售，在北京、厦门、兰州等地设立农

① 《临夏县万亩高原夏菜激发产业脱贫新活力》，临夏回族自治州人民政府网，2019年8月9日，http://www.linxia.gov.cn/Article/Content?ItemID=f008c92f-4704-4c9a-874b-abaf59b8cf49。

特产品直营店，合作社负责组织农户标准化生产和产品收购，产前产中产后深对接，线上线下齐发力，实现风险共担、利益共享。永靖县从自身实际出发，依托资源优势，基于产业现状，因地制宜发展特色产业，全县初步形成了“东山百合、西山牛羊、川塬蔬菜、点上果药、户户劳务、全域旅游”的产业格局。2018 年，全县“党建 +”农民合作社完成销售额 7412 万元，实现利润 892 万元，可分红 446 万元，吸纳 1200 多名群众就地就近就业，带动 200 多户贫困户稳定脱贫。陈井镇瞿家庄千合农民合作社，去年以来完成百合交易量 57 吨、销售额 99.4 万元，实现分红 3.8 万元，农户最高分红达 2000 元。①

在旅游产业扶贫脱贫方面，八坊十三巷旅游景点开发，改善了八坊十三巷原有居民的生活环境，加快了当地居民实现脱贫。

> （八坊十三巷旅游景点）开发之后好啊，带动了本地经济。**（八坊十三巷面馆经营者，男，回族，30 岁）**
>
> 肯定是开发以后好呗，搞这个旅游的要比以前好。（游客）来的，进来看看，看好的，（盖碗）买上，想吃点啥的，点上（我）帮忙做哈，就那样。做点小生意，挣得不多，还算凑合。开发后，把铺子开上了，以前就住这平房，现在住楼房。**（八坊十三巷经营者，男，回族，45 岁）**

（五）强化干部教育培训，建立有效帮扶机制

临夏州扶贫办开展党员干部“学业务、比水平、促提升”学习活动，进一步提高干部综合素质。东乡县把党员干部培训教育作为提升理论水

① 《党建引领政治方向　合作组织助推产业》，临夏回族自治州人民政府网，2019 年 5 月 5 日，http://www.linxia.gov.cn/Article/Content?ItemID=4e8e5f5c-54b7-46f6-84a1-decd3ae69ea2。

平、提高工作能力、助推脱贫攻坚的重要抓手，坚持分层级、分批次、分领域邀请专家教授开展集中培训，抓住乡镇干部、县直部门干部、农村干部、事业单位管理人员和专业技术骨干等关键群体，坚持分类指导，分层施教，分别办班，聚焦业务能力提升，进一步夯实基层基础，助推脱贫攻坚工作。康乐县把解决脱贫攻坚干部本领不强、能力不足作为工作的突破口，坚持边攻坚、边“充电”、边实践，创新培训方式，丰富学习内容，注重培训效果，采取乡镇推荐学、县上督导学、相互交流学、集中培训学相结合，坚持将开展教育培训与助推脱贫攻坚相结合。康乐县举办各类培训 8 期，培训县乡村干部 2200 多人次，各乡镇先后举办各类培训班 45 期，培训各级帮扶干部 3500 多人次，选派扶贫干部参加省州培训 230 人次，通过学习培训，进一步提高了扶贫干部理论水平和实践能力。① 东乡县建立“三长”责任制（村主任、社长、联户长），坚持脱贫攻坚帮扶工作力量进一步向深度贫困村聚焦，优势帮扶资源向深度贫困村倾斜，抽调全县 1800 多名县直机关单位干部，充实到各乡镇驻村包社联户，开展脱贫攻坚帮扶工作。所有抽调干部下沉两级，建立全新基层管理体系，通过领导包村、干部包社、干部联户，不断推动落实、夯实力量、压实责任、激发活力。②

二　临夏州全面建成小康社会的现实困境

近年来，临夏州通过建设基础硬件设施、发展公共服务、创新产业技术帮扶方式、培育富民产业、保障人民基本生活，脱贫成效显著。在多部门联合下，通过综合性的扶贫手段、精细化的扶贫方式、全方面多层次的扶贫内

① 《强化干部政策培训　提升群众工作水平》，临夏回族自治州人民政府网，2019 年 5 月 20 日，http://www.linxia.gov.cn/Article/Content?ItemID=2d1e9e89-6364-4c97-a93e-f5b15b678ed9。

② 《千人进社联户　万众合力攻坚》，临夏回族自治州人民政府网，2019 年 6 月 21 日，http://www.linxia.gov.cn/Article/Content?ItemID=6abaff47-61ce-48da-83f2-3b4fec6ef400。

容，形成了具有自身特色的扶贫工作新机制。但临夏州脱贫工作仍面临贫困面较大、贫困程度深、基础设施建设不足、文化教育落后、工业基础薄弱以及部分脱贫实践项目不完善等问题。

（一）特殊的地理区位因素限制自身发展，临夏州脱贫工作任务艰巨

临夏州位于黄河上游，甘肃省中部西南面，北与兰州市接壤，东临洮河与定西市相望，西倚积石山与青海省海东地区毗邻，南靠太子山与甘南藏族自治州相接，地处青藏高原与黄土高原丘陵沟壑区的过渡地带，地形和地貌较为复杂，特征呈现多样化，区域内各个地区的自然条件差异较大，各地区之间的经济社会发展不均衡。区位优势薄弱，思想观念滞后。自然环境因素对地区贫困具有显著影响，① 临夏州是国家确定的“三区三州”深度贫困地区之一，由于受地域、自然生态、历史文化、传统习俗等多种因素制约，贫困程度深、贫困覆盖面积广，脱贫成本高、难度大、返贫率高、发展速度相对缓慢，脱贫工作任务最为艰巨，与全面建成小康社会、构建和谐社会进程仍存在不小的差距。其经济发展水平与全省、全国的发展状况相比，主要经济指标在全国 30 个少数民族自治州和全省 14 个市州中都处于末位。截至 2018 年底的数据显示，临夏州贫困人口数量大幅度递减，但建档立卡贫困人口仍有 16.38 万人，于 2020 年与全国其他地区一道进入小康社会的任务仍十分艰巨。

（二）贫困人口缺乏技能和市场竞争力

临夏州贫困人口普遍缺乏基本技能和市场竞争能力，外出务工多以苦力型、服务型为主。由于思想认识、基础设施、师资力量等多方面的制约，临夏州技能扶贫和贫困人口人力资本培育面临诸多困境，亟待专题研究和解

---

① 欧海燕、黄国勇：《自然地理环境贫困效应实证分析——基于空间贫困理论视角》，《安徽农业大学学报》（社会科学版）2015 年第 1 期。曲玮、涂勤、牛叔文等：《自然地理环境的贫困效应检验——自然地理条件对农村贫困影响的实证分析》，《中国农村经济》2012 年第 2 期。

决。譬如，课题组在 X 村调查时，主管干部说，村里也搞过培训，但村民参与的积极性不高，参与的人数非常有限，效果也不好。另外，全州技术培训学校的设施和师资条件虽有进步但仍有很大的发展空间，需要外部资金、人力和智力方面的支持。

（三）贫困人口受教育水平偏低，易诱发贫困代际传递

从根本上讲，教育落后是造成临夏州贫困的主要原因之一，并由此形成能力贫困。为此，习近平总书记在深度贫困地区座谈会上指出“扶贫要同扶志扶智结合起来”，指出了以教育化解贫困之道。教育不仅能短平快地培育贫困群众发展生产和务工经商的基本技能，还能通过启迪智慧、改变观念、传播知识、增能赋权为稳定脱贫提供持续支持。全州人口受教育水平偏低，人均受教育年限仅为 7.5 年，贫困人口的受教育年限更低，远低于全国 9.5 年的平均值，不仅严重束缚贫困群众实现脱贫致富的内生动力，而且严重削弱了贫困地区参与市场经济的能力。在基础教育方面，还有 746 所农村中小学达不到标准化办学要求，402 个有需求的村没有幼儿园。

（四）扶贫主体参与脱贫工作的主动性和积极性有待提升

从政府部门工作人员通过强化教育培训进行对口帮扶，形成帮扶队，到各类社会组织以各种形式参与扶贫，更多的以提供帮扶为主导，贫困者参与意识与能力不强。贫困主体参与性不足，严重影响贫困主体内在活力与内生动力的激发，不利于个体长远发展。例如，社会工作教育对口扶贫服务示范项目在“三区三州”开展服务，其中广河项目点成员运用社会工作专业方法在广河县水岸花苑易地扶贫搬迁小区开展专业社会工作服务，通过与驻点社工的访谈笔者了解到其在开展服务过程中，仍有部分贫困主体的主动参与性不足，在招募妇女能力提升小组成员时前期动员效果并不理想，通过进入社区多次动员，才招募到部分成员。后续脱贫工作应以外部扶持为引导，不断激发贫困主体脱贫的内生动力，增强脱贫信心，实现脱贫。“燕之屋”食品加工扶贫车间负责人也提到小区居民积极性不足等问题。

到现在已经招了一百零几个工人，但是目前来上班的只有70个。有些（人）是不想来了，请假了，有回去收割的，还有大部分在观望，心存疑惑。他们积极性还不太强，就是想来不想来的。**（“燕之屋”食品加工扶贫车间负责人，男，汉族，30岁）**

（五）部分扶贫车间经营规模较小，未形成长效发展机制

近年来临夏扶贫车间的数量不断增加，类型凸显多样化，但通过实地走访与访谈了解到部分车间经营规模较小。通过对广河县一家窗帘家纺扶贫车间主任的访谈了解到，整个车间加上对外销售点车间人员目前共计16人。

旁边做燕窝的工资高一点，就都过去，现在我们车间就剩下6个人了，以前10个（人），广河那边还有一个分店也有10个人，是窗帘店（雅居窗帘城）的一个商铺。**（窗帘家纺扶贫车间主任，女，回族，35岁）**

“燕之屋”食品加工扶贫车间是2019年8月新办的扶贫车间，车间负责人也表示“来到这边（广河县）后发现这边扶贫车间也不少，但都比较小，基本上就十几二十个（工人）”①。部分扶贫车间目前未形成着眼于长远发展的运行机制，就“燕之屋”食品加工扶贫车间而言，其目前主要以扶贫为目的，计划先开办3年，后续发展之路还在观望。以下为主要访谈资料：

3年以后有可能（继续开办），目前我们的扶贫项目和政府是签3年，3年之后有可能会继续，也有可能终止。如果我们整个公司效益好，这个地方的效益好，那么也有必要进行。如果从扶贫的角度来看，3年以后不亏本可能继续。**（“燕之屋”扶贫车间负责人，男，汉族，30岁）**

---

① 访谈对象：“燕之屋”食品加工扶贫车间负责人，男，汉族，30岁。

三　临夏州全面建成小康社会的路径选择

（一）进一步加大特色产业发展力度

地理资本匮乏是临夏州致贫的重要原因，但临夏州内各个地区的环境也存在差异性，各县必须从自身实际出发，因地制宜发展适宜本地的特色产业。在旅游产业建设方面，临夏州不断推动创建永靖国家级全域旅游示范区、临夏市省级全域旅游示范区和黄河三峡5A级景区，加大松鸣岩、八坊十三巷、大墩峡等重点景区建设和乡村旅游发展，形成特色旅游脱贫之路。临夏八坊十三巷旧貌换新颜、城中村变身文旅新地标的典型事例在脱贫攻坚中具有重要意义。在其他产业建设方面，广河县、东乡县等地依托东西协作项目，与厦门建成对口协作关系，为临夏州通过产业建设实现脱贫奠定了基础。但从目前发展来看，仍有几个方面需不断完善与推进。就目前八坊十三巷建设现状来看，其辐射范围与带动周边居民脱贫致富的程度有限。仍有一部分属于八坊十三巷辖区范围内的居民生活状况未因八坊十三巷旅游景点的开发而得到改善，后续以此为基础，不断扩大八坊十三巷旅游产业脱贫辐射面显得十分重要。在产业建设方面，应立足于各类扶贫车间目前发展的实际状况，着力探索建成长远式车间运营机制，从而形成具有自身特色的产业脱贫之路。

（二）进一步加大技能扶贫力度，通过增能提升贫困人口自我发展能力

发挥主体性作用，增能很关键。只有注重贫困人口的能力养成和自我发展潜力培养，才有可能变“输血”为“造血”，既解决物质贫困，更解决“能力贫困”。建议临夏州把职业技术教育列为精准扶贫重点工程，摆在重要位置。一是进行深入调研，掌握当地人的想法和需求，以及经济和市场发展的客观需要，有针对性地改善职业技术学校的培训条件。二是设立急需专

业，配齐相关基础实训设备，协调省内外优质职业院校相关专业教育教学团队，为临夏州量身定制一套教学计划、教学方案和培训手册。

（三）重视发展基础教育，建立脱贫发展长效机制

当前在临夏州，教育扶贫已经成为核心的专项扶贫工作，具体包括了两项内容。一方面，把教育作为扶贫的领域和内容，集中力量“扶教育之贫”，旨在通过加大投入、政策倾斜解决贫困地区教育资源匮乏、受教育者无力承担教育费用的问题，从而推进当地教育发展。另一方面，教育扶贫意味着“通过教育来扶贫”，即“扶贫先扶智”，从教育着手开发人力资本，提升贫困人口的能力和素质，激发内在活力，变“输血”为“造血”，切断贫困代际传递，实现贫困地区稳定脱贫和长效发展。教育扶贫投入大，周期长，见效慢，但教育扶贫是管根本、管长远的长效脱贫机制，是破解贫困文化观念、能力贫困、知识贫困、内生动力不足的根本途径。临夏州教育发展滞后的症结可归纳为两点：一是基础教育资源配置不平衡、不充分的问题仍然存在，即教育资源供给不足，或部分贫困人口无力承担学习费用；二是教育系统各类主体（受教育者及其家长、干部与教师）的观念和行为方面的问题。资源短缺是外因，在国家和地方加大倾斜投入后将会得到彻底解决。然而，教育扶贫要取得实效，还得从内因着手，需要关注主体的观念、行为及其背后的社会文化逻辑。只有各类主体特别是受教育者发挥了主动性和积极性，教育扶贫战略才能取得突破，否则，再好的教育资源都形同虚设，也就是说，往往是砸了钱但没有实质性效果，甚至还会诱发一些非预期后果。相关主体嵌入社会和文化之中，其理念和行为受到社会结构和文化语境的形塑。贫困人口因其社会经济地位所限，在教育认知上存有偏差，致使学生及其家长的主动性和积极性不足，部分教师和干部缺乏崇高理想信念，被动应付上级任务，职业倦怠感强，教育扶贫“走过场”“搞形式主义”。因此，临夏州教育扶贫的重点在于激发和培育贫困地区及贫困人口参与教育发展的积极性和主动性，做好顶层设计，加大外源扶持，创新机制和举措，从当地社会文化实际出发，开发乡土文化中有利于推进教育的优势和资源，运用专

业和先进理念，营造气场，积极引导，沟通说服，激发内在活力，从根本上推进教育发展。

（四）以改革为动力，做强顶层设计，创新扶贫机制，实现贫困人口从“扶贫对象”到“脱贫主体”的转换，引导贫困人口发挥主体性作用

习近平总书记强调，干部群众是脱贫攻坚的重要力量，贫困群众不仅仅是脱贫攻坚的对象，更是脱贫攻坚的主体。因而，释放和激发内生动力，要从机制创新和制度建设入手，让贫困人口“想参与、能参与”，破除制约脱贫发展的机制障碍，引导贫困人口发挥主体性作用。依法保障贫困人口在扶贫政策制定、扶贫项目选择、扶贫绩效评价等重大决策中能够直接参与，尊重他们的利益表达和愿景诉求，保障他们在法律框架内行使知情权与参与权。

B.6 云南省怒江州深度贫困破解与全面小康社会建设*

宋　媛**

摘　要： 怒江州是全国“三区三州”之一的深度贫困地区。2016年以来，怒江州委、州政府强化顶层设计和重点帮扶，多措并举，因地制宜，建立健全精准扶贫治理体系，减贫成效显著。但是，条件性贫困和素质性贫困相互交织较为突出，能力贫困尤为凸显，产业发展难度较大，部分政策针对性不足，稳定脱贫和防止返贫面临较大风险和挑战。怒江州要有效破解深度贫困，实现高质量脱贫，在政策机制方面应着力做好稳定脱贫与可持续发展、贫困主体的物质脱贫与能力脱贫两个有机结合，重点是以质量发展为导向完善产业扶贫政策，因地制宜有效推进劳动力转移就业，完善易地扶贫搬迁政策，提高教育扶贫质量，探索建立城乡统一的教育帮扶机制，增强培训与社会需求的对接。

关键词： 怒江　破解深度贫困　高质量　稳定脱贫　建成全面小康

2016年以来，我国进入全面建成小康社会的决胜期。习近平总书记反复强调“全面实现小康，少数民族一个都不能少，一个都不能掉队”，“没

* 本文为2016年国家社科基金一般项目“云南直过民族聚居区精准扶贫精准脱贫难点及对策研究”（批准号：16BMZ080）的阶段性成果。

** 宋媛，云南省社会科学院农村发展研究所研究员。

有农村的小康，特别是没有贫困地区的小康，就没有全面建成小康社会”。“小康不小康，关键看老乡，关键是贫困的老乡能不能脱贫。”“农村贫困人口如期脱贫、贫困县全部摘帽、解决区域性整体贫困，是全面建成小康社会的底线任务。”①

怒江傈僳族自治州位于滇西北横断山脉纵谷地带，东连迪庆藏族自治州、大理白族自治州、丽江市，南接保山市，西邻缅甸，北靠西藏自治区，面积1.47万平方公里，呈“四山夹三江”的典型高山峡谷地貌，98%以上的面积是高山峡谷，坡度在25°以上的耕地占总耕地面积的51.3%，境内自然条件恶劣，滑坡、泥石流灾害频繁，形成了山高、坡陡、土少、石多的险恶自然条件，造就了交通不便、信息闭塞、长期封闭的生存发展环境。中华人民共和国成立初期，怒江州60%的地区和人口从原始社会末期、奴隶社会初期直接过渡到社会主义社会②，4个主体民族都是直过民族和人口较少民族，独龙族和怒族是怒江州的特有民族，傈僳族和普米族主要居住在怒江州，长期以来都是我国贫困面最大、贫困程度最深、致贫因素最复杂的地区。全州辖4个县（市）均为深度贫困县，29个乡（镇）中26个属直过区，255个行政村中有249个贫困村（其中深度贫困村218个），总人口55.3万人，少数民族人口比例高达93.6%，是“三江并流”世界自然遗产核心区、重要生态功能区、民族直过区、涉边涉藏区和少数民族聚居区，集“山区、边疆、民族、贫困”为一体。2015年末，怒江州有贫困人口14.84万人，贫困发生率高达33.10%，③ 贫困发生率分别比同期云南省平均值和全国平均值高出20.4个百分点和27.4个百分点，是全国“三区三州”之一的深度贫困地区，也是全国的贫中之贫、困中之困、坚中之坚。2016年打响脱贫攻坚战以来，中央和云南省高度关注和重视怒江州的脱贫攻坚，强化

① 中共中央党史和文献研究院编《习近平扶贫论述摘编》，中央文献出版社，2018，第3～27页。

② 《怒江州：奏响大峡谷奋进跨越之歌》，《云南日报》2019年8月15日，云南日报网，https://www.yndaily.com/html/2019/yaowenyunnan_0815/113689.html。

③ 云南省人民政府办公厅、云南省统计局、国家统计局云南调查总队：《2016云南领导干部手册》，云南人民出版社，2016，第211页。

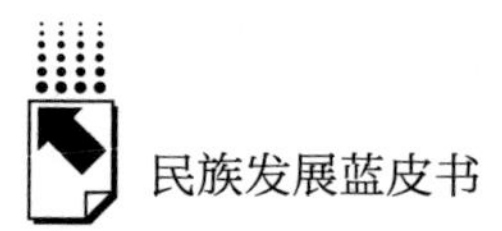

顶层设计和重点帮扶，怒江州多措并举，因地制宜，建立健全精准扶贫治理体系，减贫成效显著。但是，受自然环境、社会发展制约，怒江州条件性贫困和素质性贫困相互交织较为突出，返贫率较高，2016 年末加上新识别和返贫人口，农村建档立卡贫困人口和贫困发生率较 2015 年有所提高，近三年的脱贫率低于云南省和全国平均水平，稳定脱贫面临较大的风险和挑战，是云南省乃至全国巩固脱贫攻坚成果的“硬骨头”。如何破解深度贫困，高质量打赢脱贫攻坚战，与全省乃至全国一起全面建成小康社会，怒江州仍然面临特殊性问题，还需要制定有针对性的政策措施。

一　怒江州脱贫攻坚破解的主要做法①

怒江州作为全国“三区三州”深度贫困地区之一，脱贫攻坚工作受到中央和云南省的高度重视，根据中央和云南省委、省政府的部署，怒江州坚持精准扶贫精准脱贫基本方略，结合州情，完善机制政策体系，坚持脱贫发展与生态环境保护协同推进，脱贫与扶志、扶智有效衔接，全面动员和整合各方资源，不断创新帮扶模式，强化基础设施建设，巩固提升脱贫成果，有效地缓解了深度贫困问题。

（一）建立以精准扶贫为核心的贫困治理体系

2016 年以来，怒江州以创新性的思维推进脱贫攻坚，基本形成了以精准扶贫精准脱贫为核心的贫困治理体系，建立健全以贫困人口的精准识别为基础，三大扶贫协同推进，政府、企业、社区或村集体、个人多元主体协同参与，“五位一体”协调发展，帮扶与自力更生共同发力的制度框架和政策体系，为如期完成脱贫目标，实现高质量脱贫打下了坚实的基础。

1. 建立了较为全面的责任分担体系

2016 年以来，按照脱贫攻坚责任分担体制要求，怒江州初步建立起

① 本部分的数据资料根据怒江州相关部门介绍的情况整理。

“党政主责、部门同责、干部主帮、基层主扶”的各负其责、合力攻坚的责任体系，并通过不断完善问责制和相应的行政奖惩制度，促使脱贫攻坚的管理体制和工作机制逐步实现制度化、常态化和规范化。省州建立联动推进工作机制，省长挂联怒江州，3 位副省长、1 位省政协副主席分别挂联四县市；省政府每季度组织召开怒江州脱贫攻坚专题会议。全州落实“党政一把手负总责、四级书记抓扶贫”工作机制，州级主要领导每人挂联一个县（市），州级领导每人挂联一个乡（镇），州、县（市）、乡（镇）层层立下军令状，构建州、县（市）、乡（镇）、村各负其责、合力攻坚的责任落实体系。围绕《实施方案》“十大工程”，州、县（市）均成立了10 个工程指挥部负责督促和落实。省委下派 40 名干部和 50 名专业技术人才到怒江助力脱贫攻坚；州、县（市）级领导和行业部门主要负责同志每人牵头落实一个重大项目或一项重点工作，制定州、县（市）领导挂联落实重大项目、重点工作任务清单 234 项，制定行业部门任务清单 1200 多项；从州直机关选派了 29 名处级领导干部到乡镇担任驻村工作大队长，从县市委常委中选派了 29 名领导干部担任乡镇党委第一书记；选优配强了驻村工作队员，选派 257 名处级后备干部或优秀科级干部驻村担任第一书记，从州、县市机关单位选派 1/3 的干部，向 255 个村、32 个易地扶贫搬迁集中安置点选派工作队员 1746 人。

2. 不断建立健全政策支撑体系

2016 年 10 月，怒江州制定了《怒江州脱贫攻坚全面小康行动计划》。2017 年，国务院扶贫办批准实施云南省编制的《云南省全力推进怒江州深度贫困脱贫攻坚实施方案（2018—2020 年）》，明确了 2018～2020 年怒江州脱贫攻坚的指导思想、基本原则、目标任务、具体措施等。怒江州先后制定实施了《关于坚决打赢深度贫困脱贫攻坚战的决定》《关于大力加强基层党组织建设带领群众坚决打赢深度贫困脱贫攻坚战的决定》《关于抽调精兵强将组建脱贫攻坚和基层党建实战队的决定》等一批重大政策，建立了打赢精准脱贫攻坚战的责任、政策、工作、投入、动员、监督、考核“七大”政策体系和工作机制，进一步把脱贫攻坚政策措施具体化、项目化，严格政策措施的落实。

3. 不断完善精准动态管理制度

怒江州坚持摸清贫困底数，因村因户施策。据有关部门介绍，怒江州各级政府组建动态管理工作队驻村入户，开展贫情分析，严格标准和程序开展贫困认定，教育、卫计、公安等职能部门密切协作，对录入全国扶贫信息系统中的数据信息进行筛查、比对、核准，建立健全贫困户档案。2018 年初，全州又开展了“户户清、村村实”专项行动，确保贫困户家底清、致贫原因清、帮扶措施清、投入产出清、帮扶责任清、脱贫时序清“六清”，村级党建实、责任实、作风实、项目实、措施实、成效实“六实”，逐级完善贫困户明白卡、村级施工图、乡（镇）级路线图、县（市）级项目库，精准锁定贫困对象和易地扶贫搬迁对象，成立了行业信息比对领导小组，建立了月比对工作机制，还制定下发了《怒江州贫困退出工作规范》，进一步规范贫困人口、贫困村、贫困乡（镇）、贫困县（市）退出标准、程序和步骤。

4. 建立督查检查制度

怒江州成立了由 4 个州委常委任组长的脱贫攻坚督战组，定期深入县市乡村、项目现场全面督查督导 4 县（市）脱贫攻坚工作。建立基层一线“发现问题、分析问题、解决问题”机制，实行每月驻村调研、督战、调度、通报一次的脱贫攻坚“四个一”工作制度，以规范化、制度化推进脱贫攻坚工作高效运转。从州级主要行业扶贫部门抽调精兵强将组建脱贫摘帽工作指导组，常驻县级强化现场指导督导，及时发现问题、解决问题聚焦脱贫退出质量；组建调研指导组，对年度计划退出村开展全覆盖实地检查指导，确保如期实现高质量脱贫摘帽。

（二）构建多元脱贫攻坚资源动员和配置体系

2016 年以来，各级政府通过增加财政专项扶贫资金、整合现有涉农资金、撬动金融资源和动员社会资源，多渠道加大怒江州扶贫投入，初步构建了基本满足脱贫攻坚需要的扶贫资源投入和动员体系。

1. 财政扶贫资金、涉农资金以及珠海、集团帮扶资金大幅度增加

2016~2018 年，怒江州投入的省级以上扶贫资金从人均 5768.57 元增加到 13875.05 元，提高了 1.41 倍，年均增幅 63.05%。其中，中央和省级专项扶贫资金投入逐年增长，年均增幅 62.18%；东西对口帮扶珠海投入资金年均增长 1.07 倍，集团帮扶资金年均增幅 35.85%。各州（市）、县（市、区）财政也不断增加扶贫资金投入。为了不断提高扶贫资金使用的精准度和效益，怒江州还不断改革和完善扶贫资金项目的管理机制，为脱贫攻坚提供了有力保障。

2. 金融创新和政策调整提高金融扶贫的广度和深度

2016 年以来，怒江州制定《怒江州金融助推脱贫攻坚实施方案》，金融机构综合运用扶贫再贷款、支农再贷款等货币政策工具，结合贫困户的金融需求，探索形成了多种货币政策工具运用模式，引导低成本资金投入扶贫开发，增强金融扶贫能力，将支农（扶贫）再贷款的政策效果传导至“三农”实体经济，助力贫困户脱贫致富。对有贷款需求且符合贷款条件的确保申贷满足率达到 100%，扶贫小额信贷迅速发展，受益扶贫对象数量明显增加。

3. 广泛动员社会资源参与脱贫攻坚

2016 年以来，珠海怒江签署了多项扶贫协作框架协议，制定了中长期扶贫协作规划和年度计划，构建了“1+7”的帮扶工作格局，建立了双方协作联席会议、领导定期互访等制度，珠海市 8 个区、16 个乡镇、9 个村（含部分国企）与怒江 4 个县（市）、乡（镇）、村进行了结对，160 家企业与 160 个怒江深度贫困村进行结对。中交集团、云南能投集团等 21 家中央、省级机关、企事业单位挂钩 4 个县（市）及 25 个贫困村，下派 102 名驻村扶贫工作队员；三峡集团对怒族、普米族进行精准帮扶，大唐集团对傈僳族进行精准帮扶，围绕安居工程、提升能力素质、组织劳务输出、培育特色产业、改善基础设施、人才支援等方面开展帮扶。怒江州 48 户本地企业结对帮扶 184 个村委会，投入资金约 6016.5 万元，直接帮扶贫困人口 10.69 万人。同时，一批民营企业、社会组织、爱心人士还开展了捐资捐物、产业扶贫、劳务协作、素质提升培训等帮扶活动，形成了全社会聚力攻坚的大扶贫

工作格局。

此外，怒江州还利用土地增减挂钩政策，保障了易地扶贫搬迁的用地需要，增加了脱贫攻坚尤其是易地搬迁扶贫的可用资金。

（三）协同推进脱贫攻坚与生态环境保护共赢的帮扶模式

1. 实施“生态文明 + 精准扶贫”发展战略

践行“绿水青山就是金山银山”理念，依托林业特色优势，怒江州制定出台了《中共怒江州委关于在脱贫攻坚中保护好绿水青山的决定》《怒江州林业生态脱贫攻坚区行动方案（2018—2020 年）》等政策措施，以生态脱贫为抓手，全力实施生态保护、国土绿化、生态产业 3 大脱贫攻坚行动，开展了生态护林员、退耕还林还草、特色林业产业培育等 7 项重点项目，成效显著。截至 2018 年末，全州累计完成退耕还林 51. 28 万亩，退耕农户人均获得 2451 元收益；落实森林生态效益补偿资金 4088. 06 万元，兑现 2822. 7 万元，涉及建档立卡贫困人口 3. 6 万户 11. 82 万人，全州 70% 以上的建档立卡贫困人口户均收益超过 370 元以上。组建 148 个扶贫攻坚造林专业合作社，吸纳建档立卡贫困户 4420 户 16705 人，开展森林抚育、核桃提质增效以及花椒、中药材种植等产业项目，新增林下中药材种植 0. 233 万亩，中药材种植面积达 25. 8 万亩，森林蔬菜种植 0. 84 万亩，以林下种植、林下养殖为主的林下经济产值达 5. 26 亿元，占林业总产值的 27% 。开发生态公益性岗位约 3 万个，从建档立卡贫困户中已经选聘生态护林员、河道管理员、地质灾害监测员、护边员、城乡保洁员、护路员 1. 92 万名，还将新增 1. 8 万名生态护林员，按照每人每年 1 万元补助的标准，将带动 3 万户贫困户实现增收。

2. 发展优势特色绿色产业

怒江州大力培育绿色香料、绿色蔬菜水果和畜牧业等主导产业，建设了绿色香料产业园区，重点打造“百万亩草果长廊”，2018 年末，全州草果种植面积达 130 万亩，鲜果产量 3. 6 万吨，覆盖人口 16. 5 万人，已带动 5. 6 万贫困群众脱贫，贫困户人均增收 2700 多元。探索了“新型经营主体 + 贫困户”帮扶模式，不断提高产业发展的组织化程度，将贫困户纳入大的生产经营体系中，不断完善减贫带贫机制，建立新型经营主体带动建档立卡贫困户发展产业“双绑”利益联结机制，大力推进产业扶持和农村新型经营主体对建档立卡贫困户的全覆盖，重构贫困户的资源配置，相应地重建了贫困户的收入来源结构和保障体系。截至 2018 年末，怒江州新型经营主体与农户间建立利益联结机制 317 个，带动有产业发展条件的建档立卡贫困人口 25167 户 84539 人，占比 48. 48%；产业覆盖有产业发展条件的建档立卡贫困人口 45397 户 167679 人，产业覆盖率达 96. 16%。2019 年底，通过特色产业带动，怒江州实现人均收入达 4000 元以上。

3. 以需求为导向有序推进劳动力转移就业扶贫

怒江州把劳务输出作为贫困群众增收的有效途径，出台鼓励创业就业扶贫 23 条措施。2018 年以来，针对有外出就业意愿的劳动力，采取“定向招聘、定向培训、定向输出、定向服务”项目化推进方式，根据外出就业劳动力的特点和能力推荐合适的工作岗位，开展农村劳动力转移就业培训 8. 31 万人次（建档立卡 4. 86 万人次），新增转移农村劳动力 8. 8 万人次（建档立卡 3. 85 万人次）。针对“无法离乡、无业可扶、无力脱贫”的贫困劳动力，开发了公益性岗位，已经实际聘用 24737 人（建档立卡 22097 人）；就近就地建设扶贫车间 85 个，投入使用 34 个，已解决就业上千人。

4. 移民建镇和稳定就业相结合实施易地扶贫搬迁

怒江州按照“既挪穷窝，又换新业”的思路，把易地扶贫搬迁与小城镇建设有效衔接，通过与大型国有企业合作，推行 EPC 建设模式①，建设移民安置点 73 个，城镇化安置比例达 92%，实际搬迁 102495 万人（其中建档立卡 95859 人，占建档立卡人口的 35. 96%），探索了移民城镇化安置与稳定增收相结合的扶贫方式。一是通过积极开发公益性岗位，加强搬迁户自主创业扶持，探索与企业合作建设易地扶贫搬迁安置点的“扶贫车间”，就地就近吸纳易地扶贫搬迁群众稳定就业等方式，确保搬迁户至少有 1 人实现

① 工程总承包（Engineering Procurement Construction）是依据合同约定对建设项目的设计、采购、施工和运行实行全过程或若干阶段的承包模式。

稳定就业。截至2018年末，已在安置点建成扶贫车间12个，组建专业合作社4个，安排公益性岗位7766人，就近就地务工5943人、外出务工8160人，实施技能培训6218人次，搬迁群众在实现“既挪穷窝，又换新业”的基础上，由“务农”向“务工”转变。二是出台后续保障20条措施，在54个安置点成立基层党组织，39个安置点成立社区管理机构，并面向社会公开招聘了一批社区管理工作人员，提高社区管理服务质量和水平，确保安置点社区管理工作稳步高效运转。

（四）扶贫与扶志扶智相结合，激发内生动力和增强发展能力并举

1. 探索思想观念转变和能力提升结合的能力扶贫

2016年以来，怒江州在建强基层党组织、强化农村党员干部轮训的同时，以“峡谷红旗飘”活动为总抓手，开展了以“一面国旗、一首歌曲、一块宣传牌、一支讲习队伍、一个示范项目、一批乡村能人”等为主要内容的“六个一”系列活动。

“一面国旗”增强爱国意识，深入推进边境村寨、边境通道、爱国主义教育基地、易地扶贫搬迁集中安置点、党员活动场所、宗教活动场所统一悬挂国旗全覆盖，进一步增强怒江州各族干部群众的爱党爱国爱家意识。“一首歌曲”提振干群精神，持续开展了“唱国歌、升国旗”主题教育活动，坚持在国旗下宣誓、在国旗下宣传党的政策，进一步凝聚党心民心，振奋民族精神，筑牢全州各族干部群众勠力同心打赢脱贫攻坚战的共同思想基础。“一块宣传牌”营造良好氛围。在全州范围内制作学习习近平新时代中国特色社会主义思想和党的十九大精神、脱贫攻坚、民族团结、生态文明建设等户外广告牌和学习宣传展板、宣传挂图、墙体宣传标语。“一支讲习队伍”传递党的声音，以实现“组织农民、培训农民、提高农民、富裕农民”为目标，挂牌成立新时代农民讲习所1920个，覆盖州、县（市）、乡（镇）、村，由机关干部、行业名家、致富能手、乡土能人组成讲师队伍。截至2018年，怒江州共开展政策理论宣讲3713场、技术技能培训340场，受众人数26.5万人

（次），宣传讲解扶贫政策，开展农业科技、烹饪、家政服务、建筑等技能培训，培养新时代农民；开展“党的声音传边疆，总书记的话记心上”为主题的宣讲活动1200余场，受众10余万人次；创办道德讲坛，开展中华传统美德、社会公德、职业道德、家庭美德和个人品德教育。“一个示范项目”巩固扶志成效。从2016年起，在怒江州范围内组织实施了农村文明素质提升工程，将移风易俗与“我们的节日”“三下乡”等活动有效结合起来，在怒江州举办科普宣传活动，通过规范红白理事会、制定村规民约、移风易俗节目展演持续开展“十星级文明户”和“最美庭院”评选等活动，教育引导广大群众破除封建迷信、树立文明新风。“一批乡村能人”提供典型引领，充分挖掘“立足本土资源条件、善于抢抓市场机遇、自力更生摆脱贫困”的“乡村能人”，在传播农村新知识、运用农村新技能、主动作为奔小康等方面发挥典型引领和示范带动作用，在怒江州范围内组织实施了“乡村能人”培养工程，以群众身边人身边事教育引导贫困群众坚定信心、自强自立、勤劳致富，为打赢深度贫困脱贫攻坚战奠定农村人才基础和群众思想基础。

2. 推行素质与能力结合的教育扶贫

教育扶贫是阻断贫困代际传递的根本举措。教育扶贫的基本目标是解决因贫失学和因学致贫的问题。随着教育扶贫力度加大和政策措施日益完善，教育扶贫的目标不断扩展。按照脱贫目标的要求，教育有保障的含义应该是三个方面：一是转变贫困人口的思想观念，提升贫困人口的综合素质，摆脱“思想贫困”和“意识贫困”；二是增强贫困人口的人力资本水平以使其获得自我发展的内在能力，摆脱能力贫困；三是减轻或消除贫困户因子女上学导致的家庭经济负担，摆脱消费贫困。因此教育扶贫在脱贫攻坚中是帮助贫困人口持续发展、稳定脱贫的核心，教育扶贫还能增加消费和改善健康，具有溢出效应。

2016年以来，怒江州突出“控辍保学”、改善县乡村教育条件、提升义务教育质量、大力推进贫困县义务教育均衡发展。建立健全各级教育奖励补助机制，实施14年免费教育，普通高中还实施建档立卡户生活补助政策，中职教育阶段实施免学费、国家助学金、迪庆怒江中职全覆盖试点生活补助、雨露计划，大学阶段还有建档立卡贫困户学费奖励政策、生源地助学贷款政策、国家助学金等政策。各学段都有覆盖建档立卡贫困户学生的资助政策，确保各阶段学生不会因贫失学。2018 年全州共下达学生资助资金 22830.88 万元，受益学生 94350 人。为了提高办学质量和转变贫困家庭子女的思想观念，加强与珠海市和云南省内挂钩帮扶学校的合作，探索开放办学新模式，与云南师范大学签订教育帮扶协议，云南师范大学附属怒江州民族中学正式挂牌。加大对农村贫困家庭新成长劳动力接受职业教育政策扶持力度，制定“两后生”送学 10 条措施，与云南省 27 家职业院校建立合作关系，先后输送 3000 余名“两后生”到州内外职业院校（技师院校）学习，其中，定向输送珠海 599 人（其中建档立卡贫困家庭学生 473 人）。加快普及国家通用语言，利用手机 APP 现代信息技术，结合常规集中培训，帮助不通汉语群众学会使用普通话，怒江州完成了 12224 名群众的普通话培训。

3. 实施治病与减负结合的健康扶贫

怒江州把健康扶贫作为基本防线，推行以防为主、医保结合的健康扶贫模式，着力提高医疗服务和基本医疗保障的水平和能力。一是加快推进县级人民医院、乡镇卫生院、村卫生室标准化建设，配备了 638 名乡村医生，确保群众病有所医。二是按照“应保尽保”要求，实施建档立卡贫困人口 100% 参加城乡居民基本医疗保险和大病保险。三是在怒江州范围内实现了“先诊疗，后付费”和“一站式一单式结算”。四是积极推进“互联网 + 医疗健康”工程建设，已基本实现州、县两级综合医院与省内外多家三级医院对接开展远程会诊服务。五是加大重点疾病预防控制，启动了结核病筛查防治工作，探索出“新型三位一体”结核病防治兰坪模式。六是持续开展健康宣传活动。将每月 19 日设定为“健康宣传日”，组建巡回医疗队，深入村寨开展巡回义诊、健康知识咨询服务、健康知识及扶贫政策专题讲座、医疗诊疗上门服务、环境整治专项行动等活动，提高群众健康扶贫政策知晓率。健康宣传日活动现已覆盖怒江州 678 个村寨，参与群众达 27.3 万人次，活动成效初步显现。

二　怒江州脱贫攻坚成效显著

2016 年打响脱贫攻坚战以来，怒江州的贫困人口大幅度减少，贫困发生率快速下降；基础设施明显改善，生产方式快速改进和提升，生产力不断提高，贫困人口收入来源不断拓宽、收入水平快速增长；公共服务和社会保障能力及水平显著提升。

（一）贫困人口大幅度减少，贫困发生率快速下降

2016～2018 年，怒江州贫困人口减少了 3.61 万人，脱贫率[①] 20.14%，其中 2018 年的脱贫率比 2017 年提高了 4.49 个百分点；贫困发生率由 2016 年的 40.72% 下降到 32.52%，下降了 8.20 个百分点，分别比同期云南省和全国贫困发生率下降幅度高出 3.49 个百分点和 5.40 个百分点，怒江州的脱贫攻坚对云南省和全国的减贫贡献不断提高（见图 1）。2018 年末，独龙族实现整族脱贫，我国历史上首次实现整体贫困的特困少数民族整族脱贫，为确保 2020 年打赢怒江州脱贫攻坚战奠定了坚实基础。

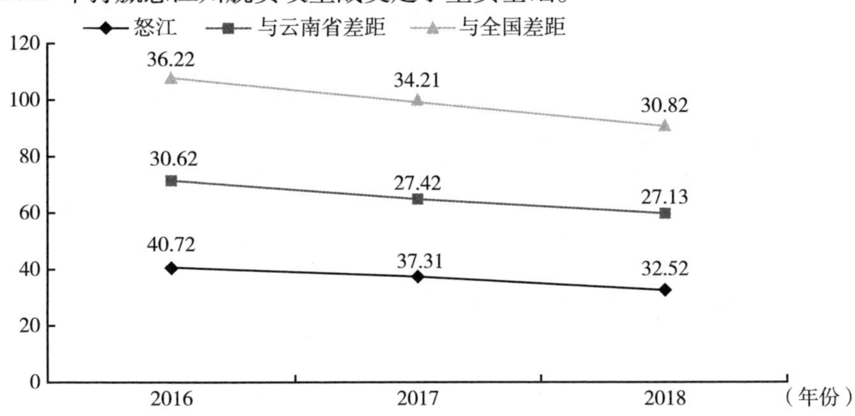

图 1　2016～2018 年怒江州贫困发生率变化

资料来源：根据《云南省脱贫攻坚数据报告（2018）》数据计算。

① 脱贫率 = 当年脱贫人口 ÷ 上年度贫困人口数 × 100%。

（二）农村贫困人口人均收入水平快速增长

2016～2018 年，怒江州农村常住居民人均可支配收入从 5299 元增长到了 6449 元，增长率始终高于云南省平均水平，年均增长 10.32%，增幅比同期云南省平均水平（9.26%）高出 1.06 个百分点（见图 2）。根据调查数据显示，怒江州农村贫困人口的收入渠道不断拓宽，虽然以家庭经营性收入为主的状况未根本改变，但工资性收入和转移性收入呈较快增长态势。

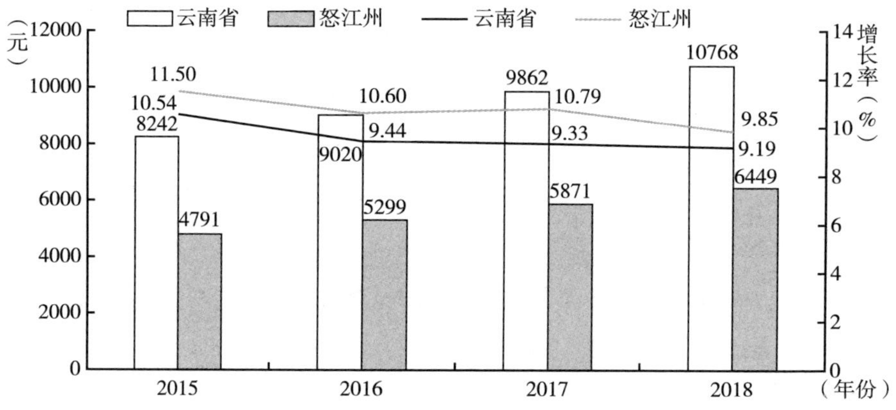

图 2　云南省和怒江州农村常住居民人均可支配收入及增长率

注：2010～2013 年是农民人均纯收入，2014～2017 年是农村常住居民人均可支配收入。

资料来源：2016～2017 年数据根据《云南统计年鉴 2018》相关数据计算，2018 年数据根据《云南领导干部手册 2019》数据计算。

（三）经济发展水平显著增强

怒江州人均 GDP 年均增速高于云南省及其 73 个国家重点扶持县的平均水平。2016～2018 年，怒江州人均 GDP 从 23289 元增长到了 29375 元，年均增长 12.31%，增幅分别比同期云南省及其 73 个国家重点扶持县的平均水平高出 2.77 个百分点和 4.64 个百分点。从年度增长率看，怒江州的年度增长率除了 2018 年略低于 73 个国家重点扶持县以外，始终高于云南省平均水平以及 2016 年、2017 年云南 73 个国家重点扶持县的平均水平（见图 3）。

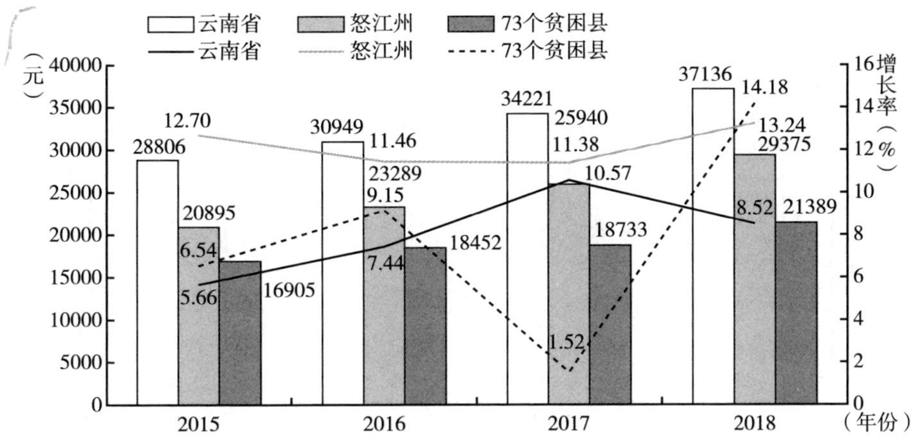

图 3　云南省、怒江州及 73 个国家重点扶持县的人均 GDP 及增长率

资料来源：2016 ~ 2017 年数据根据《云南统计年鉴 2018》相关数据整理和计算，2018 年数据根据《云南领导干部手册 2019》数据整理和计算；73 个国家重点扶持县的数据根据 2017 年和 2019 年《云南领导干部手册》相关数据整理和计算。

（四）农业生产效益实现恢复性增长

怒江州农林牧渔业总产值年均增速高于云南 73 个国家重点扶持县。2016 ~ 2018 年，怒江州农林牧渔业总产值从 32. 34 亿元增加到 34. 59 亿元，年均增幅 3. 42%，比云南 73 个国家重点扶持县的年均增幅高出 0. 97 个百分点。从年度增长率看，怒江州农林牧渔业总产值的年度增长率除了 2016 年略低于 73 个国家重点扶持县以外，2017 年和 2018 年均高于云南 73 个国家重点扶持县的增长幅度，尤其是 2018 年增长率达到了 7. 16% 实现了恢复性的快速增长，比 2016 年的增长率高出 1. 23 个百分点（见图 4）。究其原因，怒江州的产业扶贫扶持了一批特色、优势产业，提高了农业产业发展的科技化、组织化和适度规模化水平，农业生产方式发生转变，劳动生产率和亩均生产率不断提高，一产增加值持续增长，从 2016 年的 20. 00 亿元增加到了 2018 年 22. 11 亿元，2018 年怒江州一产增加值增长率达到 7. 28%，分别比当年云南省及73个国家重点扶持县高出0.41个百分点和0.88个百分点。

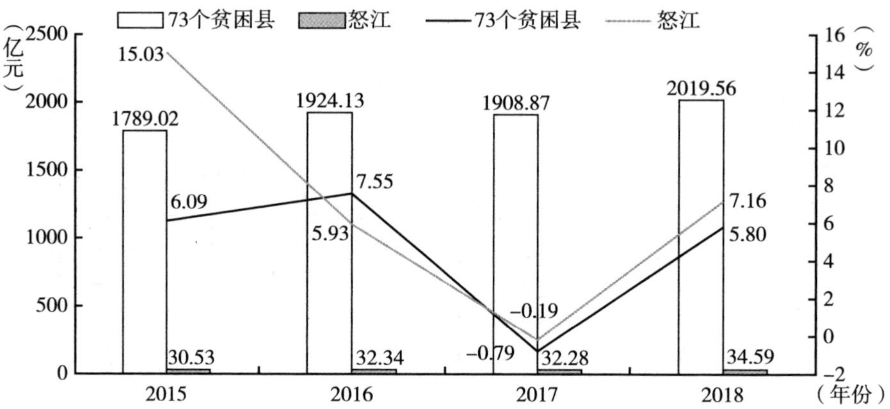

图4　云南省怒江州及73个国家重点扶持县农林牧渔业总产值及增长率

资料来源：2016～2017年数据根据《云南统计年鉴2018》相关数据整理和计算，2018年数据根据《云南领导干部手册2019》数据整理和计算；73个国家重点扶持县的数据根据2017年和2019年《云南领导干部手册》相关数据整理和计算。

（五）基础设施明显改善

一是交通条件极大改善。怒江州新增和改建了农村公路，加快推进农村公路及安全防护工程建设，提高了县、乡、村和自然村的公路通达能力，改善了交通运输条件。2018年末，怒江州建制村公路硬化率达100%，38个村的安全防护措施已建成达标。二是贫困村人居环境大有改观。通过大力实施农村危房改造、易地扶贫搬迁等项目，贫困地区农村居民住房得到较大改善，使用砖混和钢混材料的农户比重大幅提升；贫困村水、电、公厕、文化室和“一水两污”等公共基础设施配套建设和农村环境卫生整治快速推进，2018年末，全州所有行政村都通了硬化路，完成387公里安全防护建设，18个乡镇有客运站点；农村饮水安全问题基本解决；农村通广播电视率达100%，农户通电率达100%，行政村全部通光纤，4G网络实现全覆盖。

（六）公共服务和社会保障水平显著提升

怒江州社会公共事业建设稳步发展，公共服务水平显著提升。2018年，怒江州小学、初中辍学率分别为0.27%和0.73%，同比下降0.5个百分点和0.56个百分点，义务教育巩固率达90.63%，同比提高0.57个百分点。县、乡、村医疗卫生基础设施建设不断完善，医疗卫生体系基本健全，贫困村卫生室全部达标，平均每千人拥有病床数为4.73张，平均每千人拥有执业（助理）医师数为1.38人，平均每千人拥有注册护士数为1.96人，医疗卫生服务的可及性大幅度提升。贫困人口的社会保障已经实现了制度全覆盖，保障对象做到了应保尽保。政府补助全州贫困人口购买城乡居民医疗保险，政府补助、整合社会资源投入相结合的大病补充保险格局基本形成，全州建档立卡贫困人口100%参加城乡居民基本医疗保险和大病保险，实际报销比例达82.01%，兜底保障后报销比例达到90%。农村最低生活保障、农村老年人养老金的标准不断提高。2017年以来怒江州农村低保线与贫困线实现两线合一，且保障标准均高于当年贫困线，2019年7月农村居民最低生活保障标准从3600元/（人·年）提高到4200元/（人·年），截至2019年9月15日，怒江州有79027人未脱贫建档立卡贫困人口享受低保，占低保人数的55.28%。农村低保兜底扶贫作用持续发挥。

三　破解深度贫困与全面建成小康社会面临的挑战和困难

怒江州的脱贫攻坚虽然取得了显著成效，但是要破解深度贫困，高质量打赢脱贫攻坚战，与全省乃至全国一起全面建成小康社会，仍然面临着巨大挑战和困难。

（一）脱贫攻坚任务艰巨，稳定脱贫难度较大

2018年末，怒江州还有建档立卡贫困人口14.29万人，贫困发生率仍

高达 32.52%,[①] 居云南省之首，是全国平均水平的 19 倍以上，分别比云南省和全国的贫困发生率高出了 27.13 个百分点和 30.82 个百分点（见图 1）。怒江州 4 个深度贫困县的贫困发生率均高于 21%，农村常住人口占云南省乡村人口的 1.95%，贫困人口占云南省和全国贫困人口总数的比重却分别从 2016 年的 4.80% 和 0.41% 提高到了 2018 年的 7.89% 和 0.86%。206 个贫困村中，贫困发生率高于 20% 和 30% 的深度贫困村分别占 60.68% 和 15.53%，分别比全省平均水平的比重高出 45.74 个百分点和 1.79 个百分点。到 2020 年要使 4 个县的贫困发生率下降 20% 左右，所有贫困村的贫困发生率降到 3% 以下，实现全部贫困县脱贫摘帽，贫困村全部出列，贫困人口全部脱贫，任务艰巨。

2016~2018 年，怒江州的脱贫率虽然稳步提高，但是与全国和云南省平均水平相比差距较大，2018 年末分别相差 32.64 个百分点和 32.60 个百分点，与 2017 年相比差距分别扩大了 11.29 个百分点和 30.02 个百分点（见表 1）。由此可见，怒江州剩余的贫困人口脱贫难度越来越大，脱贫速度减缓，巩固脱贫成果、防止返贫的压力较大。同时，因现行标准脱贫仅仅是解决了绝对贫困问题，是低水平脱贫，要全面解决怒江州的条件性贫困和素质性贫困是一个长期的过程。

表 1　怒江州与云南省和全国脱贫率的比较

单位：%

年份	全国	云南省	怒江州	与云南省差距	与全国差距
2016	22.24	20.81	-20.62	41.43	42.86
2017	29.73	10.96	8.38	2.58	21.35
2018	45.50	45.47	12.87	32.60	32.64

资料来源：根据《云南省脱贫攻坚数据报告（2018 年）》等相关数据计算。

① 《怒江：贫困人口减少至 14 万人》，新华网，2019 年 8 月 14 日，http://news.10jqka.com.cn/20190814/c613278338.shtml。

（二）能力贫困仍然是最大的瓶颈

怒江州是直过民族和人口较少民族聚居区，贫困群众至今仍沿袭传统粗放的生产方式，商品意识、市场意识、积累意识、扩大再生产意识淡薄，不善理财、不会理财，注重生活消费，“思想贫困”、“意识贫困”、“文化贫困”和“技能贫困”较为突出，脱贫攻坚的内生动力不足，要转变思想观念和思维方式，帮助他们达到与其他相对较发达地区和民族的发展水平，不是短时间内就能完全解决的，目前还难以有根本性改变，需要长期的扶持和帮助。根据云南省建档立卡贫困户致贫原因数据分析，2018 年末怒江州未脱贫的建档立卡贫困户中，主要致贫因素是缺技术致贫、交通条件落后、自身发展力不足、缺资金致贫、缺劳力致贫、缺土地等 6 个方面，分别占当年未脱贫贫困户总数的 66.64%、43.97%、24.76%、24.18%、19.24% 和 18.01%。[①] 由此可见，贫困人口缺乏技能、自我发展能力严重不足日益成为贫困人口稳定脱贫的难点，能力贫困更加凸显。

从根本上分析，怒江州教育落后，贫困人口的受教育年限较低，文化程度普遍较低，对科技、技能和信息等的接受能力有限是重要的障碍因素。2018 年末，怒江州未脱贫的非教育阶段贫困人口占全省的 7.92%，其中文盲半文盲人口却占全省的 12.42%，文盲半文盲率高达 26.53%，比云南省高出 9.61 个百分点；小学文化程度人口占全省未脱贫的非教育阶段小学文化程度人口总数的 7.09%，占怒江州未脱贫的非教育阶段贫困人口的比重达 50.74%；还有约 1/3 的未脱贫贫困人口不会听、不会讲国家通用语言。缺教育、缺科技、发展内生动力和能力不足的问题更加凸显，防止返贫、巩固脱贫成果难度大，绝对贫困和相对贫困并存的状况短期内还将持续。

（三）产业发展面临较大困境，贫困农户持续稳定增收难度大

怒江州发展空间不足，基础设施非常滞后。水利工程建设严重不足，农

① 云南省政府：《脱贫攻坚新号角》，《云南脱贫攻坚展板》2017 年 9 月。

村生产生活用水困难，农业用水保障功能不足，受资源环境的约束较大。随着易地扶贫搬迁安置小镇、特色小城镇的快速发展，大量优质农用地被占用。同时，随着人口增长，人地矛盾日益突出，加上不良的耕作习惯，以及近年来连续干旱以及冰冻、风灾、滑坡泥石流等自然灾害频发，怒江州耕地总体质量下降，有效灌溉面积占比低，也严重影响了农村产业的发展。2018年，怒江州未脱贫的贫困人口人均占有耕地面积仅1.48亩，仅仅是全省平均水平（2.46亩）的60.16%；人均有效灌溉面积仅0.12亩，仅是全省平均水平（0.75亩）的16.00%，人均有效灌溉面积占耕地面积比重仅为8.11%，远低于云南省平均水平30.56%的比重。

调研数据显示，怒江州贫困家庭的30%～40%的收入依赖于家庭生产经营收入。但是，因发展空间受限，基础薄弱，人力资源缺乏，2020年要限期脱贫，短期内以发展养猪、养鸡、养羊、种蔬菜等“短平快”传统种养殖业为主，草果、中药材等特色、优势经济作物和经济林果有一定的种植规模，但还处于起步阶段，以出售原料为主，规模化的农产品精深加工占比几乎为零，农业产业化发展水平较低，产业链短，价值链尚未形成，农业向二三产业延伸的空间大，难度也很大，与二产、三产融合发展较差。优质、高效、精品的高原特色农业产业还处于起步阶段，尚未构建起完整有效的产业体系、生产体系和经营体系。产品缺乏品牌，带动农户持续稳定增收的能力不足。道路交通、物流冷链等基础设施严重滞后，难以支撑产业发展需要，导致不少优势特色产品耗损大，增值低，市场竞争力不足，农民稳定增收困难。2016～2018年，怒江州一产增加值年均增长率仅5.14%，分别比同期云南省和73个国家重点扶持县低了1.56个百分点和0.20个百分点，差距呈持续扩大的趋势（见图5）。

（四）现有部分脱贫攻坚政策针对性不足，影响了脱贫实效

首先，当前的劳动力转移就业政策在实施过程中对怒江州的实际需求考虑不足，影响了政策措施的成效，也对今后巩固脱贫和乡村振兴不利。现行的劳动转移就业扶贫政策每年对怒江州下达省内转移指标、省外转移就业指

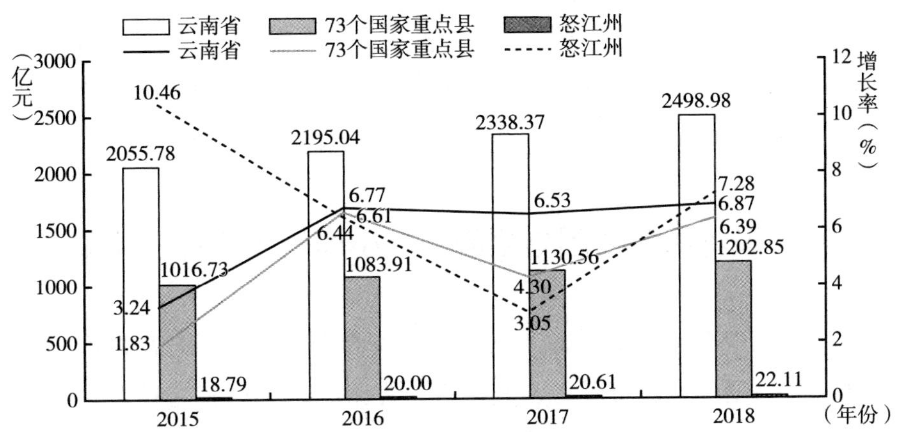

图5　云南省、怒江州及73个国家重点扶持县一产增加值及增长率变化

资料来源：2016～2017年数据根据《云南统计年鉴2018》相关数据整理和计算，2018年数据根据《云南领导干部手册2019》数据整理和计算；73个国家重点扶持县的数据根据2017年和2019年《云南领导干部手册》相关数据整理和计算。

标。调查发现，怒江州是“直过民族”和人口较少民族聚居区，劳动力的技能和外出的语言能力、生活工作的适应能力较弱，加上边境线长，守边固边任务较重，劳动力外出就业的稳定性并不好。此外，劳动力转移就业政策的大力实施，也加速了贫困乡村青壮年和有技能、有想法的劳动力的外流，加速了边远贫困乡村的空心化，已经出现发展产业女性化、老龄化，致富带头人越来越难找，村级干部老龄化、能力弱化等现象，对今后巩固脱贫和乡村振兴将是很大挑战。

其次，在教育扶贫方面，当前的难点主要是厌学问题，其关键是学前教育较弱。调查显示，怒江州少数民族聚居的贫困村大部分是以当地民族语言作为常用语言，少数民族群众使用国家通用语言的能力相对较弱，当地适龄儿童上学以前部分不会说、不会听国家通用语言，大部分对国家通用语言的使用和理解能力较差。但是当前的教育扶贫中对学前教育的扶持力度较低，教学点建设没有专项资金，教师没有专项编制，因人口居住相对分散、教学点较多，财政困难、缺资金，教师不足等原因，部分村寨尚未实现“一村一幼”，学前教育的普及率难以快速提升，不少适龄儿童进入小学后因语言障碍，学习能力和学习水平较弱，就学的积极性不高，厌学情绪增加，控辍保学较难，提高贫困人口文化水平、技术技能、阻断贫困代际传递的效果受到严重影响，成为控辍保学难、素质能力提升难的一大症结。

四　破解深度贫困与全面建成小康社会的对策建议

十九届四中全会首次明确“坚持以人民为中心的发展思想，不断保障和改善民生、增进人民福祉，走共同富裕道路”是中国特色社会主义的显著优势之一，强调“健全幼有所育、学有所教、劳有所得、病有所医、老有所养、住有所居、弱有所扶等方面国家基本公共服务制度体系”是坚持和完善中国特色社会主义制度，推进国家治理体系和治理能力现代化的重要内容，并在“完善覆盖全民的社会保障体系”中明确提出：“坚决打赢脱贫攻坚战，巩固脱贫攻坚成果，建立解决相对贫困的长效机制。”2019 年 12 月 10～12 日召开的中央经济工作会议进一步明确部署：“要确保脱贫攻坚任务如期全面完成，集中兵力打好深度贫困歼灭战，政策、资金重点向‘三区三州’等深度贫困地区倾斜，落实产业扶贫、易地搬迁扶贫等措施，严把贫困人口退出关，巩固脱贫成果。要建立机制，及时做好返贫人口和新发生贫困人口的监测和帮扶。”根据中央的部署和要求，怒江州要有效破解当前面临的主要困难和风险，实现高质量脱贫，在政策机制方面应着力做好以下两个有机结合。

（一）加快推进稳定脱贫与可持续发展有机结合

1. 以质量发展为导向完善产业扶贫政策

产业扶贫必须紧扣“质量兴农”“绿色兴农”的目标，通过完善“一县一业”“电商”“订单农业”“特色小镇”“康养小镇”等举措，全面提高扶贫产业的组织化程度，实现产业和新型农业经营合作组织对建档立卡贫困户的全覆盖，确保贫困群众持续稳定增收。从思路上看，产业扶贫要因地制宜强化特色产业提质增效，强化产业体系和经营体系建设与绿色农业发展方式引导，强化公共品牌建设及社会化服务体系建设；从着力点上看，应完善以直接到户补助或奖励为主的扶持措施，建立以强化产业体系为重点的产业扶持政策体系，重点是加大产业发展支撑体系，包括以基础设施、社会化服务体系、市场销售平台等为着力点的扶持机制。

2. 因地制宜有效推进劳动力转移就业

怒江州的农村贫困劳动力转移就业必须充分结合当地产业发展需求，并考虑到贫困劳动力转移就业的技能和意愿，实行分类就业导向。针对 40 岁以下、有外出就业意愿和技能、没有语言障碍的劳动力，充分用好珠海帮扶和中央、省级单位帮扶的资源，把劳动力转移就业与培养创业就业能人有机结合，有组织、有目的地组织劳动力到东部沿海地区转移就业，并以优惠政策吸引大学毕业生、转业军人和外出就业的能人回乡创业。针对年龄在 40 岁以上或者不能熟练使用国家通用语言的劳动力，考虑到劳动力语言沟通、技能和生活习惯等方面的因素，应以就近、就地城镇转移就业为主。针对无法离家的妇女、半劳动力、残疾劳动力等特殊人群，重点通过就地发展“扶贫车间”、开发公益性岗位等方式解决就业问题。从知识技能角度看，力争实现高低结合的转移模式。从劳动力转移距离角度看，争取实现远近结合的转移模式。从产业角度看，重点是从一产转向二产、三产。

3. 完善易地扶贫搬迁政策

怒江州有 10 万人实施了易地扶贫搬迁，有 21 个安置点，兴建了一批易地搬迁安置小镇。鉴于未脱贫贫困人口所在村寨大部分人地矛盾突出，就地改善生产生活条件难度大、成本高、未来扶贫和乡村振兴条件差等现实，建议把易地搬迁城镇化安置作为重要的脱贫和发展举措，边境一线大力推行抵边安置与小城镇和口岸园区建设相结合，非边境地区把易地搬迁与特色城镇、民族示范村镇、少数民族特色村镇等有机结合。除了帮助搬迁农户获得安全住房外，在就学、就医、就业、社会保障等方面实施组合扶持政策，使他们在城镇获得稳定收入并享受当地城镇人口同等的保障性政策支持，以有偿政策鼓励他们放弃原村集体经济组织成员权资格，把他们的资源配置给还在原地生产生活的其他农户。

（二）加快推进贫困主体的物质脱贫与能力脱贫有机结合

今后教育扶贫应转向软件建设，侧重师资力量建设，改革教学内容与教学方式，既要照顾到义务教育的基本要求，又必须针对怒江州农村知识和技能贫困的状况，切实强化教育扶贫与提升农村劳动力技能有机结合，实施多种教育模式共同革新和调整。

1. 完善基础教育，提高教育质量

基础教育重点要解决好孩子厌学辍学的问题。因此，一要加强学前教育扶持。制定学前教育扶持专项规划，安排教学点的专项建设资金和幼教编制，在编制调整及优化上对边境以及边远贫困乡村的教师编制给予倾斜。二要加大县乡村教育资源投入。全面提高县乡村教师的薪资待遇以招选和稳定人才，不断提高县乡村教师的教学水平和能力，应确保每位老师每年有一定的时间参加教学方法及教学技能的培训。三要重点改善偏远和边境山村基础教育供给方式或就学交通条件。应该采用高段年级相对集中、注重效益和低段年级保留就近入学的方式，优化教育资源合理配置，保障义务教育阶段适龄儿童按时入学①。对在中心学校附近村寨走读的学前教育阶段和低年级儿童，政府应该安排校车进行接送。四要重视民族语言传承与国家通用语言普及的有机结合。少数民族地区学前教育和低年级儿童应普及双语教学，既做好民族语言传承，又培养他们的学习兴趣。

2. 以阻断贫困代际传递为重点完善教育扶持措施，探索建立城乡统一的教育帮扶机制

加大学前教育支持力度，把学前教育救助和高中以上教育救助政策向城乡相对贫困家庭延伸，适当提高贫困家庭学前教育和高中以上教育阶段补助

① 汪三贵、胡骏、徐伍达：《民族地区脱贫攻坚“志智双扶”问题研究》，《华南师范大学学报》（社会科学版）2019 年第6 期，第 11 页。

标准。加大城乡贫困家庭子女高中及以上阶段教育贷款和奖学金、助学金等扶持力度。探索建立国有大型企业定向招录贫困家庭大中专毕业生机制，进一步加大政府对贫困学生的就业帮扶力度。

3. 改革职业培训方式方法，不断提高培训与社会需求的对接

一是针对劳动力不会说、不会用国家通用语言的成年少数民族群众，应继续加大普及国家通用语言和常用规范文字的力度和范围，提高贫困群体的科技学习能力和就业能力。二是推进劳动力转移就业职业培训和农业技术培训协同推进，促进农村贫困人口文化素质和知识技能的提高，以满足农村脱贫的多样化需求。三是针对劳动力课堂培训接受能力较差、效果不好的现状，大力开展“干中学”的实践培训模式，[①] 把培训办到田间地头和农民家里，根据农民的需求进行多种方式的、有针对性的技能培训。

---

① 汪三贵、胡骏、徐伍达：《民族地区脱贫攻坚“志智双扶”问题研究》，《华南师范大学学报》（社会科学版）2019 年第 6 期，第 11 页。

B.7
青海省深度贫困破解与决胜全面小康社会建设

杜青华*

摘　要： 青海地处我国西部地区和少数民族聚居区，自然条件严酷，生态环境脆弱，经济社会发展总体滞后于全国平均水平，发展不充分不平衡问题突出，小康社会建设水平仍处于全国较低层次，在深度贫困破解与全面建成小康社会征程中，在新型城镇化、民生事业、深度贫困人口持续脱贫、城乡区域均衡发展、社会治理、生态环境等方面还有许多短板弱项，特别是青南高寒牧区和东部干旱山区不均衡发展以及基本公共服务相对滞后等问题仍需下大力气解决。当前，全面建成小康社会已进入攻坚决胜阶段，需要聚焦关键领域，突出重点人群，补齐短板弱项，着力提升生态环境保护和建设质量，推动经济高质量发展，保障和改善民生，在有效破解深度贫困问题的同时，确保青海和全国一起如期全面建成小康社会。

关键词： 青海　精准扶贫　小康社会

党的十八大提出到2020年全面建成小康社会，是党中央向人民、向历史做出的庄严承诺，是实现中华民族伟大复兴的重要基础和关键一步。青海

* 杜青华，青海省社会科学院经济研究所所长。

作为西部欠发达省份，自然条件差，经济社会发展底子薄，能否实现与全国同步建成全面小康社会目标，是事关人民福祉和民族复兴大业的重大历史任务。作为决胜全面小康社会的重中之重，精准扶贫工作实施以来，青海省各级党委政府坚持以习近平新时代中国特色社会主义思想为指导，紧紧围绕“扶持谁”“谁来扶”“怎么扶”“如何退”等根本性问题，紧盯“两不愁、三保障”标准，坚持精准扶贫精准脱贫基本方略精准发力，累计实现22个贫困县（市、区）摘帽、1452个贫困村退出、净脱贫44.3万人，贫困发生率从2015年底的13.2%下降到2018年底的2.5%，脱贫攻坚取得重大进展。

一　青海精准扶贫的主要做法和成效

2018年，是青海省开展精准扶贫工作以来投入资金最多、攻坚力度最大、脱贫成效最显著的一年。全年累计投入各类专项扶贫资金114.4亿元，同比增长8.6%。其中，中央财政专项扶贫资金34.28亿元，省级专项扶贫资金14.52亿元，同比分别增长35.2%和38.3%。年内共实现526个贫困村退出、17.6万贫困人口脱贫，贫困发生率由2017年的8.1%下降到2018年底的2.5%，12个计划退出县也有望顺利实现摘帽。

（一）完善工作机制和明确工作责任

青海省成立了由主要领导任“双组长”、3名副省级领导为副组长的扶贫开发工作领导小组，坚持8名省委常委包战区督战、39名省级领导联点督导层层包片结对的责任制度，强责任、严督导、抓落实、重成效，形成了“五级书记抓扶贫、全党动员齐攻坚”的工作格局，先后研究制定了“1+8+N”脱贫攻坚政策体系①。针对深度贫困地区脱贫攻坚，青海省研究制定

① “1”即《关于打赢脱贫攻坚战提前实现整体脱贫的实施意见》；“8”即“八个一批”脱贫攻坚行动计划，包含发展产业、易地搬迁、资产收益、转移就业、医疗保障和救助、教育、低保兜底、生态保护与服务等；“N”就是健全完善脱贫攻坚责任体系、投入体系、监督体系、考核体系等，明确细化具体责任，督促各方履职尽责、合力攻坚。

了“2 +5 + N”深度攻坚举措①。各地各部门也制定出台了分项制度和补充措施。同时，将新增财政专项扶贫资金的70%统筹用于深度贫困地区脱贫攻坚，各行业惠民项目向深度贫困地区倾斜，对口支援和东西部扶贫协作资金的80%用于深度贫困地区基础设施、公共服务项目和产业就业扶贫。另外，在调整加强深度贫困地区贫困村驻村力量的基础上，为489个有贫困人口的非贫困村增派了1467名第一书记和驻村帮扶人员，深入开展调查摸底，并加强了与北京、上海、天津、江苏、浙江、山东等6个对口支援省市的工作衔接，从工作机制层面确保了精准扶贫工作的高效开展。

（二）着眼长远发展促进稳定增收

综合运用产业发展、转移就业等手段，发挥贫困地区资源优势，大力发展牦牛、青稞、村级光伏、乡村旅游、民族手工艺等“五大特色扶贫主导产业”，带动贫困群众持续稳定增收。先后投入26.14亿元，按照藏区人均6400元、农区5400元的标准，引导扶持44.35万有意愿、有能力的贫困人口发展到户产业。按照村均290千瓦的标准，采取联村共建的方式，在1622个贫困村建立村级光伏电站，村均年度收益达到32万元。针对村级集体经济薄弱、非贫困村与贫困村之间存在“悬崖效应”的实际，省级投入24亿元，实现了2358个有贫困人口非贫困村级集体经济扶持资金全覆盖，成为全省村级集体经济“破零”的主导力量。因地制宜设置生态管护岗位，生态保护、脱贫增收、区域发展“多赢”格局稳步形成。针对县域主导经济特色不突出、布局分散的实际，省级投入6.88亿元，在39个贫困县建立扶贫产业园区，辐射带动建档立卡贫困群众5.7万户、15.8万人，吸纳务工就业超过8000人，成为带动县域经济健康发展的“新引擎”。

① “2”即青海省委办公厅、省政府办公厅《关于加快推进深度贫困地区脱贫攻坚实施方案》和青海省扶贫开发工作领导小组《青海省深度贫困地区脱贫攻坚三年行动方案（2018—2020年）》；“5”即5个有深度攻坚任务的市州同步制定《三年行动方案》；“N”即省直行业部门同步配套深度攻坚措施，包括《健康扶贫三年行动计划》《教育脱贫攻坚实施方案（2018—2020年）》《社会救助兜底脱贫专项行动实施方案》《金融扶贫规划（2018—2020年）》等。

（三）强化民生保障整体水平

在住房保障方面，对“一方水土养不起一方人”地区的4.8万户18万农牧民实施易地扶贫搬迁。危旧房改造完成5.4万户，剩余的1436户贫困户2019年内全部完成搬迁。在教育扶贫方面，全省2.78万名适龄学生重返校园，控辍保学率达到98.31%，义务教育巩固率达到96.8%。在健康扶贫方面，全面推进健康扶贫“三个一批”行动，严格落实“六减十覆盖”政策，将大病救治病种扩大至28种，全省贫困群众慢病签约管理服务实现全覆盖。全省村级卫生室进行了标准化改造，全面推行了先诊疗后付费和“一站式”结算，贫困群众住院费用自费比例稳定控制在10%以内。在基础设施建设方面，2018年底，全省25.4万贫困群众饮水安全得到巩固提升，全省乡镇大电网覆盖率达到95%以上，贫困地区行政村道路硬化率达到99.6%，有线覆盖率达到98%、无线覆盖率达到90%，广播电视综合人口覆盖率达到98.6%。水电路讯网等基础设施建设短板得到有效改善。在精神扶贫方面，针对个别地区存在薄养厚葬、高额彩礼、惜杀惜售等问题，选取13个县开展“精神脱贫”试点，通过榜样示范带动、完善村规民约、加强道德教化、减轻宗教负担、严格奖惩激励等措施，进一步转变了贫困群众思想观念，推动了文明新风树立。总体来看，青海省扶贫攻坚聚焦教育、医疗、文化等基本公共服务提质增效，着眼于贫困老年人、残疾人、单亲家庭、大龄青年等深度贫困群体，通过扶贫刚性需求与个性需求的有效衔接，密织了社会保障之网。

（四）深入推进东西部扶贫协作

江苏和青海两省坚持将东西部扶贫协作作为助推青海脱贫攻坚工作的重要载体和有力抓手，深化交流互通，拓展合作领域，扎实推进帮扶项目落地，取得了明显成效。在加强互访对接方面，两省党政主要负责同志每年率团开展互访，落实帮扶措施，拓展合作领域，促进互利共赢。在加大资金支持方面，2018年江苏省共安排年度帮扶资金2.75亿元，其中江苏省本级落实资金2.39亿元，市区两级落实资金0.36亿元，县均超过3000万元。在深化交流合作方面，两省签订“1+2+10”帮扶合作协议，涉及教育交流、医疗卫生、人才智力、就业创业、文化旅游、生态环保等多个方面，协作领域不断拓展。

（五）大扶贫格局逐步形成

精准扶贫工作通过不断完善组织领导、精准识别、监督执纪、考核评估等制度体系，“一联双帮三治”驻村帮扶、定点帮扶、结对帮扶工作机制，专项扶贫、行业扶贫、社会扶贫、东西部扶贫协作和对口援青工作等工作机制，凝聚了强大攻坚合力，逐步构建和完善了“1+8+10”大扶贫格局，脱贫攻坚取得了决定性进展。从全省脱贫攻坚总体情况观察，呈现出“两下降、两提高、两增强”的特点。“两下降”就是贫困人口和贫困发生率明显下降，特别是贫困发生率历史上首次下降到了个位数水平；“两提高”就是贫困地区农牧民收入水平和公共服务水平明显提升，农牧民群众的获得感、幸福感和安全感更加充实；“两增强”就是贫困地区发展后劲和贫困群体内生动力持续增强。

二　青海深度贫困破解与决胜全面小康社会面临的短板弱项

考虑到青海地处我国西部地区和少数民族聚居区，自然条件严酷，生态环境脆弱，90%的国土面积属于禁止或限制开发区域，经济社会发展总体滞后于全国平均水平，发展不充分不平衡问题突出，小康社会建设水平仍处于全国较低层次，在深度贫困破解与全面建成小康社会的征程中还存在一些短板弱项，如新型城镇化、民生事业、深度贫困人口持续脱贫、城乡区域均衡发展、社会治理、生态环境等方面还有一定差距，青南高寒牧区和东部干旱山区经济社会发展和基本公共服务相对滞后等问题仍需下大力气解决。

（一）新型城镇化建设亟待加快推进

当前，青海已进入城镇化快速发展时期，初步形成了以西宁、海东等东部城市群为重点，德令哈、格尔木、玉树市等大城市带动，一大批小城镇协调发展的格局。但总体来看，青海新型城镇化建设进程仍相对滞后，2018年全省城镇化水平比全国同期平均水平低5个百分点。2018年，全省除海西和西宁两地常住人口城镇化率达到72%以上外，其余市州的常住人口城镇化率均低于43%，黄南、玉树、果洛三州城镇化率分别只有37.79%、36.65%和27.88%。究其原因，一方面，受自然环境、人口密度等多重因素影响，全省大部分城镇综合承载能力弱，市政设施和公共服务设施配套不全，基础设施提质增效任务艰巨；另一方面，农牧民进城人口深度融入城镇，公平享受市民待遇等问题还未在“人地钱”配套政策层面得到根本解决。城镇化进程受自然和生态环境约束明显、城镇化内生动力不足等因素的瓶颈制约明显。

（二）社会事业发展整体水平相对较低

随着全省城乡居民生活水平的提高和中等收入群体的扩大，人民群众的需求层次发生了明显变化，越来越注重生活质量，对美好生活的期盼越来越高，需求越来越多元化。尽管近年全省社会事业发展速度不断加快，每年的民生支出都占公共财政支出的75%以上，但从总体上看，社会事业发展整体还比较滞后，教育、医疗、养老等公共资源配置整体水平仍然相对偏低，基层教育、卫生专业人才流失严重，学前教育和义务教育“乡村弱、城镇挤、择校热”等问题突出，医疗卫生资源供需矛盾比较突出，大医院人满为患和基层医疗机构利用不足的问题并存。全省农牧区仍有36所乡镇卫生院基础设施建设尚未达标，35%的村卫生室基本诊疗设备配备未达标，在城市社区已建成的28所社区卫生服务中心，达到标准化的仅占38.46%。农牧区乙肝、结核病等传染病和棘球蚴病等地方病，城镇地区高血压、糖尿病等慢性病的综合防治水平有待进一步提升。2018年全省人口平均预期寿命虽然较2010年提高了2.09岁，但提高幅度仍低于同期全国平均水平。居民健康预防治疗、食品药品安全保障、养老育幼等一系列反映居民生活质量和卫生医疗水平的新老问题叠加，对于进一步提升全省人口平均预期寿命的瓶颈制约作用不容忽视。

（三）“病、老、残”等深度贫困人口持续脱贫难度较大

青海作为我国集中连片特殊困难地区和国家扶贫开发重点县全覆盖的省份，是国家确定的“三区三州”深度贫困重点攻坚地区之一，虽然贫困人口绝对数量不大，但总体贫困程度较深，还有近20万贫困边缘人口，脱贫攻坚情况特殊、任务繁重。深度贫困地区农牧民人均可支配收入构成中，经营性收入占比不足20%，东部干旱山区农民季节性、低技能的务工收入占比达到60%，高寒牧区农牧民政策性收入占比达到60%以上，表明深度贫困人口的自主发展能力还有待进一步提高。加之贫困人口较为集中的东部干旱山区和高寒牧区等深度贫困地区的自然条件严酷，山大沟深、高寒缺氧、干旱缺水，基础设施建设难度大，公共服务短板较多，脱贫攻坚点多线长，投入成本和工作成本远高于内地，基础设施建设历史欠账多，基层医疗教育人才等“软实力”较弱，补齐“病、老、残”贫困人口及其家庭的义务教育、基本医疗、安全住房“三保障”短板尤为紧迫和重要。

（四）城乡区域发展不均衡问题突出

青海集中了西部地区、民族地区、高原地区和经济欠发达地区的所有特征和困难，整体发展水平滞后。省内城乡、区域之间差异较大，不仅城乡之间存在二元结构，农区与牧区之间也存在二元结构，区域间整体组织性差，产业密集度低，民族地区发展落后，县域经济发展缓慢，发展不充分、不均衡的问题尤为突出。近年来，青海的城镇化进入了快速提升的快车道，城镇化率从2002年的37.7%提高到了2018年的54.47%，每年平均有一个百分点左右的增幅。每年都有2万名左右的农牧民转为城镇居民，城乡基础设施建设也取得了跨越式的飞速发展。但由于城镇化起步相对较晚，城镇辐射带

动农牧区发展的体制机制尚待健全，城镇公共服务向农牧区延伸不够，城乡基本公共服务均等化程度低。藏区六州基本上处在重点生态功能区或国家公园范围内，发展制约因素更多，农牧业发展滞后、农牧民收入不高等问题长期存在。这些问题始终是制约城乡区域协调发展不可忽视的短板因素。

（五）新形势下基层社会治理转型发展相对缓慢

青海多民族聚居、多宗教并存、多元文化交融的特殊省情，决定了社会治理的重要性和复杂性。随着全省经济社会的加快发展和改革的不断深入，社会各阶层利益诉求呈现多元化趋势，各种新老社会矛盾交织，非传统安全威胁日益增多，反分裂反渗透形势仍然严峻，维稳工作变数和风险依然不小，社会治理面临全新挑战。新形势下，社会治理“四化”水平不高，基层社区治理精细化程度不够，社会组织的功能发挥不充分，公民参与社会治理的意识和能力不强等问题更为突出，日益成为全面建成小康社会必须加以强化的弱项。

（六）生态环境保护与建设任重道远

多年来，青海坚持以生态保护优先统领经济社会发展全局，生态文明制度体系基本建立，国家公园体制试点探出新路，生态环境恶化趋势得到扭转。全省森林覆盖率由2000年的4.4%提高到了2018年的7.26%，湿地面积跃居全国首位，青海湖裸鲤资源量达到保护初期的30倍，长江、黄河、澜沧江、黑河出省断面水质持续稳定在Ⅱ类以上，全省地表水优良率达到92%以上，西宁南北山绿化率达到79%。生态文明制度体系不断完善，主体功能区制度、自然资源资产产权制度、生态补偿制度等各项改革全面开展，特别是生态功能红线划定、集体林权流转等取得突破性进展，“四梁八柱”生态文明制度不断完善。但总体来看，全省禁止和限制开发区域广、管护面积大，生态补偿范围小、标准低，部分自然保护区内矿产资源勘探开发退出补偿等长期遗留问题仍未妥善解决。重大生态保护与建设工程尚未全覆盖。大气、水、土壤污染等新老问题并存，区域性、结构性环境问题依然存在。电子垃圾等废弃物回收和再利用机制尚待完善。单位 GDP 能耗是全国平均水平的两倍以上，水资源产出率不到全国平均水平的 80%。推进更高水平和更高标准的生态保护和建设任重道远。

三　青海深度贫困破解与决胜全面小康社会的对策建议

全面建成小康社会已进入攻坚决胜阶段，需要着眼长远发展，聚焦关键领域，围绕薄弱环节，突出重点人群，补齐深度贫困破解与决胜全面小康社会短板弱项，着力提升生态环境保护和建设质量，着力推动高质量发展，着力保障和改善民生，在有效破解深度贫困问题的同时，确保如期全面建成小康社会。

（一）以新型城镇化建设为支撑，引导各类生产要素合理配置

根据当前青海确定的“两核一轴一高地”区域协调发展总体布局，通过积极打造以河湟谷地城市群为引领，以柴达木盆地城镇区、泛共和盆地城镇区为主体，以玉树、玛沁等重点生态功能区城镇为支点的“一群两区多点”城镇空间发展新格局。通过创新城镇基础设施融资机制，统筹推进中心城市、副中心城市和重点城镇的人口、产业、基础设施、公共服务等综合配套，不断提升城镇承载能力。与此同时，还需要适应新形势，全面放宽城市落户条件，加大“人地钱”挂钩配套政策力度，增加居住证、公共服务项目，推动进城落户和城镇基本公共服务均等化，维护进城农牧民土地承包权、土地经营权、宅基地使用权和集体收益分配权，确保进城农牧民公平享受市民待遇，彻底消除城乡区域间户籍壁垒。

（二）以社会事业全面发展为目标，整体提升贫困地区人力资本水平

通过持续扩大教育、医疗、社保、就业、养老等基本公共服务供给水平和质量，全面提高人民群众生活质量和健康水平。首先，紧盯义务教育乡村

弱、城镇挤、城乡发展不均衡等问题，将公共教育资源更精准投向困难地区和薄弱环节，继续实施义务教育全面改薄工程，改善农牧区办学条件，加强基层学校师资力量建设。结合东西部协作和对口援青机制，加强与发达省区高校的教育合作，大力引进优质教育资源。其次，全面深化公立医院综合改革，健全完善现代医院管理制度，加强全科医生队伍建设，统筹推进医疗卫生服务体系标准化建设。做好重大传染病和地方病防控，完善应急救援体系，增强公共卫生应急处置能力。多渠道增加全民健身场所和设施，实现县、乡、村、社区健身设施全覆盖，切实增强公共卫生综合服务能力。再次，大力推进全民参保计划，进一步完善城乡居民基本养老保险制度，稳步提高待遇水平；加强医疗保障体系建设，完善医疗保险关系转移、异地结算等制度；提高工伤保险统筹层次，健全失业保险制度。最后，针对老龄化加快的趋势，丰富养老服务业态和服务模式，加快老龄事业和产业发展，推进医养结合的养老服务体系建设。加大乡镇和社区养老服务设施建设力度，推进农牧区幸福院等互助型养老服务发展，努力扩大基本养老服务供给。

（三）完善稳定脱贫和防范返贫长效机制，切实提升小康建设总体水平

通过实施开发式和保障性相统筹的扶贫模式，建立以社会保险、社会救助、社会福利制度为主体，以慈善帮扶、社工助力为辅助的常态化的综合保障体系。将因病、因残致贫尚未脱困家庭纳入农村低保和特困供养保障范围，做到“应保尽保、按标施保”。将“三无”孤寡老人和空巢老全部纳入特困供养范围，综合运用民民政低保、商业保险、资产收益等手段，发挥好“托底”作用。对重度残疾人，探索建立“集中托养 + 日间照料 + 邻里帮助”等帮扶机制。对留守儿童、留守老人、精神障碍患者等特殊人群，建立政府与社会共同关爱机制，政府提供公益岗位，推广邻里互助。对深度贫困地区无法依靠产业扶贫和就业帮助脱贫的深度贫困人口，实行兜底保障。在脱贫攻坚期内，对脱贫户继续跟进落实资产收益、就业培训、教育扶贫、生态脱贫、健康扶贫、金融扶贫、结对帮扶等惠民政策，加快脱贫绩效对扶

贫政策依赖程度以及对现行政策脱贫绩效的主要支撑点与可持续性的评估，对青南牧区和东部干旱山区返贫高风险地区与人群，提前安排好应对之策，制定巩固脱贫成果措施。重视防范因病因灾因意外事故致贫返贫风险，从源头上防止出现新的贫困和已脱贫人口返贫。继续加大深度贫困地区行政村安排村集体经济发展引导资金，集中扶持辐射面广带动作用强的集体经济合作社，加快培育深度贫困地区新型经营主体和扶贫龙头企业。破除城市人才下乡的制度障碍，完善人才流向乡村保障政策，鼓励各类人员返乡下乡投身创业。

（四）培育区域竞争新优势，增强区域发展的协同性和联动性

根据全省生产力布局和主体功能区定位，以融入“一带一路”和“长江经济带”为契机，依照城乡规划、产业基础、交通条件、地域功能，合理规划空间轴线和结构网络，逐步改变传统管理体制下的行政区划影响，按照乡村空间相对集聚、公共服务资源优化配置、生态承载适度的原则，强化中小城镇集聚效应，促进空心村镇整治与中心村镇迁移，构建多级聚合网络体系，形成“要素交流、多极辐射”的发展态势。进一步完善农牧区交通、电力、通信及安全饮水等基础设施，加快消除制约农牧区的发展瓶颈，加快推进重大惠民工程建设进度。优化农村路网结构，改善路桥安全条件，扎实推进“建设、管理、养护、运营”协调发展的农村公路交通体系建设。创新城乡协同发展的体制机制，逐步改变影响城乡要素平等交换和公共资源均等化配置的户籍、土地、社保、社会管理等制度，注重城乡一、二、三产业融合发展，促进城乡资源全面整合和高效利用，提高可持续发展能力。

（五）推进基层社会治理创新，确保社会治理成果惠及民生

党的十九大提出了关于打造共建共治共享的社会治理格局的新要求，将基层社会治理与法治政府建设、脱贫攻坚、民族团结进步创建、乡村振兴战略实施等紧密结合，全面加强和创新社会治理，确保社会治理成果惠及民生。宏观上要着力做好反对暴力恐怖和维护政治安全、金融安全、网络安

全、公共安全等重要领域风险预警、预控工作；微观上要防范农业农村重大风险，防范化解政府隐性债务风险，防范粮食安全风险，农产品质量安全风险，区域品种同质产能过剩风险以及防范农民工“失业”、乡村生态环境等风险。严格落实社会治安综合治理、安全生产责任、公路交通安全等管理制度，严防重特大安全事故的发生，提升各族群众安全感。健全村级组织运转经费和基本服务经费保障机制，进一步完善村党组织领导下的村务监督机制，强化对村务决策、村务公开、村级“三资”管理、工程项目建设、惠农政策措施落实等方面的监督。

（六）树立生态保护优先理念，筑牢国家生态安全屏障

对青海而言，保护生态环境就是保护生产力，建设生态环境就是发展生产力。保护生态环境、打赢污染防治攻坚战，既是青海补齐自身短板弱项的现实需要，也是筑牢国家生态安全屏障的迫切需要。通过加强东部城市群主要大气污染联防联控，深入开展城市扬尘综合整治，大力推进城区燃煤锅炉“清零”工程，将目标控制与政策引导、技术节能与管理节能、调整结构与提高水平结合起来，严格落实新环保十三条，实施好大气、水、土壤污染防治行动计划，强化移动源污染防治及重点行业工业企业污染源达标排放管理。结合“管廊城市”建设试点，实施城镇污水提质增效行动，大幅度减少污染严重水体，加强城镇污水、生活垃圾处理设施建设，推进农牧区生活污水治理。加大矿山地质环境治理和生态修复力度，加强固废分类收运、处置和循环利用，开展好“万家企业节能低碳行动”和“节能减排科技行动”。强化土壤污染管控和修复，加快实施矿山环境治理修复。加强东部干旱山区生态屏障建设，推进柴达木盆地生态环境保护和综合治理，争取将河湟谷地、柴达木盆地、泛共和盆地纳入国家山水林田湖草保护修复支持范围，实现重点区域重大生态工程全覆盖。建立自然保护地资金保障机制，完善生态管护机制，适度增加管护岗位，注重吸纳具有一定劳动能力的老弱病残群体，落实好新一轮草原生态保护补助奖励等政策，使更多群众在生态保护中获利受益。

（七）做好产业就业扶贫，有效拓展贫困群众增收渠道

通过对口帮扶、劳务输出、龙头企业带动、公益岗位、创业带动等途径增加就业。注重培育扶持带贫益贫的新型经营主体，进一步加大扶贫龙头企业培育支持力度，制定扶持龙头企业发展的实施意见和优惠政策。加快建立一支服务精准、贫困户全覆盖的产业指导员队伍，加大致富带头人培育力度，支持复转军人、返乡创业青年、乡土能人带动贫困群众增收致富。在充分做好项目选择的风险评估和市场论证工作的基础上，持续推进牦牛、青稞、村级光伏、乡村旅游和民族手工艺五大特色扶贫产业发展，在做好产业示范园、牦牛养殖基地和青稞种子繁育基地、企业扶持、冷链物流、品牌创建等项目实施的同时，立足丰富民族传统文化和传承手工技艺，以扶贫车间和到户产业为主体，大力发展唐卡、铜艺、刺绣、藏毯、服饰等特色民族手工业，通过做大做强特色扶贫产业，带动贫困群众持续稳定增收。推进农牧区土地草场市场化改革，增加农牧民的资产性收益，增加农牧民集体资产股份分红收益和土地流转收益。充分发挥保险业的风险化解功能，尽可能将主要扶贫产业纳入政策性保险范围，采取企业引领、能人带动、合作经营等形式，建立健全多主体、多渠道的贫困群众产业风险分担机制。聚力打好富民增收“组合拳”，扎实推进居民收入倍增计划，鼓励支持州内企业优先招用本地劳动力，做好高校毕业生、农民工、退役军人等重点群体就业创业，拓展城乡居民财产性收入和经营性收入，逐步缩小城乡居民收入差距。

专题报告

Special Reports

B.8
民族地区旅游扶贫的推进及成效

孙永龙*

摘　要： 本报告就近年来民族地区旅游扶贫的主要推进措施进行了梳理，对旅游扶贫成效、存在的问题进行了分析，并提出了相关政策建议。近年来，民族地区积极利用资源、政策、市场等优势，不断加大对乡村旅游的支持力度，推动乡村旅游与精准扶贫融合发展，重点强化规划引领扶贫工作，加强贫困地区基础设施建设，实施乡村旅游扶贫示范项目，加强贫困地区营销宣传，加强乡村旅游扶贫人才培训，推进东西部旅游扶贫协作，引导旅游企业助力脱贫攻坚。如今，旅游业作为民族地区脱贫致富的有力抓手和重要支撑，取得了一定的扶贫成效，乡村旅游逐渐成为贫困地区支柱产业，农牧民持续增收效应明显，乡

* 孙永龙，西北民族大学管理学院副院长、副教授。

村人居环境持续改善，乡村社会文明程度不断提高。但由于受地理位置、历史文化、经济基础、发展投入等因素的影响，民族地区旅游扶贫仍存在一些问题，县域科学系统规划缺乏，旅游产业发展基础薄弱，产业融合发展程度不高，乡村内生发展动力不足，乡村旅游扶贫功能单一。为提升旅游扶贫质量，更好助力脱贫攻坚及乡村振兴，各地区须进一步整合资源，创新旅游扶贫开发机制，统筹推进旅游扶贫工作，加强旅游扶志扶智力度，注重保护贫困人口权益，调动各方力量参与扶贫，做到“民生改善、民族团结、优秀文化传承、生态环境建设”等工作同步推进，最终实现贫困地区“生产、生活、生态”三元融合发展。

关键词： 民族地区　乡村旅游　脱贫攻坚

旅游业因其综合带动效应强，逐渐成为全国各地贫困地区脱贫致富的有力抓手和重要支撑，旅游扶贫已纳入国家扶贫开发工作大格局。近年来，国务院扶贫办、文化和旅游部（国家旅游局）等部门以开展乡村旅游为主要举措，有序推进旅游发展与扶贫开发有机融合，不断加大政策支持力度，扶贫成效日益凸显，潜力巨大。

2015 年、2016 年，国家旅游局联合国务院扶贫办共同组织召开了两届全国乡村旅游提升与旅游扶贫推进会议，对旅游扶贫及乡村旅游重点工作进行安排部署。2016 年，由国家旅游局牵头，12 部门共同制定了《乡村旅游扶贫工程行动方案》，方案提出，“十三五”期间，力争通过发展乡村旅游带动全国 25 个省（区、市）2.26 万个建档立卡贫困村 230 万贫困户 747 万贫困人口实现脱贫致富[①]。2018 年 1 月，国家旅游局、国务院扶贫办印发了

① 国家旅游局：《乡村旅游扶贫工程行动方案》，中央政府门户网站，2016 年 8 月 18 日，http：//www.gov.cn/xinwen/2016－08/18/content_5100433.htm。

《关于支持深度贫困地区旅游扶贫行动方案》，聚焦深度贫困地区，切实加大旅游扶贫支持力度。该方案提出，到 2020 年，乡村旅游在带动和促进“三区三州”等深度贫困地区如期脱贫中发挥有效作用①。2018 年 3 月，国家旅游局下发了《关于进一步做好当前旅游扶贫工作的通知》，提出进一步明确指导思想，落实工作责任，推进重点工作，完善受益机制，动员社会力量，抓好监督落实，提高旅游脱贫质量和成效，全面推进贫困地区旅游产业发展，有效带动贫困人口脱贫增收，坚决打好新时代精准脱贫攻坚战②。

民族地区具有工业污染少、生态环境良好、自然景观丰富的优势，且不同民族之间生产、生活、生态文化差异较大，为旅游业发展提供了较好的物质文化基础。近年来，民族地区各省区抢抓旅游业快速发展的黄金期，大力推动乡村旅游与精准扶贫融合发展，出台各项支持政策，促进资源、区位、市场基础较好的贫困地区发展乡村旅游，进而带动整个地区经济社会发展，助力脱贫攻坚。

本报告主要梳理近年来民族地区旅游扶贫工作的主要推进措施，分析其成效及存在的问题，并提出相关政策建议，为进一步提升旅游扶贫质量、助力全面建成小康社会、优化旅游扶贫体制机制提供决策参考。

一　旅游扶贫的主要推进措施

（一）强化规划引领扶贫工作

为使旅游扶贫工作有序推进，做好地区综合平衡、战略指引与保护控制，民族地区各省区相继出台了旅游业发展总体规划、乡村旅游发展规划、旅游扶贫专项规划或各类实施方案，不断摸索适合各地扶贫特色和旅游业发

---

① 国家旅游局：《关于支持深度贫困地区旅游扶贫行动方案》，中央政府门户网站，2018 年 1 月 19 日，http：//www. gov. cn/xinwen/2018 -01/19/content_ 5258471. htm。

② 国家旅游局：《关于进一步做好当前旅游扶贫工作的通知》，国务院扶贫开发领导小组办公室网站，2018 年 3 月 4 日，http：//www. cpad. gov. cn/art/2018/3/4/art_ 46_ 79572. html。

展特点的旅游扶贫路径和模式。

青海在“十二五”初期就制定了《加快乡村旅游发展指导意见》《青海省乡村旅游发展规划》，推动乡村旅游资源优势向产业经济优势转变①。

2015 年，宁夏编制了《宁夏六盘山旅游扶贫发展规划（2015—2020 年)》，利用贫困地区丰富的自然、人文旅游资源，大力发展乡村旅游，把资源优势转化为经济优势②。

2016 年，青海出台了《关于加快发展休闲农业与乡村旅游的意见》《青海省乡村旅游扶贫实施意见（2016—2020)》，对乡村旅游、休闲农业和旅游扶贫工作做了安排，内容涵盖项目、资金、金融、土地等各项支持政策③。广西印发了《关于脱贫攻坚旅游业发展实施方案》，要求按照与全国同步全面建成小康社会的总体要求，全面推进贫困地区旅游精准扶贫工作，促进贫困农户增收脱贫④。西藏旅游系统聚焦精准施策，组织编制了《西藏自治区“十三五”时期旅游精准脱贫规划》《西藏自治区 2016—2020 年旅游产业精准脱贫实施方案》，深入实施乡村旅游脱贫工程，找准乡村旅游与精准扶贫、脱贫攻坚结合点⑤。云南编制了《云南省旅游扶贫专项规划（2016—2020 年)》⑥、《怒江州脱贫攻坚旅游建设发展规划（2016—2025 年)》⑦，整合旅游扶贫开发资源，促进乡村旅游发展，带动贫困地区和群众

---

① 李娜：《青海乡村旅游潜力无限》，《青海日报》2012 年 11 月 22 日，http：//www. qh. gov. cn/dmqh/system/2012/11/22/010015302. shtml。

② 杨丽：《宁夏乡村旅游精准扶贫助推全面小康》，宁夏新闻网，2017 年 7 月 3 日，https：//www. nxnews. net/yc/ztyx/201707/t20170703_ 4300101. html。

③ 马新：《青海省大力推进乡村旅游提档升级》，中央政府门户网站，2016 年 4 月 28 日，http：//www. gov. cn/xinwen/2016 -04/28/content_ 5068686. htm。

④ 中国网：《广西打响“脱贫攻坚战”旅游扶贫列入绩效考评》，人民日报海外网，2016 年 1 月 21 日，http：//m. haiwainet. cn/middle/3541841/2016/0121/content_ 29571787_ 1. html。

⑤ 西藏自治区旅游厅：《乡村旅游和旅游扶贫工作》，西藏旅游政务网，2016 年 10 月 13 日，http：//www. xzta. gov. cn/xygl/bzhjs/system/2016/10/13/000001877. html。

⑥ 云南省旅游发展委员会：《云南省旅游扶贫专项规划》，2016 年 8 月 4 日，http：//www. ynta. gov. cn/Item/27497. aspx。

⑦ 云南省旅游发展委员会：《怒江州脱贫攻坚旅游建设发展规划（2016—2025 年）解读》，2016 年 12 月 20 日，云南省文化和旅游厅网站，http：//www. ynta. gov. cn/Item/29722. aspx。

脱贫致富。

2017 年，内蒙古制定了《内蒙古自治区乡村（牧区）旅游扶贫行动方案》，提出了旅游规划、旅游环境整治、周末内蒙古、旅游后备厢工程、乡村旅游扶贫创新、旅游扶贫结对帮扶、旅游扶贫品牌建设、金融旅游扶贫、旅游标准化建设和旅游人才培养等十大工程①。新疆印发了《新疆维吾尔自治区南疆四地州深度贫困地区旅游扶贫实施方案》、深入推进南疆地区旅游扶贫工作②。贵州出台了《发展旅游业助推脱贫攻坚三年行动方案（2017—2019 年）》，把旅游扶贫作为产业扶贫的重要抓手，把乡村旅游作为精准扶贫的重要途径③。云南出台了《云南省政府办公厅关于加快乡村旅游扶贫开发的意见》④、《云南省旅游扶贫工作方案》，促进旅游强省建设和全省脱贫攻坚⑤。

2018 年，内蒙古制定了《内蒙古自治区旅游扶贫三年行动计划（2018—2020 年）》，计划 3 年内推出 200 个旅游扶贫示范项目，以示范项目创建为抓手，推进旅游扶贫工作⑥。

（二）加强贫困地区基础设施建设

基础设施和公共服务设施是旅游业发展的物质基础，直接影响地区旅游可进入性和接待能力。为进一步推进旅游业发展，促进民族交往交流交融和

---

① 刘泽、张雪冬：《内蒙古扎实推进旅游扶贫》，人民网内蒙古频道，2018 年 7 月 18 日，http：//nm. people. com. cn/n2/2018/0718/c196667 - 31829169. html。

② 王思超：《新疆四地州：深度推进旅游发展再上新台阶》，搜狐网，2018 年 3 月 30 日，http：//www. ctnews. com. cn/art/2018/3/30/art_ 322_ 17500. html。

③ 贵州省人民政府：《省人民政府办公厅关于印发贵州省发展旅游业助推脱贫攻坚三年行动方案（2017—2019 年）的通知》，六盘水市人民政府网站，2017 年 9 月 15 日，http：//www. gzlps. gov. cn/zw/jcxxgk/zcwj/szfwj/201709/t20170915_ 1492162. html。

④ 云南省人民政府：《关于加快乡村旅游扶贫开发的意见（云政办发〔2016〕151 号）》，云南省文化和旅游厅网站，2017 年 3 月 21 日，http：//www. ynta. gov. cn/Item/34011. aspx。

⑤ 云南省旅游产业发展领导小组：《云南省旅游扶贫工作方案》，云南省文化和旅游厅，2017 年 10 月 16 日，http：//www. ynta. gov. cn/Item/34571. aspx。

⑥ 刘泽、张雪冬：《内蒙古扎实推进旅游扶贫》，人民网内蒙古频道，2018 年 7 月 18 日，http：//nm. people. com. cn/n2/2018/0718/c196667 - 31829169. html。

脱贫致富，国家发改委、财政部、交通运输部、文化和旅游部、中国铁路总公司联合印发了《“三区三州”等深度贫困地区旅游基础设施改造升级行动计划（2018—2020年）》，在资金和项目上对“三区三州”进行倾斜。近年来，民族地区各级政府也不断加大投资力度，持续改善道路、停车场、供水供电、垃圾污水处理、消防、游客服务中心等设施水平，集中力量建设一批旅游扶贫示范项目。

宁夏实施旅游基础设施“六小工程”（每个村建一个停车场、一个旅游厕所、一个垃圾集中收集站、一个医疗急救站、一个农副土特产品商店和一批旅游标示标牌）、“三改一整”（改厨、改厕、改房、修整院落）和乡村旅游“后备厢”工程，完善乡村旅游配套设施①。广西持续建设旅游景区、乡镇交通基础设施和公共服务设施，目前，全区91%的县通高速公路，所有乡镇和3A级旅游景区都有公共交通和旅游包车通达，近3年共在贫困地区修建厕所1695座，并积极推进停车场、标识标牌、游客服务中心，休憩区等设施建设②。四川凉山州为了更好地推动乡村旅游发展，在扶贫重点村实施“1+4”工程（即乡村旅游管理机构+旅游咨询中心、旅游厕所、停车场、旅游标示标牌），并结合新农村扶持政策，对贫困村进行统一规划建设，贫困村道路交通、休憩娱乐、卫生安全等设施日益完善③。西藏旅游系统2018年协调落实“三区三州”深度贫困地区文化旅游提升工程增补项目162个，建成107座旅游厕所，绝大部分具备旅游发展条件的行政村实现了通油路、通电、通水、通宽带、通无线网络、有环卫设施、有公共服务设施④。

---

① 惠游宁夏：《7大工程25项重点工作助力宁夏迈向优质旅游发展新时代》，搜狐网，2018年1月17日，http://www.sohu.com/a/217273829_241949。

② 庞冠华、陈露露：《广西旅游业：扛起产业责任 决胜脱贫攻坚》，人民网广西频道，2019年4月19日，http://gx.people.com.cn/n2/2019/0419/c179430-32859696.html。

③ 凉山日报：《“旅游+扶贫”模式渐入佳境 凉山乡村旅游业方兴未艾》，腾讯网，2019年2月20日，https://new.qq.com/omn/20190220/20190220A0RJ13.html。

④ 李梅英：《打造乡村旅游升级版——西藏自治区发展乡村旅游助力脱贫攻坚综述》，中国西藏网，2019年5月14日，http://www.tibet.cn/cn/travel/201905/t20190514_6580037.html。

（三）实施乡村旅游扶贫示范项目

贫困地区产业结构单一，经济基础薄弱，旅游开发经验不足，在开展旅游扶贫工作的过程中存在盲目性，需要整合地区各类资源，发挥领头雁的示范带动作用，不断创新旅游扶贫开发模式，推动产业融合，提升乡村旅游发展整体水平。2016 年 8 月，为深入推进实施乡村旅游扶贫工程，进一步激发旅游景区和各方面力量投入旅游扶贫工作，国家旅游局公布了 280 个全国旅游扶贫示范项目，其中民族八省区 94 个（含新疆生产建设兵团），占全国总数 33.57%[①]，积极探索景区带村、能人带户、“企业（合作社）+农户”等旅游扶贫模式。同月，为发挥乡村旅游创客示范基地的示范引领作用，国家旅游局公布了第二批“中国乡村旅游创客示范基地”名单，其中民族八省区 8 个，占全国总数 20%[②]。民族地区各省区也推出了旅游扶贫示范项目，整合区内旅游、扶贫、金融等领域资源，在条件相对成熟的贫困村，开展旅游接待服务，带动农牧民增收和脱贫。

贵州实施了乡村旅游商品扶贫工程和“百区千村万户”乡村旅游扶贫工程，打造全民参与的乡村旅游扶贫产业链，带动贫困人口参与旅游开发增加收入[③]。新疆 2017 年推进旅游“惠民生”项目 63 个、乡村旅游扶贫示范县 10 个（其中南疆四地州占 9 个）[④]。内蒙古 2018 年公布了 70 个旅游扶贫示范项目[⑤]，主要包括“能人+贫困户”“企业+贫困户”“整村推进”3 类

---

① 董铭胜：《国家旅游局公布 280 个全国旅游扶贫示范项目》，国务院扶贫开发领导小组办公室，2016 年 8 月 19 日，http://www.cpad.gov.cn/art/2016/8/19/art_50_52641.html。

② 郭香玉：《第二批“中国乡村旅游创客示范基地”名单公布》，新华网，2016 年 8 月 19 日，http://www.xinhuanet.com/travel/2016-08/19/c_129241911.htm。

③ 东方网：《贵州：三大抓手开拓乡村旅游扶贫新深度》，中国日报中文网，2018 年 7 月 10 日，http://caijing.chinadaily.com.cn/chanye/2018-07/10/content_36548250.htm。

④ 朱凯莉：《新疆“旅游+扶贫”：“加”出光明好前景》，人民网新疆频道，2018 年 3 月 3 日，http://xj.people.com.cn/n2/2018/0303/c186332-31305408.html。

⑤ 内蒙古自治区文化和旅游厅：《内蒙古自治区旅游扶贫示范项目公示名单》，呼和浩特市文化旅游广电局网站，2018 年 12 月 20 日，http://lfw.huhhot.gov.cn/xxgk/lyzx/tzgg/201812/t20181220_59265.html。

项目。云南实施了“123518”精准旅游扶贫工程（1个全域旅游扶贫示范州、20个旅游扶贫示范县、30个旅游扶贫示范乡镇、500个特色旅游扶贫村、1万户旅游扶贫示范户建设、80万以上贫困人口），合力推进旅游扶贫开发工作①。青海大力发展生态旅游带动贫困群众脱贫致富，重点建设1个生态旅游扶贫州、15个生态旅游扶贫示范县、30个生态旅游扶贫示范乡镇、500个生态旅游扶贫村，培育10000户生态旅游扶贫示范户②。四川凉山州开展旅游扶贫示范创建工程，2018年创建越西县省级旅游扶贫示范区，推动建设10个省级旅游扶贫示范村③。

（四）加强贫困地区旅游宣传营销

酒香也怕巷子深，贫困地区乡村旅游目的地布局分散，且大多处于偏远地区，其旅游资源特色及商品不为旅游者所熟悉，需要通过营销宣传和市场引导等手段，吸引旅游者向贫困地区定向流动。2018年，国家旅游局启动了“三区三州”公益宣传推广活动，新华社、光明日报、国际广播电台、人民网等国内30家中央媒体筹组了“深度贫困地区旅游公益推广联盟”，并与各地旅游部门开展合作，宣传推广旅游资源和特色产品，助力贫困地区旅游扶贫工作④。2019年，文化和旅游部、国务院扶贫办在甘肃永靖县共同举办了“三区三州”旅游大环线推介活动，打造一批精品旅游线路，带动沿线贫困地区乡村旅游发展⑤。民族地区各省区也纷纷利用媒介平台进行线上线下宣传，举办系列主题活动展销旅游产品，并培育乡村旅游精品线路，

---

① 詹晶晶、孙汝浩：《云南：旅游扶贫 35万余人脱贫》，新华网，2017年11月17日，http://cx.xinhuanet.com/2017-11/17/c_136759696.htm。

② 林溪：《青海：培育发展生态旅游扶贫示范户》，新华网，2017年12月21日，http://cx.xinhuanet.com/2017-12/21/c_136842108.htm。

③ 袁蕾：《旅游扶贫的凉山行动》，凉山新闻网，2018年2月6日，http://www.ls666.com/2018/0206/8089.html。

④ 沈仲亮、李志刚：《公益宣传助力深度贫困地区打响旅游品牌》，新浪网，2018年1月18日，http://news.sina.com.cn/o/2018-01-18/doc-ifyqtycw9395764.shtml。

⑤ 吕宝林：《三区三州”旅游大环线推介活动在永靖举行》，甘肃旅游网，2019年1月6日，http://www.tourgansu.com/news/newsDetail/402836c066bf736e016825d8f2350700。

积极对接融入旅游大环线。

宁夏重视推动“互联网+旅游扶贫”模式，积极发展智慧乡村游、电子商务游，依托旅游智慧网、手机APP、微博、微信进行在线宣传和销售①。新疆利用各种媒体推广宣传，并将南疆四地州深度贫困地区精品线路、旅游商品、特色农产品纳入“三区三州”深度贫困地区旅游大环线推介活动，提升南疆地区旅游品牌形象②。内蒙古认真挖掘贫困地区特色文化、特色农畜产品和特色食品，大力开发特色旅游商品，并为贫困地区免费进行创意设计、宣传和营销，3年内帮助贫困地区完成了不少于50种旅游商品创意设计③。四川凉山州重视节庆营销，每年举办农事节庆、山水美景、民族（民俗）节庆等系列活动80余个，并开展旅游扶贫系列推广活动④。2018年，甘肃临夏州举办了以“交响丝路·如意甘肃·花儿临夏”为主题的河州牡丹文化月和旅游宣传月活动，举办文化论坛、专场音乐会、商品展、美食展等主题活动，并邀请省内外旅游企业和新闻媒体踩线观摩，全方位宣传推介旅游线路和乡村旅游项目⑤。

（五）加强乡村旅游扶贫人才培训

要推动乡村旅游的发展，实现脱贫致富，离不开人才的支撑，人才是推进旅游扶贫工作的关键，旅游扶贫成效在很大程度上取决于扶贫干部及致富带头人的知识和能力。长期以来，国家旅游局高度重视旅游扶贫培训工作，

① 尤紫璇：《宁夏：加快旅游业发展　以旅游带动精准扶贫》，光明网旅游频道，2017年7月31日，http://travel.gmw.cn/2017-07/31/content_25322021.htm。

② 新疆维吾尔自治区文化和旅游厅：《关于新疆旅游助力脱贫攻坚的情况报告》，新疆维吾尔自治区人民政府网站，2019年9月11日，http://www.xinjiang.gov.cn/2019/09/11/158006.html。

③ 内蒙古旅游发展委员会：《内蒙古旅发委抓实旅游扶贫　推进乡村振兴》，腾讯网，2018年7月13日，https://new.qq.com/omn/20180713/20180713A1IP7N.html。

④ 吕芳：《凉山州大力发展乡村旅游积极推进旅游扶贫》，四川在线，2018年7月16日，https://liangshan.scol.com.cn/rdxw/201807/56361711.html。

⑤ 马富春、卢梦梦：《2018河州牡丹文化月盛大开幕》，中青在线，2018年4月29日，http://news.cyol.com/yuanchuang/2018-04/29/content_17146747.htm。

自2014年以来，每年培训1000名旅游扶贫重点村村干部，近期又连续举办多期“三区三州”深度贫困地区旅游扶贫专题培训班，初步构建了旅游扶贫大培训格局和体系①。民族地区各省区也重视人才培训工作，不断加强旅游人才队伍建设，支持乡村旅游发展，加大智力扶贫力度。

近3年，宁夏组织部分村干部、乡村旅游从业人员先后赴江西、安徽、贵州等地区研修学习，并参加国家旅游局组织的乡村旅游村干部培训班、自治区党校举办的全区乡村旅游从业人员培训班②。新疆举办了“百名少数民族青年旅游培训就业行动”“旅游兴疆大讲堂”专题培训班，启动了“万人培训计划”，计划到2020年对所有旅游扶贫村旅游从业人员轮训一遍③。广西积极推进乡村人才培训计划，加大智力扶贫力度，2016～2018年共开办36期培训班，培训3000多人次乡村旅游从业人员④。甘肃临夏州重视乡村旅游人才培训，先后举办“两州一县乡村旅游骨干培训班”“全州旅游扶贫暨乡村旅游发展培训班”“临夏州助推百亿元产业万名人才旅游从业人员示范培训班”“乡村旅游从业人员培训班”等各类培训班33期，培训人数达3200余人⑤。四川凉山州、云南怒江州也举办多期旅游扶贫专题培训班，对旅游扶贫重点村干部、旅游带头人、农家乐经营业主和基层旅游管理人员进行培训⑥。

---

① 国家旅游局：《国家旅游局旅游扶贫专题培训班在枣庄开班》，新华网，2017年12月12日，http://www.xinhuanet.com/travel/2017-12/12/c_1122099137.htm。

② 尤紫璇：《宁夏：加快旅游业发展　以旅游带动精准扶贫》，光明网旅游频道，2017年7月31日，http://travel.gmw.cn/2017-07/31/content_25322021.htm。

③ 朱凯莉：《新疆“旅游+扶贫”：“加”出光明好前景》，人民网新疆频道，2018年3月3日，http://xj.people.com.cn/n2/2018/0303/c186332-31305408.html。

④ 吴丽萍：《广西旅游业：扛起产业责任　决胜脱贫攻坚》，人民网广西频道，2019年4月19日，http://gx.people.com.cn/n2/2019/0419/c179430-32859696.html。

⑤ 王伟如：《临夏州乡村旅游格局基本形成》，每日甘肃网，2019年7月25日，http://lx.gansudaily.com.cn/system/2019/07/25/017232919.shtml。

⑥ 凉山州人民政府：《凉山州举办乡村旅游培训助推精准扶贫》，四川省人民政府网站，2016年11月18日，http://www.sc.gov.cn/10462/10464/10465/10595/2016/11/18/10404414.shtml。

（六）推进东西部旅游扶贫协作

推进东西部扶贫协作和对口支援，是整合地区资源、提升产业发展水平、实现合作共赢、拓展扶贫空间的重要途径，也是发挥社会主义制度优势、实现先富帮后富、最终实现共同富裕的大举措。2016 年，中共中央办公厅、国务院办公厅印发了《关于进一步加强东西部扶贫协作工作的指导意见》，要求提高东西部扶贫协作和对口支援工作水平，推动西部贫困地区与全国一道迈入全面小康社会。国家旅游局于 2018 年启动了“三区三州”深度贫困地区旅游规划扶贫公益行动，组织东部地区旅游规划设计团队为 240 个旅游扶贫重点村提供公益性旅游开发咨询、规划编制等服务①。近年来，民族地区各级政府积极利用东部发达省份人才、资金、技术、信息、市场等方面的优势，加强东西部旅游扶贫协作，通过在规划咨询、人才培训、宣传推广、金融投资、产品销售等领域的合作和帮扶，带动贫困地区旅游业发展。

内蒙古借助北京旅游产业优势，积极推进京蒙旅游协作，建立旅游扶贫合作交流机制，促进双方旅游企业合作，协调落实旅游扶贫项目资金，充分利用北京市场优势，组织旅游专列，并开展贫困地区旅游形象宣传及品牌推广活动②。新疆等地与天津开展旅游扶贫协作，在天津市设立首家东西部扶贫协作和对口支援旅游体验店，拓展贫困地区旅游客源市场，并推广农特产品③。云南怒江州与广东珠海市开展文化旅游开发协作，制定了《珠海市对口怒江扶贫协作旅游文化体育产业发展工作方案》，先后实施“签订旅游产业战略合作协议、协作开拓旅游市场、旅游互动宣传营销、加强旅游交流互

① 尤紫璇：《“三区三州”活动为旅游扶贫绘就美好蓝图》，新浪网，2018 年 1 月 18 日，http：//k. sina. com. cn/article_ 3164957712_ bca56c10034005ul0. html。

② 内蒙古旅游发展委员会：《内蒙古旅发委抓实旅游扶贫　推进乡村振兴》，腾讯网，2018 年 7 月 13 日，https：//new. qq. com/omn/20180713/20180713A1IP7N. html。

③ 天津市人民政府：《天津市首家东西部扶贫协作和对口支援旅游体验店启动运营》，人民网天津频道，2019 年 2 月 22 日，http：//tj. people. com. cn/n2/2019/0222/c375366 - 32672473. html。

访、精准智力支撑帮扶、旅游产品开发帮扶、扶持企业发展帮扶、乡村旅游扶贫帮扶、旅游人才培训帮扶、帮怒江开展订单式培养输送旅游人才”10项具体措施，全面提升怒江文化旅游发展水平①。四川凉山州与广东佛山市签署了《佛山市旅游局对口扶持合作凉山州旅游发展框架协议》，双方协作打造精品旅游线路、拓展客源市场，推出“爱不停步·五彩凉山之旅”大型旅游推介活动，并在人才交流、项目开发等方面开展合作，助力凉山州旅游开发与精准脱贫②。甘肃临夏州与福建厦门市签订了《文化和旅游东西协作合作协议》，达成 8 项合作内容，组织开展“万名厦门市民游临夏”活动③。

（七）引导旅游企业助力脱贫攻坚

社会力量拥有资金、市场、人才、技术等多种优势，对打赢脱贫攻坚战至关重要。为充分调动社会力量参与旅游扶贫工作，扩大旅游扶贫效应，国家旅游局 2016 年发布了《关于实施旅游万企万村帮扶专项行动的通知》（旅办发〔2016〕272 号），组织动员全国规模较大的旅游企业对 2.26 万家乡村旅游扶贫重点村进行帮扶脱贫，采取安置就业、项目开发、输送客源、定点采购、指导培训等多种方式助力脱贫攻坚。民族地区各级政府积极与旅游企业进行对接，借助企业运营平台和管理优势发展乡村旅游，带动贫困人口实现增收脱贫。

万达集团捐资 13 亿元在贵州丹寨建设旅游小镇，2017 年开业后创造直接就业岗位 1870 个，通过“商铺 + 合作社 + 贫困户”的模式间接带动 2.4 万人就业，帮助 1.6 万贫困人口实现增收脱贫，万达集团也因此获得“2018

---

① 王轲：《珠海借力旅游文化交流　提速怒江对口扶贫协作》，南方网珠海新闻，2017 年 5 月 19 日，http：//zh.southcn.com/content/2017－05/19/content_ 171058169_ 3.htm。

② 佛山市旅游局：《佛山对口凉山旅游协作不停步!》，搜狐网，2017 年 8 月 3 日，http：//www.sohu.com/a/162002943_ 355842。

③ 陈博、詹托荣：《深化对口帮扶　甘肃临夏与福建厦门签订〈文化和旅游合作协议〉》，手机人民网，2019 年 4 月 21 日，http：//m.people.cn/n4/2019/0421/c1142－12609396.html。

社会责任精准扶贫奖”[①]。新疆启动了“百企帮百村”行动，动员引领旅游企业参与乡村旅游扶贫重点村投资开发，其中新疆二道桥文化旅游集团股份有限公司先后在阿勒泰福海县、和田洛浦县投入360万元用于基础设施建设和旅游项目开发，实现和田洛浦县富余劳动力转移就业139人，免费为贫困人口进行语言和技能培训，帮助其实现就业[②]。西藏先后出台了《西藏自治区旅游企业“百企帮百村”帮扶专项行动方案》《全区深度贫困县旅游企业帮扶专项行动实施方案（2018—2020）》，共动员272家区内外企业和协会结对帮扶贫困村，各旅游企业因地制宜，通过项目开发、景区带村、安置就业、输送客源、定点采购、捐赠帮扶、宣传营销等帮扶方式，帮助贫困人口增收致富[③]。

二　旅游扶贫的主要成效

（一）乡村旅游成为贫困地区支柱产业

依托特色自然生态环境和浓郁的民族风情，民族地区大力发展休闲农业和乡村旅游，开展农家乐、牧家乐、田园观光、民俗体验、休闲养生、文化创意等项目，使乡村旅游成为繁荣农村、富裕农民的新兴支柱产业。近年来，民族地区乡村旅游发展迅猛，各省区乡村旅游接待人数、乡村旅游收入年均增长速度大多保持在20%以上，发展潜力巨大。其中，广西、贵州、云南三省区乡村旅游发展相对成熟，乡村旅游收入占旅游总收入比例达20%以上，高于全国平均水平（见表1）。2016年，国家旅游局等部门公布

① 薛枫：《万达打造贵州丹寨旅游扶贫模式获“2018社会责任精准扶贫奖”》，新华网，2018年12月28日，http：//www. xinhuanet. com/travel/2018 - 12/28/c_ 1123914713. htm。

② 耿丹丹：《新疆“百企帮百村”助推旅游精准扶贫》，中国新闻网，2018年2月27日，http：//www. xj. chinanews. com/ziyuan/2018 - 02 - 07/detail - ifyrkmsm8549283. shtml。

③ 西藏自治区旅游发展委员会：《自治区旅发委组织全区旅游企业开展全区深度贫困县旅游企业帮扶专项行动》，西藏旅游政务网，2018年7月3日，http：//www. xzta. gov. cn/lydt/jdxw/system/2018/07/3/000006188. html。

的22651家全国乡村旅游扶贫重点村中，民族八省区共有7786家，覆盖贫困人口324.34万人，占全国乡村旅游扶贫重点村贫困人口的43.38%①，占民族八省区当年总贫困人口的22.99%。2019年7月，文化和旅游部公布了第一批全国乡村旅游重点村名单，民族八省区（含新疆兵团）共入围86个，占全国总数的26.88%②。甘南州尕秀村原来仅是一个牧民定居点，牧民经济收入主要来源于传统畜牧业，近年来借助全州创建全域旅游无垃圾示范区契机，大力度整治村庄环境，发展乡村旅游，全村391户居民有65户开办牧家乐，年收入大多超过10万元，村两委积极探索“三变改革”，推动村集体、贫困户入股帐篷城景区参与分红，2019年接待游客40万人次，农牧民人均可支配收入达9192元，全村在2018年已整村脱贫，并入围全国乡村旅游重点村名单③。

（二）农牧民持续增收效应明显

乡村旅游投资成本及就业门槛相对较低，且与农业、文化、体育、商贸等多个行业关联，需要庞大的从业人群，在农牧民就业增收方面带动效应较强，成为贫困地区脱贫致富的主要途径。截至2018年底，西藏自治区乡村旅游点超过200个、家庭旅馆超过2000家，通过大力发展农家乐、藏家乐、休闲度假农庄、特色文化村、文化创意农园等项目，带动5.2万贫困人口脱贫④。新疆发展农牧家乐5500多家、旅游餐饮民宿经营户1513家，多措并举提升贫困人口旅游就业技能，拓宽增收致富途径，近3年通过旅游带动

① 伍策、冷竹：《贵州2422个村列入全国乡村旅游扶贫重点村》，贵阳网，2016年10月17日，http://www.gywb.cn/content/2016-10/17/content_5337284.htm。

② 文化旅游部：《第一批全国乡村旅游重点村名单》，中华人民共和国中央人民政府网站，2019年7月30日，http://www.gov.cn/fuwu/2019-07/30/content_5416558.htm。

③ 王甲铸：《甘南州尕秀村的幸福生活》，中国藏族网通，2019年9月19日，https://www.tibet3.com/news/zangqu/gs/2019-09-19/132316.html。

④ 西藏自治区旅游发展厅：《西藏自治区旅游发展厅旅游脱贫攻坚总结》，西藏旅游政务网，2019年9月27日，http://lyfzt.xizang.gov.cn/lydt/tpgj/system/2019/09/27/000010551.html。

表 1　2016～2018 年民族八省区乡村旅游发展状况

年份	指标	内蒙古	广西	新疆	宁夏	西藏	云南	贵州	青海	全国
2016	乡村旅游接待人数(亿人次)	0.3	—	—	—	—	1.34	2.42	—	21
	旅游接待总人数(亿人次)	0.98	4.09	0.81	0.22	0.23	4.31	5.31	0.29	45.78
	乡村旅游接待人数占比(%)	30.60	—	—	—	—	31.09	45.57	—	45.87
	乡村旅游收入(亿元)	—	—	—	—	—	1308.6	1070	—	5700
	旅游业总收入(亿元)	2714.7	4191.4	1401	210	330.75	4726.3	5027.5	310.31	46900
	乡村旅游收入占比(%)	—	—	—	—	—	27.69	21.28	—	12.15
2017	乡村旅游接待人数(亿人次)	—	—	0.35	0.07	—	1.8	3	0.16	28
	旅游接待总人数(亿人次)	1.16	5.23	1.07	0.31	0.26	5.74	7.44	0.35	52.71
	乡村旅游接待人数占比(%)	—	—	32.71	22.96	—	31.38	40.32	47.24	53.12
	乡村旅游收入(亿元)	—	—	—	—	—	1600	1500	24.7	7400
	旅游业总收入(亿元)	3440.1	5580	1822	278	379.37	6922.2	7116.8	381.53	54000
	乡村旅游收入占比(%)	—	—	—	—	—	23.11	21.08	6.47	13.7
2018	乡村旅游接待人数(亿人次)	—	3.08	—	0.13	0.09	—	4.62	—	30
	旅游接待总人数(亿人次)	1.30	6.83	1.5	0.33	0.34	6.88	9.66	0.42	58.3
	乡村旅游接待人数占比(%)	—	45.1	—	37.93	27.76	—	47.83	—	51.46
	乡村旅游收入(亿元)	—	2064.2	—	—	12.00	—	2148.3	—	8000
	旅游业总收入(亿元)	40114	7619.9	2579.7	295.68	490.14	8991.4	9471	466.30	59700
	乡村旅游收入占比(%)	—	27.09	—	—	2.45	—	22.68	—	13.4

注：数据来源于文化和旅游部、各省区文化和旅游厅统计数据，部分数据缺失。

3.26 万户、6 万多贫困人口就业①。贵州开展乡村旅游的自然村寨突破 3000 个，农家乐近万家，2242 个贫困村被纳入全国《乡村旅游扶贫工程行动方案》，覆盖贫困户 32.4 万户、贫困人口 107.65 万余人②。此外，各地区依托乡村旅游，大力推进“资源变资产、资金变股金、农民变股东”为主要内容的“三变”改革，拓宽农牧民增收途径。2017 年，内蒙古通辽市庙屯民俗村通过股份制、公司化经营，盘活集体资源、资产、资金，在公司中设立村组集体股，发展村集体经济，村集体分红 9 万多元，村民年均收入 0.73 万元；宝古图村采取“支部 + 公司 + 农户”的模式，将村民的房舍院落以入股的形式交由公司经营，公司、农户和村集体按 5∶4∶1 的比例分红，带动农户年均增收 2000 元③。贵州桐梓县娄山关镇杉坪村村民以资金换股金、资源换股权、土地换股份的方式入股黔北花海，2016 年实现整村脱贫，2017 年全村农民人均纯收入 20300 元；荔波县小七孔镇联山湾村成立旅游专业合作社发展乡村旅游，从事旅游服务达 80 户，2017 年户均旅游收入 2 万元以上④。青海省西宁市边麻沟村花海景区 2016 年开业，每年吸引游客超 50 万人次，带动周边村庄 200 余人就业，2018 年初，9 户贫困户共获得景区 1.1 万余元股金分红，参与土地流转的 133 户村民（含 10 户贫困户）获得土地流转资金及土地入股定额分红 29 万余元⑤。

（三）乡村人居环境持续改善

旅游业是资源 - 环境依托型产业，旅游业的健康持续发展需要良好的生

---

① 姚刚：《新疆旅游带动扶贫成效日益显现》，搜狐网，2018 年 9 月 18 日，http：//www.sohu.com/a/256680562_100253950。

② 赵林：《贵州探索旅游精准扶贫新路径》，人民网贵州频道，2018 年 10 月 29 日，http：//gz.people.com.cn/n2/2018/1029/c371755 - 32213108.html。

③ 内蒙古自治区文化和旅游厅：《旅游扶贫带动农牧民增收》，搜狐网，2018 年 8 月 15 日，http：//www.sohu.com/a/247362680_645092。

④ 赵林：《贵州探索旅游精准扶贫新路径》，人民网贵州频道，2018 年 10 月 29 日，http：//gz.people.com.cn/n2/2018/1029/c371755 - 32213108.html。

⑤ 唐仲蔚：《青海：旅游扶贫激发乡村新活力》，环球网，2018 年 1 月 31 日，https：//go.huanqiu.com/article/9CaKrnK6xOJ。

态环境和完善的配套服务设施做支撑。近年来，民族地区各省区为了发展乡村旅游，持续推进人居环境整治工作，借助发展乡村旅游契机，不断改善农村生态环境、提升配套设施水平、丰富乡村文化生活。2015 年，甘南州为充分践行“青山绿水就是金山银山”的发展理念，启动了“全域旅游无垃圾示范区创建工作”，按照垃圾处理“无害化、资源化、减量化”的总要求，建立完善有效的垃圾处理体系，依托生态文明小康村建设和“环境革命”两大提升工程，不断改造村容村貌，实现人居环境持续优化，同时也为乡村旅游发展奠定了良好的基础①，甘南州旅游扶贫减贫模式入围 2018 年世界旅游减贫案例。临夏州随着乡村旅游的快速发展，倒逼乡村道路等基础设施改善，乡村公路实现了“村村通”，农村卫生厕所普及率、自来水普及率分别达到了 90%、96%，部分旅游重点村实现了光纤全覆盖和天然气入户，乡村人居环境大幅度改善②。

（四）乡村社会文明程度不断提高

旅游是传播文明、交流文化、增进友谊的桥梁。乡村旅游的发展促进了城市文明与乡村文化的融合，促进了优秀民族文化的传承、保护和创新，开阔了村民视野，改变了乡村陋习，丰富了乡村文化生活，乡村社会文明程度有了明显提升。广西桂林为进一步提升乡村旅游发展质量，多举措保护和传承优秀民族文化（包括传统生产和制作工艺、文化艺术、传统礼仪、民族典籍等），建设民族特色村寨③。新疆博湖县积极通过推动旅游与文化的融合，丰富乡村文化生活，制定了《博湖县农牧民系列文化体育活动实施方案》，精心策划举办十大“乡村文化能人”评选、广场舞大赛、农牧民红歌赛等乡村文化活动，实现旅游脱贫增收与提升农牧民精神文化生活质量的有

---

① 甘肃省文化和旅游厅：《全域无垃圾看甘南——甘南州全域旅游无垃圾示范区创建综述》，搜狐网，2019 年 7 月 29 日，http://www.sohu.com/a/330083856_120207621。

② 数据来源于临夏州文化广电和旅游局调研汇报材料。

③ 梁亮：《我市多举措保护和传承优秀的少数民族文化，民族特色村寨成乡村旅游新亮点》，广西桂林市人民政府门户网站，2015 年 5 月 13 日，http://www.guilin.gov.cn/xwgz/201505/t20150514_505564.htm。

效结合①。云南怒江丙中洛镇大力开展乡风文明建设，助推乡村旅游发展，开展“文明卫生十星级”“最美庭院”评比活动，指导村民制定村规民约，探索建立卫生整治长效机制，加速推进美丽乡村建设，引导树立文明新生活理念，道路、庭院、景区、集镇卫生环境大幅度改善，居民文明素质得到有效提高②。

三　旅游扶贫主要存在的问题

（一）县域科学系统规划缺乏

目前，在省、市（州）层面，大多数地区都出台了加快乡村旅游发展的意见或乡村旅游扶贫规划（行动方案），明确了乡村旅游扶贫的总体要求和主要任务，但在县、乡（镇）、村层面，缺乏科学系统规划，乡村旅游扶贫工作存在一定程度的无序化和盲目性。多地的旅游扶贫项目呈现出“散点化”的发展态势，贫困村各自为政，自编自导或简单照搬、模仿，未能形成“错位发展”的整体布局，同质竞争现象严重。尽管部分镇、村编制了规划，但大多属于被动编制，主要用于项目审批所需，规划编制往往滞后于项目实施，没有有效发挥规划应有的指导作用。

（二）旅游产业发展基础薄弱

由于受地理位置、历史地位、发展投入等因素的影响，贫困地区经济社会发展整体落后，旅游项目投资所需的人、财、物、技术、信息等要素严重短缺，原始积累不足，乡村人才外流和空心化现象严重，基础设施和公共服务设施建设方面的缺口较大，难以在短期内补齐短板，在很大程度

① 周海霞、海潮：《新疆博湖县：启动民间文化进景区活动》，人民网新疆频道，2018 年 9 月 11 日，http：//xj. people. com. cn/n2/2018/0911/c188514 - 32042615. html。

② 李寿华：《云南怒江丙中洛：乡风文明建设助推乡村旅游发展》，云南网怒江频道，2018 年 9 月 21 日，http：//nujiang. yunnan. cn/system/2018/09/21/030076810. shtml。

上制约了乡村旅游市场的拓展及旅游扶贫工作的推进。民族地区市（州）、县两级政府财力薄弱，镇、村集体经济规模较小或处于空白状态，对乡村旅游发展的支持力度有限，旅游扶贫项目更多要靠社会资金的投入。然而，贫困地区信息闭塞、发展环境较差、投资渠道不畅，导致社会资本介入困难。

（三）产业融合发展程度不高

贫困地区大多停留在自给型农业经济时代，乡村旅游发展尚处起步阶段，产业形态单一，发展层次较低，以自然观光和简易农家乐为主，旅游功能不健全，游客逗留时间短，消费水平低，旅游产品链、消费链未能有效形成，难以满足日趋多样化的需求，不适应自助游、体验游等主流消费趋势。此外，因顶层设计不足、产业发展基础薄弱，乡村旅游与农业、加工业、商业、文化产业等缺少应有的产业联动和在区域内形成应有的规模，一、二、三产融合度不高，对其他行业的直接或间接带动作用不强，农业、农村、农民的价值不能得到很好的体现，乡村旅游扶贫效应未得到有效发挥。

（四）乡村内生发展动力不足

在乡村旅游扶贫工作推进的过程中，普遍存在“政府热、企业温、农民冷”“富村热、穷村冷”“富人热、穷人冷”的现象，贫困人口处于被动参与状态，或是成为被忽视的人群，旅游扶贫项目的参与主体和利益主体不明确。具体表现在以下几个方面：一是民族地区大多存在发展经济和生态保护的双重压力，旅游业成为相对优势产业，各级政府给予了比以往更多的关注和投入，但旅游项目投资周期长、见效慢，企业普遍投资谨慎，农民处于观望状态；二是旅游业对当地经济社会发展的依赖程度较高，富村发展条件较好，投资见效相对较快，容易得到政府和企业的青睐，导致地区间发展差距逐渐变大；三是较富裕人口参与能力相对较强，贫困人口则面临着资金、技术、语言等多重不足的叠加，导致其无财力、无技能参与乡村旅游发展，内部人口贫富差距拉大。

（五）乡村旅游扶贫功能单一

目前，脱贫考核评价体系较为单一，贫困县摘帽、贫困村退出、贫困人口脱贫有着硬性经济指标，主要以贫困人口收入指标为主。因此，乡村旅游扶贫成效更多考核其增收致富、就业带动的效果，未充分考虑民族文化保护与传承、民族文化认同、民族关系和谐度、生活观念及生活方式、生态环境改善等方面的内容。发展乡村旅游反而使优秀传统文化出现过度商业化或异化的现象，邻里关系变得紧张，大量优质农田被侵占，水资源消耗增加且受到污染，乡村旅游对弱者的增收空间、社区的生态空间和文化空间存在挤出效应，乡村性出现减弱的态势。乡村旅游扶贫的社会功能、文化功能、生态功能须进一步拓展。

四　提升旅游扶贫质量的政策建议

（一）统筹推进旅游扶贫工作

旅游扶贫工作几乎涉及美丽乡村建设的各个领域，各相关部门要始终坚持规划先行，谋定而后动，统筹推进旅游扶贫工作。首先，做好“多规合一”乡村统筹发展总体规划，明确贫困地区发展的目标及定位，为开展旅游扶贫及美丽乡村建设提供框架性、方向性技术指导，合理配置乡村人、地、财、物、信息、技术等各项资源，优化发展空间布局，为实现脱贫增收、产业转型升级、完善基础设施和公共服务体系、改善生产生活环境、提升乡风文明素质等提供决策参考。其次，坚持以“创新、协调、绿色、开放、共享”的发展理念为引领，兼顾旅游扶贫与优秀传统文化传承创新、生态环境建设目标，努力构建村民与游客共享、共创的生产、生活、生态空间，进而提高资源利用效率。最后，坚持旅游产业与农业产业同步发展，夯实农业发展基础，立足农业产业发展观光农业、休闲农业、体验农业等涉农旅游项目，以旅促农、农旅结合，最终实现农、旅产业融合发展，扩大旅游扶贫覆盖面。

（二）加强旅游扶志扶智力度

增强贫困人口自身的“造血”功能是打赢脱贫攻坚的关键，全面激发贫困人口参与旅游扶贫的内生动力，要坚持既扶志又扶智。首先，加强思想扶贫力度，发挥基层党组织的带动引领作用，积极宣传旅游扶贫规划或实施方案，选拔、培育一批示范户或致富带头人，坚定群众脱贫致富信心。其次，加强智力扶贫力度，改善贫困地区的社会文化和教育环境，除常规行业培训之外，重点强化语言、技能、经营管理知识等方面的教育提升工作，扶助贫困家庭子女的成长教育，不断增强贫困人口的持续发展能力。再次，优化贫困人口帮扶模式，从过去单一的救助模式不断向救助与奖励相结合的模式转变，对主动参与乡村旅游开发、文化遗产保护、社会文明传承等工作的群众给予分红、信贷、奖补等方面的激励，打破“等、靠、要”的思想牢笼，全面营造积极向上的社会氛围。

（三）注重保护贫困人口权益

当地居民是旅游扶贫开发工作的主体，每一位居民都有权利分享社区旅游发展所带来的利益，改变贫困人口弱势地位、保障其在就业、收益分配、管理决策等方面的权益是旅游扶贫工作的重点和难点。首先，给予贫困人口就业帮扶特殊政策，强化鼓励企业吸纳贫困人口就业、职业培训、就业服务的政策，对返乡创业的贫困人口给予培训、信贷等方面支持，增设公益性岗位、旅游商品扶贫车间，托底帮扶就业困难的贫困人口。其次，盘活贫困家庭土地、宅基地、非遗技艺等资源，入股参与旅游扶贫开发，拓宽贫困人口增收渠道。最后，充分发挥贫困地区资源优势和党建引领，通过入股、租赁、流转等形式壮大集体经济，并组建旅游专业社团组织，增强贫困人口话语权，使贫困人口在乡村旅游发展过程中长期受益。

（四）调动各方力量参与扶贫

创新旅游扶贫开发机制，调动社会各方力量参与旅游扶贫工作。尽管企业、社会团体等主体不断深入参与旅游扶贫工作，但政府通常是资源（尤其是土地）的所有权和管理权主体，在旅游扶贫工作中起着决定性作用。民族地区旅游扶贫开发应在继续发挥政府主导作用的基础上，以贫困地区整体利益为出发点，以贫困人口为主体，以旅游扶贫项目为依托，政府、社区、企业、第三方力量等相关利益群体基于各自资源优势及利益诉求，共同介入和充分参与，最终实现贫困人口脱贫、贫困地区可持续发展的目标。为进一步提升乡村旅游扶贫富民效应，需要明确政府、社区、企业、第三方力量等相关利益群体所扮演的角色，完善支撑和保障体系，充分调动贫困地区内生发展动力，提升贫困人口参与能力及获益水平，建立由集中领导机制、利益保障机制、持续增收机制、科学激励机制、多级监管机制共同作用的系统运行机制。

总体来讲，近年来各地旅游扶贫工作都取得了一定的成绩，尤其在致富增收方面成效显著。但民族地区旅游业发展问题复杂，纠缠着民族问题、文化问题、生态问题等，旅游扶贫要同时兼顾民生改善、民族团结、优秀文化传承、生态环境建设等目标。党的十九大报告提出了乡村振兴战略，提出了“产业兴旺、生态宜居、乡风文明、治理有效、生活富裕”的发展总要求，这为旅游扶贫创新开发提供了新的科学指引。民族地区旅游扶贫要立足各地乡村发展特性，以乡村振兴战略思想为指导，探索构建环境友好、社会和谐的发展模式及机制，以期实现“生产、生活、生态”三元融合发展，为加快民族地区经济社会发展步伐、脱贫致富、维持社会稳定贡献力量。受区位、历史、文化、经济等因素的影响，各地区旅游业发展的基础和水平都不尽相同，盲目借鉴和简单模仿照搬都是不合时宜的。最后需要指出的是，我们不能忽视旅游业的综合带动效应，也不能盲目夸大旅游业的作用，只有全力整合旅游发展要素，并加大与其他乡村生产生活要素的关联度，才能为脱贫攻坚、乡村振兴提供更大的助力作用。

B.9
民族地区易地扶贫搬迁的推进及成效

杜发春*

摘　要： 易地扶贫搬迁是民族地区脱贫攻坚的重要举措。本文基于青海和云南的易地扶贫搬迁实地调查，对易地扶贫搬迁的实际工作推动进行了阐释，着重探讨了易地扶贫搬迁的后续产业难以得到有效解决，以及在新的生存环境中文化适应与发展等普遍性问题。本文通过云南省昭通市盐津县的具体案例，提出易地扶贫搬迁中配套政策的变动导致的相关群众不满；在搬迁对象上的精准识别不够；部分集中安置点规划设计和实施方案编制不科学；在易地扶贫中普遍存在重建房、轻产业，重搬迁、轻就业现象等四个方面的问题，并给出了相应的对策建议。

关键词： 贫困　异地扶贫搬迁　成效

自20世纪80年代以来作为一项开发式扶贫的重要举措，中国的易地扶贫搬迁经历了各地自行探索、国家层面试点推广、精准扶贫后大规模有计划推进三个阶段。[①] 国务院扶贫办关于“十三五”易地扶贫搬迁对象规定：居住在深山、荒漠化、地方病多发等生存环境差、不具备基本发展条件，以及生态环境脆弱、限制或禁止开发地区的农村建档立卡贫困人口，优先安排位

* 杜发春，云南农业大学新农村发展研究院教授。

① 童章舜：《新中国成立以来易地扶贫搬迁工作的成效与经验》，《中国经贸导刊》2019年10月10日。

于地震活跃带及受泥石流、滑坡等地质灾害威胁的建档立卡1000万贫困人口。易地搬迁的原则是“应搬则搬”，做到“搬得出、稳得住、能发展”。据国家发改委主办的“全国易地扶贫搬迁论坛”发布的数据，截至2019年10月，“十三五”规划建设的安置住房完工率达96%以上，已入住建档立卡搬迁群众870万人，各地已为约90%的搬迁群众落实后续扶持措施，已有700多万建档立卡贫困搬迁人口实现脱贫摘帽。①

本文重点基于笔者在青海三江源地区、云南迪庆藏区和昭通市盐津县的易地扶贫搬迁实地调查，分析易地扶贫搬迁的地方实践及具体成效。

一　青海三江源地区的易地扶贫搬迁

青海是我国扶贫攻坚的主战场之一。据青海省扶贫局的数据，“十三五”期间，青海省在8个市（州）、38个县（市、区）、266个乡（镇）、1249个村实施易地扶贫搬迁项目，搬迁安置农牧民群众5.2万户、20万人，搬迁贫困群众人均可支配收入8187元（2018年）。② 在深度贫困的三江源藏区，易地扶贫搬迁进行了艰难而成功的探索。三江源地区的异地扶贫搬迁可分为早期（2003～2014年）和后期（2015年至今）两个阶段。其早期的易地扶贫搬迁是与三江源的生态移民紧密联系在一起的。

（一）易地扶贫搬迁的动因和补偿政策

广义的三江源地区行政区划包括玉树、果洛、海南、黄南4个藏族自治州的16个县和格尔木市代管的唐古拉山镇，共计16个县127个乡镇，总面积36.3万平方公里，约占青海省总面积的50.4%。狭义的三江源是指三江源国家级自然保护区，2003年划定面积为15.23万平方公里，占三江源地区总面积的42%，保护区生活着约20万牧民。从更小的范围来看，还有三江源国家

① 《2019年全国易地扶贫搬迁论坛在京举办》，中华人民共和国中央人民政府网，2019年10月16日，http：//www.gov.cn/xinwen/2019-10/16/content_5440473.htm。

② 《全省易地扶贫搬迁现场会召开》，《青海日报》2019年9月12日。

公园的称谓，2016~2018年为试点建设阶段，拟于2020年正式设立。三江源国家公园又分为长江源、黄河源、澜沧江源3个分区，总面积为12.3万平方公里，涉及果洛藏族自治州玛多县（黄河源），玉树藏族自治州杂多县（澜沧江源）、曲麻莱县、治多县（长江源）4县12个乡镇53个村，共有牧业人口12.8万人，其中公园内共有牧户16621户6.4万人、贫困人口2.4万人。①

三江源的易地扶贫搬迁实施生态移民的直接动因是在政府主导下实施的三江源生态保护和建设工程，牧民从牧区迁移到小城镇定居。2003年，三江源国家级自然保护区建立。2004年开始实施“青海三江源自然保护区生态保护和建设总体规划”②，生态移民与退牧还草紧密结合，主要将三江源区内10142户55774名牧民实行就地安置和迁移到小城镇安置，减畜318.4万羊单位。搬迁牧民的草场实行10年禁牧、休牧、轮牧，按退牧还草草场补助标准享受退牧补助政策③，具体内容如下。（1）房屋建设补助。地方政府按照有关政策，给搬迁牧户提供建房补助，45平方米以内的住房，每平方米补助800元；120平方米以内的畜棚，每平方米补助200元。（2）退牧还草饲料粮补助。10年内按照永久性禁牧搬迁、有草原证和无草原证零散搬迁的不同类型，分别给予每户8000元、6000元和3000元补助。（3）取暖及生活燃料补助。按照政策，从2006年开始，政府对玉树、果洛地区搬迁牧民给予取暖及生活燃料补助，每户1000元；从2009年开始，青海省政府提高了补助标准，从1000元提高到2000元。（4）生活困难补助。2009~2012年，给予生态移民家庭当中55周岁以上、16周岁以下（除超生子女）的成员每人每年1500元生活困难补助。④（5）草原生态奖补。从2012年开始，原有的生态移民补

---

① 国家发展改革委：《三江源国家公园总体规划》，第14页，见《国家发展改革委关于印发三江源国家公园总体规划的通知》（发改社会〔2018〕64号）附件，国家发展改革委网站，2018年1月17日。

② 《三江源自然保护区生态保护和建设》编辑委员会：《三江源自然保护区生态保护和建设》，青海人民出版社，2007。

③ 资料来源：青海省人民政府办公厅《关于对三江源生态移民困难群众发放生活困难补助的通知》（青政办〔2009〕76号），2009年4月17日。

④ 杜发春：《三江源生态移民研究》，中国社会科学出版社，2014。

助取消，由草原生态奖补代替。禁牧补助标准，2011～2016年，果洛、玉树州每亩5元，海北、海南州每亩10元，黄南州每亩14元，海西州每亩3元；2016～2020年，果洛、玉树州每亩6.4元，海北、海南州每亩12.3元，黄南州每亩17.5元，海西州每亩3.6元（见表1）。具体实施中，分县制定“封顶保底”措施，避免出现“垒大户”和因补贴过低影响牧民生产、生活现象。

表1　青海藏区六州草原生态保护禁牧补助标准

单位：元/亩

时间	果洛、玉树州	海北、海南州	黄南州	海西州	备注
新一轮(2011～2016)	5	10	14	3	
第二轮(2016～2020)	6.4	12.3	17.5	3.6	

资料来源：根据《新一轮草原生态保护补助奖励政策实施方案（2016—2020年）》（青政办〔2016〕195号，青海省人民政府办公厅2016年10月20日）整理得到。

（二）搬迁安置方式和牧民构成

从搬迁安置方式来看，三江源地区的生态搬迁有整体搬迁和零散搬迁两种方式：一种是县外整体搬迁，将牧民从其承包的草场上搬迁到县外安置，实现草原永久性禁牧，每户分配免费住房（8万元），饲料粮变现补助每户一年8000元；另一种是县内零散搬迁，每户分配免费住房（4万元），饲料粮变现补助每户一年6000元。从搬迁牧民构成来看，大体可分成三类：第一类是“少畜户”和“绝畜户”，即在牧区原就较为贫困的牧民，约占移民村人口的70%，这部分人原来在牧区牛羊较少，靠帮工帮牧或者打工为生，他们愿意搬迁；第二类是“教育带动移民”，约有20%的家庭是为了小孩上学，卖掉了牧区所有的家当，搬迁至城镇移民村；第三类“富裕户”移民，指约占10%的在牧区已经完成较好积累的家庭，他们搬迁到城镇，成为城镇居民。①

① 冯雪红、向锦程：《首次提出“三江源生态移民飞地”的一部专著——〈三江源生态移民研究〉评介》，《湖北民族学院学报》（哲学社会科学版）2017年第2期，详见杜发春《三江源生态移民研究》，中国社会科学出版社，2014，第50～70页。

（三）易地扶贫搬迁的成功案例

2004～2012 年，青海三江源地区建成生态搬迁移民社区 59 个，多分布在城镇、乡镇、国道沿线的集镇和饲草料种植基地附近，[①] 在搬迁过程中，创造了长江源村等易地扶贫搬迁脱贫的成功案例。

长江源村原地处唐古拉山镇长江源头沱沱河畔，平均海拔 4700 米，常年高寒缺氧，生态环境脆弱。2004 年 11 月，唐古拉山镇长江源地区 6 个村中 128 户 407 名牧民搬迁至格尔木市南郊的移民定居点，形成了今日的长江源村，搬迁牧民完成了从游牧到定居的转变。2006 年 8 月，经民政部门正式批准命名为唐古拉山镇长江源村。该村总占地面积 525 亩，为纯藏族村。搬迁前，当地牧民与外界交往较少，基本上是一种自给自足的生活方式，长期处于相对封闭的社区内。牧民从住宅、饮食、卫生习惯等方面都保留着高原藏区特有的生活方式。但在生态移民搬迁之后，牧民生态发生了巨大变化（见表2、表3）。

表 2　长江源村牧民生态搬迁前后的变化（2004～2018）

项目		生态搬迁前	生态搬迁后
生产方式		畜牧业为主	打工（建筑业、服务业等）；自主创业（各类生产合作社、经营餐饮业等）
生活方式	语言	藏语康巴话	汉语普通话、藏语康巴语
	服饰	女性多为藏族传统服饰	中老年女性仍保留传统衣着
	饮食	牛羊肉、乳制品为主	面食、蔬菜比例上升
	住宅	帐篷为主	砖木结构房屋
	交通	马、摩托车	摩托车、汽车
	卫生习惯	天然厕所、洗澡间隔时间长等	独立卫生间和公厕、自来水等
	休闲娱乐	以节庆、宗教活动为主	电视的普及、广场的娱乐设施、手机微信等的普及
	人际交往	牧区居住分散导致交往频率较低	邻里交往增加

资料来源：笔者根据田野调查情况总结归纳整理而成。

① 资料来源：青海省发展与改革委员会生态移民办公室，2012 年 7 月。

表 3　长江源村易地扶贫搬迁基本情况

行政村	属地	距格尔木市（公里）	户数	人口	脱贫年份	脱贫当年人均纯收入（元）	人均草场（亩）	生计转型	脱贫动因	备注
长江源村	海西州格尔木市唐古拉山镇（2004 年从唐古拉山乡生态移民搬迁到格尔木南郊）	5	245	568	2015	20943	8820	从游牧到定居，生态搬迁后为“商牧融合型”	国家草原生态补奖＋集体经济分红	唐古拉山镇是格尔木市代管的一块“飞地”，地域在玉树州境内，与西藏安多县接壤，距格尔木市 420 公里

资料来源：根据笔者 2018 年 11 月的实地调研归纳而得。

现在，长江源村实际上已经实现了城镇化，因为长江源村已经与格尔木市连在一起，村民享受了城市社会保障。但他们的身份还是牧民，因为他们还有草山，国家的草原生态奖补成为其最重要的收入来源，占总收入的 80% 以上。截止到 2018 年底，长江源村共有村民 245 户（每户总占地 300 平方米，房屋建筑面积为 62.24 平方米）568 人，其中男性 269 人，女性 299 人。2004 年该村年人均纯收入为 4050 元。2014 年精准扶贫开始后，该村于 2015 年脱贫，当年人均纯收入 20943 元，2018 年达到 22828 元，其中 80% 来源于国家的草原生态奖补，该村户均拥有草原 8820 亩，户均草原生态奖补年收入近 2 万元，有一户家有草场 20 万亩奖补资金每年高达 19 万元。①

综上，长江源村成为我国西部少数民族地区易地扶贫搬迁的成功案例。2016 年 8 月，习近平总书记到长江源村视察并给予高度赞赏。2017 年 7 月，第十一世班禅额尔德尼·确吉杰布到访长江源村。2018 年 12 月，长江源村被评为第六批全国民族团结进步创建示范单位。

---

① 资料来源：笔者 2018 年 11 月对长江源村的调查。

二　云南迪庆藏区的易地扶贫搬迁

（一）云南省易地扶贫搬迁概况

作为我国进行易地扶贫搬迁最早的省份之一，1996～2014 年，云南省易地扶贫搬迁共计 125.6 万人。① 2015 年 9 月，按照中央“五个一批”“六个精准”要求，云南省制定了易地扶贫搬迁三年行动计划，即从 2016 年开始，通过 3 年努力，投入 600 亿元，基本完成 30 万户、100 万人和 3000 个以上安置点新村建设的易地扶贫搬迁。到 2020 年确保将搬迁新村建设成环境优美、宜居宜业的美丽乡村。截止到 2015 年底，云南省 16 个州（市）启动了 304 个搬迁村寨示范点建设，规划投资 61.2 亿元，惠及 2.6 万户 10 万人。②

关于云南省易地扶贫搬迁的有关政策，2016～2017 年发生了较大变化。2016 年，云南省对于贫困户按照每户不低于 6 万元的建房标准补助到户，非贫困户户均补助则不低于 1.5 万元。此外，有贷款意愿的搬迁农户可向项目承贷公司申请 6 万元的住房建设转贷基金，并享受 100% 政府贴息补助。但是到了 2017 年有关政策发生了如下变化。（1）在补助政策上要求严格区分建档立卡和同步搬迁两类对象，合理制定以人口为对象的补助标准，不能让贫困户因搬迁而举债或增加负债。（2）取消纳入国家规划建档立卡贫困人口每户可向县级平台公司申请不超过 6 万元低成本长期借款建房的政策。补助方式由按户补助调整为按人补助，即由原来的户均补助 6 万元不等调整为人均补助 2 万元，对签订旧房拆除协议并按期拆除的建档立卡贫困人口人

① 参见赵俊臣《易地搬迁开发扶贫——中国云南省的案例分析与研究》，人民出版社，2005。赵俊臣：《关于修改完善云南省“十三五”异地扶贫搬迁规划的几点建议》，云南赵俊臣的博客 2016 年 12 月 25 日。

② 云南省民宗委：《云南省全力推进易地扶贫搬迁》，中华人民共和国国家民族事务委员会官网，2016 年 2 月 24 日。

均奖励0.6万元。（3）住房建筑面积和安置方式也有新的政策，易地扶贫搬迁户人均住房建筑面积不得超过25平方米，且5人以上的户住房建筑面积不得超过125平方米。

（二）迪庆藏区德钦县羊拉乡的易地扶贫搬迁

羊拉乡地处德钦县东北部，金沙江西岸，是滇西北最边远的一个乡。乡政府驻地甲功海拔3169米，距县城升平镇228公里、州府香格里拉市212公里。全乡国土面积1087平方公里，辖甲功、羊拉、规吾、茂顶四个村委会，有52个村民小组928户5573人。由于受地理、交通、气候、土地、水资源等因素制约，经济社会发展起步晚，起点低，速度缓慢，目前仍是云南省集“边、远、少、穷”为一体的贫困乡。在羊拉这样一个特困乡，易地搬迁成为其脱贫攻坚的主要手段，目的是要解决居住在生存条件恶劣、生态环境脆弱的农村贫困人口脱贫问题。从搬迁方式来看，不仅有本村境内的搬迁，而且有跨乡镇甚至跨县的搬迁。①

（1）跨乡镇搬迁：达日生态移民村。2012年12月，羊拉乡归吾村4个村小组和羊拉村2个小组共计6个小组149户848人，搬迁到奔子栏镇达日开发区，二者距离90公里。这是一个集生态、移民、扶贫为一体的综合项目，有色贡通、习龙通两个移民安置点，总投资9500万元，建成安居工程、人畜饮水、农田建设、水利设施、路电工程、产业扶持、公益设施、科技培训等设施。从2012年至今，搬迁后群众生产方式实现了从“半农半牧”到“半商半农”的转变，生活水平得到大幅提高，达日村在2017年实现了脱贫摘帽。

（2）本乡境内搬迁：玛木顶村。2017年初从羊拉乡茂顶村撒荣小组搬迁到玛木顶村，44户264人，相距20公里。搬迁后的主要变化是从交通不便的大山深处搬到了交通方便的公路边，同时住房条件和教育条件都得到了改善。

---

① 羊拉乡是笔者长期跟踪研究的田野点，2014～2019年，笔者先后12次进入羊拉乡，调查时间总计约为6个月，完成了《德钦县羊拉乡志》。

（3）跨县搬迁：香格里拉市雅瑞安和社区。2018 年 12 月，羊拉乡规吾村 10 个村民小组、甲功村别吾村民小组和零星搬迁户共计 185 户 1055 人集体搬迁到香格里拉市国道 214 线迪庆州藏文中学对面的州直机关公租房（雅瑞安和社区），按人均 50 平方米提供免费住房。搬迁的前提是原有的住房必须拆掉，获得的政策性补助有：一是对涉及搬迁的 185 户 1050 人搬迁对象按人发放过渡期困难救助，每人每年 3000 元，发放期限 3 年；二是搬迁对象继续享受原居住地草改、林改等国家惠农政策，医疗、养老等社会保障政策不变；三是根据高龄补助相关政策，安置点共有 27 人享受高龄补助；四是根据农村低保享受相关政策和条件，安置点共有 221 人享受农村低保。

雅瑞安和社区在就业安置上采取了一些帮扶措施：根据生态护林员的聘用规定，对搬迁对象户均聘用一名生态护林员，每人每年工资 8000 元；对涉及搬迁的 102 户建档立卡贫困户户均安置 1 名滇沪劳务协作乡村公共服务岗位，签订完成岗位聘用合同；积极与相关劳动技能培训机构对接，开展了大量的技术培训工作，如厨艺技能、水电工及太阳能维修培训、家政服务培训、建筑工、酒店管理、安保员、妇女手工、营销员等的劳动技能培训。此外，雅瑞安和社区在社会保障方面的主要措施有：及时将迁出地村民委员会及工作人员按建制迁建至新址，开展日常管理、脱贫攻坚等管理服务工作；按照搬迁人数和标准化建设要求，在安置点设立了社区卫生服务站，将原村卫生室医疗设备及工作人员整体迁建到新址，规范开展日常医疗、保健、公共卫生服务、家庭医生签约服务等社区卫生服务工作。医疗报销政策由全州统筹，报销比例不变；做好搬迁对象子女入学安置工作，及时对接州级教育部门和香格里拉市教育部门，保障适龄儿童异地就学，确保能够享受香格里拉市教育同地待遇。目前，羊拉乡搬迁的 185 户 1050 名藏族群众正在逐步融入城市社区生活之中。

三　云南昭通市盐津县的易地扶贫搬迁

盐津是昭通市下辖县，该县的易地扶贫搬迁是在昭通市精准扶贫和易地扶贫搬迁的背景下进行的。而昭通属全国 14 个集中连片特困地区之一，在云南省 27 个深度贫困县中，昭通占了 8 个。目前昭通的 11 个县市中有 10 个是国家级贫困县，2016 年底昭通市还有 113.37 万贫困人口，贫困比例高于云南省的 25%，且大部分贫困人口居住在深山区、石山区、边远地区。在易地扶贫搬迁方面，2016 年昭通市建有易地搬迁集中安置点 151 个，“十三五”期间计划搬迁建档立卡贫困人口 97770 人，约占云南省的 20%。

作为昭通市辖县，盐津地处乌蒙山核心地带，辖 10 个乡镇，总人口 38.8 万。盐津县贫困程度深，2015 年全县有贫困乡镇 6 个，贫困村 55 个，贫困人口 17571 户 65977 人，贫困发生率 18.5%。近年来，盐津县精准扶贫和精准脱贫工作成效较为明显，2016 年滩头乡 20 个村 15600 人率先脱贫，全县贫困发生率降为 14.12%。按照盐津县的减贫计划，2017 年豆沙镇和普洱镇 19 个村 13800 人脱贫，2018 年中和镇、落雁乡和庙坝镇的 11 个村 26431 人脱贫。到 2018 年，建档立卡的 55 个贫困村、21824 个贫困户 80135 人全部脱贫，全县脱贫、出列、摘帽。[①] 在近几年脱贫攻坚工作中，盐津县把易地扶贫搬迁作为消除绝对贫困、推动城镇化、舒缓生态压力、留足发展空间的重要手段来抓。自 2016 年以来，全县相继启动了 26 个易地扶贫安置点建设。搬迁建档立卡贫困人口 10209 人，覆盖 10 个乡（镇）86 个村社区。

通过实地调查和对部分村民的访谈，发现盐津县易地扶贫搬迁具有以下四个明显特点。

第一，政府统一规划布局。通过中央、省、市有关易地扶贫政策和资金，由县政府统一买单为愿意搬迁并符合易地扶贫有关政策的村民盖新房。在资金筹措上，政府统一规划、统一建设，国家补助与村民自筹相结合。围绕“做大县城、做特集镇、做美乡村”方向，在各村成立理事会和安置点成立联建委员会，农民群众可以自主决定联建还是自建，即在户型、监督建房质量、资金管理、产业发展等问题上农民可以自己做主。

---

① 有关数据来源于盐津县人民政府办公室、盐津县精准扶贫攻坚指挥部（2017 年 9 月）。

第二，就近安置。搬迁距离在本乡（镇）内或本村内 10～20 公里，没有跨县和跨乡的长距离搬迁，因此搬迁后负面的社会影响较小。

第三，搬迁后条件改善。在住房、交通、医疗、教育等方面，搬迁后贫困户的条件发生了较大改善，后续产业发展正在逐步探索中。

第四，易地扶贫搬迁的后续产业发展。在易地扶贫工作中，盐津县根据自身资源与区位优势，把产业发展与精准扶贫结合起来，探索出一个乡村旅游发展、产业带动、务工收入三者相结合来增加安置点农民收入的模式。

以落雁乡龙塘村小岩易地扶贫安置点为例，该村是云南省扶贫工作对象建档立卡贫困村，村委会驻地距县城 15 公里，距乡政府 2 公里。全村国土面积 23.5 平方公里，辖 28 个村民小组，有农户 1092 户 4519 人。2016 年末，全村年人均总收入 4890 元，其中除去政策性惠农收入和高物价成本后，龙塘村的农村居民人均纯收入 3050 元，有建档立卡贫困户 203 户 956 人。按照“易地扶贫搬迁脱贫一批”的原则，龙塘村有 87 户 426 人搬迁到龙塘村小岩易地扶贫安置点。该安置点位于落雁乡龙塘村小岩村民小组，于 2016 年 3 月动工建设，2017 年 8 月建成，132 套青瓦白墙的花园小楼房坐落在青山绿水间，户型有 90、100、110、120 平方米四种。群众通过抽签的方式实现了房屋抽签和搬迁入住。小岩易地扶贫安置点属于落雁乡境内的搬迁安置，132 户中有 87 户来自龙塘村内的 6 个村民小组，其他 45 户来自落雁乡的其他村。在后续产业发展方面，小岩易地扶贫安置点主要结合脱贫攻坚实际、长短产业培育相结合发展地方优势产业和农村特色产业的做法如下。首先，依托三龙滩库区旅游建设发展乡村旅游，按照龙塘峡谷 4A 景区打造，通过发展旅游业带动安置点群众脱贫致富。三龙滩水库是盐津县一座库容 1766.5 万立方米的中型水库，坐落于安置点附近，目前正在动工建设之中。依托三龙滩水库建成后的环湖景观，龙塘村旅游资源潜力较大。其次，采用“公司＋合作社＋基地＋农户（贫困户）”的模式，发展稻田综合种养。在安置点种植一片 200 亩的多彩水稻，用字符与图案相结合，由紫、黄、绿三色镶嵌而成，凸显水稻种养结合循环生态农业特性。龙塘村通过村集体经济公司流转土地 300 亩建设有机稻核心区，辐射带动周边村寨有机稻

900 亩，户均增收 1000 元，逐渐形成集生产、观光、旅游为一体的种植模式，推动安置点乡村旅游产业发展和农民增收。最后，发展花卉苗木产业。依托陡坡地治理项目，加大以木槿、紫薇、紫荆为主的花卉苗木产业的规模培植 4000 亩，其中村集体经济公司投资 80 万元，流转土地培育花卉苗木 500 亩，带动贫困户 139 户，实现户均增收 8000 元。

四　易地扶贫搬迁的难题及思考

总体而言，易地扶贫搬迁后搬迁社区的水、电、路、网等配套基础设施建设得到完善；医疗、教育、卫生等基本公共服务水平得以提升；贫困户住房条件得到解决；实现了精准扶贫“两不愁三保障”目标。但毋庸讳言，各地在推进易地扶贫搬迁过程中，也面临着后续产业难以很快建立和搬迁户难以较快融入搬迁城镇的问题。

从青海三江源地区生态移民实施来看，在 2004 年至今的 16 年里，三江源地区搬迁牧民通过政府规划，进行了有秩序的空间转移。搬迁主体牧民是那些长期适应游牧散居生活的藏族牧民，在移民搬迁后存在诸多需要整合的问题，例如：后续生计的可持续发展问题、搬迁牧民在新的生存环境中文化适应与发展问题、与留居牧民之间经济利益协调以及对原生态民族文化的传承问题等。

要真正做到易地扶贫可持续发展，以下两条至关重要。

第一，充分尊重和听取贫困群众的意愿，让其积极参与到对精准扶贫和精准脱贫的表达和行动上来。对于正在实施的易地扶贫项目，尽可能使更多困难户对搬迁项目满意。一方面要充分听取贫困户的意见，另一方面要加强对搬迁项目的选址规划、勘测、实施过程的监督，对于安置点选址应当符合主体功能区规划、土地利用总体规划、城乡规划等要求，尽量在搬迁项目开始前就全面综合考虑选址要求，避让优质耕地和基本农田，避开地震断裂带、地质灾害隐患点、行洪通道等危险区域，有利于搬迁群众发展产业、稳定就业、实现脱贫。

第二，充分认识易地扶贫搬迁的复杂性以及由此形成的各种社会问题。不能搞“项目主义”，即为了项目而搬迁。脱贫攻坚可以消除绝对贫困，但相对贫困不可能彻底消除。易地扶贫搬迁在推进过程中，对确有必要实施移民搬迁的，在搬迁过程中应该充分考虑迁入地的自然环境和社会环境，尽可能合理运用自然资源，创造条件运用社会资源，以增加建档立卡搬迁贫困人口产业收入、工资性收入、财产性收入等为目标，整合相关涉农资金，因地制宜培育特色种养业、手工业、乡村旅游业等，拓宽就业渠道，从而做到在落实易地扶贫搬迁政策的同时促进精准扶贫和脱贫工作的开展。

B.10

民族地区产业扶贫的成效、问题及建议

——以广西壮族自治区为例[*]

凌经球[**]

摘　要： 本文以广西壮族自治区为例，从推进思路创新和激活内生动力、完善利益联结、示范引领、投入保障、科技服务支持、产销对接等六大机制创新以及“贷牛还牛”“链式发展”“多元驱动”三大模式创新入手，阐述了产业扶贫的多重效应，总结其推进产业精准扶贫的创新举措，并对其取得成效做出评价。同时，从产业选择同质化、产业基础设施薄弱、要素短缺、产业扶持效果不明显等方面剖析其持续性弱等问题。最后，从解决好“谁来做”“做什么”“怎么做”“如何扶”四个方面提出对策建议。

关键词： 民族地区　产业扶贫　政策创新　实践成效　可持续发展

一　引言

理论和实证分析表明，精准扶贫语境下的产业扶贫具有多重效应。其

* 本文为国家社会科学基金重点项目“滇桂黔石漠化片区贫困农户可持续生计优化策略研究”（项目批准号：14AMZ008）的最终成果之一。

** 凌经球，中共广西区委党校、广西行政学院教授、研究员。

一是益贫性效应。和一般产业发展的“涓滴效应”不同，产业精准扶贫更加注重扩大产业发展对贫困人口的覆盖面，进而实现贫困人口稳定增收的目标。其二是迁移性效应。在推进产业精准扶贫中，通过组织贫困人口参与产业开发实践，以“干中学”为中介环节，可以使其市场意识、信息获取和技能水平等方面的素质能力得到提高，进而达到增强其内生发展动力的目的。其三是外溢性效应。通过实施产业扶贫，或引进外来资本进入乡村参与产业开发，或吸纳本土外出农民工回乡创业，为乡村创造更多的就业岗位，实现贫困人口就地就业脱贫致富，从而吸引外出务工的农民工返乡就业。

脱贫攻坚战打响以来，民族地区各级党委、政府以习近平扶贫重要论述为引领，深入贯彻落实党中央关于打赢脱贫攻坚战的重大决策部署，推动脱贫攻坚取得决定性胜利。据 2019 年 9 月 3 日举行的全国政协第七次重点关切问题情况通报会上国家民委有关负责同志的介绍，民族八省区贫困人口从 2012 年的 3121 万人下降到 2018 年的 603 万人，贫困发生率从 20.8% 下降到 4%①。可以预见，到 2020 年脱贫攻坚战全面“收官”之时，民族地区与全国人民一道同步迈入全面建成小康社会的目标一定能够实现。这些骄人成就的取得，民族地区实施的产业扶贫功不可没。

然而，扶贫产业的发展不可毕其功于一役，“产业发展基础薄弱”② 依然是民族地区脱贫攻坚中亟待解决的长期性问题。正因为如此，习近平总书记在解决“两不愁三保障”突出问题座谈会上的讲话时指出：“要探索建立稳定脱贫长效机制，强化产业扶贫。”③“多给贫困群众培育可持续发展的产业”④，应成为 2020 年后民族地区巩固脱贫攻坚成果、促进贫困人口可持续

① 人民网、国家民委：《6 年来民族八省区贫困人口从三千余万降至六百万》，人民网，2019 年 9 月 4 日，http://m.people.cn/n4/2019/0904/c203-13153529.html。

② 习近平：《在解决“两不愁三保障”突出问题座谈会上的讲话》，《实践》（思想理论版）2019 年第 9 期，第 7 页。

③ 习近平：《在解决“两不愁三保障”突出问题座谈会上的讲话》，《实践》（思想理论版）2019 年第 9 期，第 8 页。

④ 中共中央党史和文献研究院编《习近平扶贫论述摘编》，中央文献出版社，2018，第 74 页。

脱贫的治本之策。本文拟以全国少数民族人口最多、脱贫攻坚任务最重的省区之一——广西壮族自治区为例，在分析梳理广西推进产业精准扶贫的政策创新，分析评价其政策实施成效基础上，剖析其存在的突出问题，提出促进民族地区扶贫产业可持续发展的对策建议。

二 广西产业精准扶贫的创新举措及成效

推进产业扶贫是打赢脱贫攻坚战，实现贫困人口稳定脱贫的治本之策。进入“十三五”，广西壮族自治区各级党委、政府按照习近平总书记关于“要把生产发展扶贫作为主攻方向，努力做到户户有增收项目、人人有脱贫门路”[①] 的要求，把产业精准扶贫放到脱贫攻坚中的重要位置来推进。在推动产业精准扶贫过程中，广西坚持从民族地区、边疆地区、革命老区等特殊区情出发，以创新驱动推动扶贫产业加快发展。其创新举措主要体现在如下几个方面。

（一）扶贫产业发展的思路创新

习近平总书记指出：“推进扶贫开发、推动经济社会发展，首先要有一个好思路、好路子。要坚持从实际出发，因地制宜，理清思路、完善规划、找准突破口。”[②] 可见，解决好“发展什么扶贫产业”这一关键，是促进产业精准扶贫的重要前提。适应我国经济进入新常态的要求，以市场需求为导向，依托资源禀赋，把扶贫产业发展建立在充分发挥自身比较优势之上，是贫困地区发展扶贫产业的必由之路。围绕“扶持生产发展脱贫一批”的目标，广西提出了实施“特色产业富民行动”的总体发展思路，即按照因地制宜、发挥优势、突出特色、融合发展的原则，抓住国家推进深化农业供给侧结构性改革，加快农业发展方式转变的有利时机，以培育县域“5+2”

① 中共中央党史和文献研究院编《习近平扶贫论述摘编》，中央文献出版社，2018，第74页。

② 中共中央党史和文献研究院编《习近平扶贫论述摘编》，中央文献出版社，2018，第57页。

特色产业和村级“3+1”特色产业体系①为抓手，加快特色种养业、特色农林产品加工业和农村现代服务业的发展，到2020年构建起“县有扶贫支柱产业，村有扶贫主导产业，户有增收致富项目”的产业扶贫新格局。

特色种养业主要依托广西地处南亚热带和中亚热带交汇区域，富硒耕地丰富，自然生态良好、土山土坡面积大等优势农业资源，特色种植业重点培育发展富硒大米、富硒玉米、富硒茶叶、特色水果（如杧果、柑橘、百香果、荔枝、火龙果等）、原料蔗、桑蚕、秋冬菜、香蕉、食用菌、中药材等产业；特色养殖业重点支持发展牛、羊等草食动物饲养业，生态猪、生态鸡等畜禽养殖业以及罗非鱼、草鱼、泥鳅等特色水产养殖业；特色林业重点发展速丰松、速丰杉、速丰竹和油茶、核桃等经济林。

特色农林产品加工业以扶贫产业园、返乡农民工创业园等园区建设为抓手，以延长产业链、提升产品附加值为核心，引进培育大批农林产品加工企业，促进粮食（富硒大米）、果蔬、茶叶、食用菌、中药材、林产品、畜禽肉类、水产品等特色产品加工业。

农村现代服务业重点支持乡村商业网点、商品配送中心、农产品交易市场、农产品冷链物流等设施建设，构建县乡村电子商务和物流体系，创新农超对接、农产品直供直销、连锁经营等现代流通方式，促进乡村现代流通服务业发展；同时依托特色农产品基地和广西山清水秀的自然生态、丰富多样的民族文化、红色文化和边疆文化资源，鼓励支持发展乡村特色旅游、乡村生态旅游、民俗旅游以及休闲农业、观光农业等新业态，促进乡村一、二、三产业的融合发展。

为把上述发展思路落到实处，广西立足区情农情，制定全自治区扶贫产业发展目录，为各县做好特色产业选择提供科学依据。其具体做法是，组织涉农部门工作人员和有关专家学者对各县的资源禀赋、产业基础、发展条件，

① 县域“5+2”特色产业体系中，“5”为在全区扶贫特色产业目录中选择并报广西壮族自治区审核认定的5个以内特色产业，“2”为各县自主选择确定的2个以内的特色产业；村级“3+1”特色产业体系中，“3”为所在县确定的“5”个特色产业中选定的3个以内的特色产业，“1”为各贫困村自行选定的1个特色产业。

以及市场需求开展调查研究，在此基础上对广西壮族自治区有扶贫开发任务的县，依据农村总人口数量和人均耕地面积2个因素将其划分为一、二、三类，再以特色产业发展规模、集中连片点的数量、集中连片点规模为认定标准，确定78个产业为广西壮族自治区鼓励发展的扶贫特色产业，入选的这些产业具有明显的区位优势、较广发展空间、较大市场需求和较强带动效应。

（二）扶贫产业发展的机制创新

扶贫产业发展需要强化土地、资金、技术、信息、人才等要素支撑。然而，贫困人口劳动能力差、不懂技术、不会经营、不了解市场等，这往往是贫困地区的“通病”，成为制约其扶贫产业发展的突出短板。基于此，广西在推进扶贫产业发展中，出台了一系列政策，打好一套“组合拳”，形成促进扶贫产业发展的内生动力机制、利益联结机制、示范引领机制、资金投入保障机制、科技服务政府支持机制、产销对接服务机制等，以此破解贫困地区扶贫产业发展的难题。

1. 激发内生动力机制

精准扶贫中的“项目安排精准”，要求将扶贫产业覆盖到一家一户，从这个意义上讲，贫困人口是扶贫产业帮扶的对象。然而，如果贫困人口只是“被覆盖”的对象，其主体性没有发挥出来，产业扶贫的效果将大打折扣。破解这一困局的可行路径就是最大程度地激发贫困人口参与产业扶贫的内生动力。在推进“特色产业富民”行动中，广西出台“以奖代补、先建后补”的政策措施，激发贫困户参与发展特色产业的内生动力。具体而言，对贫困户发展县级“5 +2”、贫困村“3 +1”特色产业的项目实施“差异化奖补”，其中未脱贫户每户每年给予不超过10000元、脱贫户每户每年不超过5000元的产业奖补资金。通过实施以奖代补政策，贫困农户参与发展产业的积极性得到充分调动。仅以2018年为例，全自治区以奖代补扶持产业发展的财政资金达到19.65亿元，奖补政策惠及贫困户65.68万户，有力推动了扶贫产业的发展。

2. 健全利益联结机制

现代市场经济条件下，贫困地区中分散经营的单家独户难以走出“大山”，即便有的能走出去，但往往也会在激烈的市场竞争中败下阵来。随着我国社会主义市场经济的不断发展，农村中“公司＋基地＋农户”的经营模式悄然兴起，一定程度上有助于提高其产业组织化程度。但在这一过程中各参与主体之间的利益联结机制不完善，无形中使农民的利益受到损害，产生基层干部所说的“锅盖效应”。比如说，某公司到某地农村开发当地资源，与农民签订土地经营权转让合同，每年给农民一定的土地经营权流转租金，由于资本的强势与农民的弱势，合约中土地经营权流转的租金有的十几年甚至几十年不变，农民虽然可以在生产基地中打工而有务工收入，但务工收入短时间内也基本上是一定的。因此，农民的收入一定时期内就犹如被“一个锅盖严严盖死”那样受到极大限制，形成了所谓的“锅盖效应”。针对这一实际，广西制定出台扶持培育新型农业经营主体和完善利益联结机制等政策措施。一方面，积极培育和引进新型农业经营主体，使之起到带领贫困地区农户走进市场、提高产业化程度的作用；另一方面，一改过去那种土地经营权流转租金“一定”不变的做法，通过订单联结、股份联结、劳务联结、服务联结、生产托管等方式，完善利益联结方式，把新型经营主体是否具有“减贫带富”功能，作为政府产业扶持项目和资金安排的重要依据，构建起新型经营主体（包括企业、合作社等）与农户多方共赢的利益共同体，引导新型农业经营主体带领贫困户“跟着看，跟着干，共同富”，不但提高了扶贫产业的组织化和规模化程度，还有效保障了贫困农户的切身利益。截至2018年末，广西壮族自治区有市级以上农业产业化龙头企业1309家，70%以上贫困村、30%以上的贫困户有龙头企业带动，基本形成以“公司＋合作社＋农户”为主要形式的多方合作新模式。

3. 构建示范引领机制

在贫困地区发展扶贫产业首先遇到的一大难题就是产业发展基础相对薄弱，各种生产要素难以聚集。同时，作为产业发展主体的农民大多数见识不广，加之受到“理性小农”行为选择逻辑的左右等因素的影响，扶贫产业发展难免遭遇“政府热、群众冷”的尴尬局面。破解难题的途径之一就是建立起“示范—引领”机制。这是因为，农民尤其是贫困农民是最现实的，不仅要让他们看到扶贫产业发展具有光明前景，从而增强其信心和决心，还要为他们提供“看得见、摸得着”，可以“依葫芦画瓢”的“样本”，才能激发其创业的内在动力。因此，加强产业发展的载体建设，使之发挥示范引领作用，是推动扶贫产业发展的有效途径。近年来，广西实施建设现代特色农业示范区、创建特色农产品优势区、争创兴村强镇示范区等重大项目，推动要素集中、产业集聚、技术集成、经营集约，带动扶贫特色产业发展。在推进这些示范引领项目中，广西还实行了向贫困地区倾斜的政策。截至2018年末，广西壮族自治区创建现代特色农业示范区（园、点）8232个，累计认定了7611个，已认定的各类示范区、示范园和示范点数量如图1所示。此外，广西创建的8个国家级特色农产品优势区和19个自治区级特色农产品优势区，实施的20个农业产业强镇示范项目，60%以上安排在贫困县。

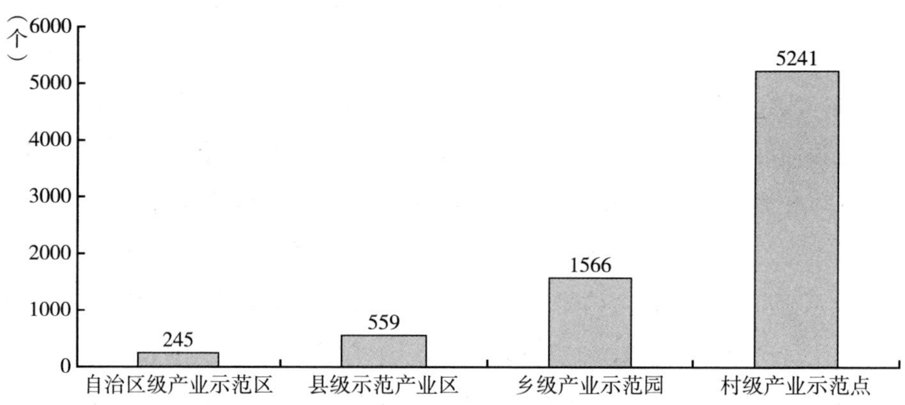

图1　广西各层级产业示范区（示范园、示范点）认定情况

4. 强化资金投入保障机制

习近平总书记指出：“坚持加大投入，强化资金支持。脱贫攻坚，资金投入是保障。”[①] 推进脱贫攻坚战以来，广西把扎实做好资金保障作为推动扶贫产业发展的重要推手。基于各级财政实力较弱的区情，广西探索形成多

① 中共中央党史和文献研究院编《习近平扶贫论述摘编》，中央文献出版社，2018，第94页。

渠道的资金投入保障机制。首先是建立财政投入增长机制。广西根据各地脱贫攻坚任务的轻重，提出了自治区本级和百色、河池市及滇桂黔石漠化片区县、国家扶贫开发重点县按当年一般公共预算收入增量的20%以上，贺州、来宾、崇左市和自治区扶贫开发重点县按15%以上，其他市、县（市、区）按10%增列专项扶贫预算，使财政投入的主渠道得以落实①。同时，提出了“盘活存量投入”的要求，当年凡按规定清理回收的存量资金中可统筹使用的50%以上，必须用于扶贫开发②。此外，还提出重点加涉农资金整合力度的要求，包括中央和地方各级现代农业发展、现代农业核心示范区建设、扶持库区移民生产、中央和自治区专项扶贫、旅游发展专项、农民工创业扶持、自治区中小微企业扶持等专项资金，用于支持扶贫产业发展。其次是完善金融扶贫财政激励传导机制，继续实施精准脱贫增量贷款奖补，引导金融机构增加扶贫信贷投放量；建立贫困户贷款风险补偿基金，加大扶贫小额信贷贴息力度，鼓励金融机构加大对贫困户的小额信贷投入；支持贫困村建立资金互助组织，每个村互助资金不少于50万元，并允许作为贷款担保资金或参加增信类保险使用。最后是完善发挥财政资金引导和杠杆作用机制，通过政府与社会资本合作、政府购买服务、担保贴息、以奖代补、风险补偿等，带动社会资本加大对脱贫攻坚的投入。通过以上机制的建立和完善，广西持续撬动金融资金、政策性保险资金和社会资本投入。整合资金优先用于保障贫困群众直接受益的产业，新增产业扶贫资金重点面向深度贫困县、极度贫困县、边境县。以2019年为例，自治区财政筹措落实财政专项扶贫资金137亿元，切块下达54个贫困县涉农整合资金177亿元，为扶贫产业提供强有力的资金投入保障。

① 广西壮族自治区人民政府办公厅：《“十三五”全区脱贫攻坚财政投入稳定增长机制工作方案》，http：//www. pkulaw. cn/fulltext_ form. aspx？Gid = b77902df80b1edd3907b5f608359c896bdfb。

② 广西壮族自治区人民政府办公厅：《“十三五”全区脱贫攻坚财政投入稳定增长机制工作方案》，http：//www. pkulaw. cn/fulltext_ form. aspx？Gid = b77902df80b1edd3907b5f608359c896bdfb。

5. 强化科技服务政府支持机制

科学技术是第一生产力，建立和完善科技支撑服务体系是扶贫产业持续稳定发展的关键举措之一。在我国经济进入新常态背景下，适应人们追求高品质生活的趋势要求，为消费者提供安全优质的产品和服务成为贫困地区扶贫产业发展的可行路径。而要实现这一目标，强化对扶贫产业发展的技术支持就显得尤为重要。然而，贫困地区发展产业不仅缺人才、缺资金，而且更缺技术（尤其是先进技术），这一关键要素的“短缺”是其扶贫产业发展的突出“软肋”。为此，广西以组建“三支队伍”为抓手，加强对扶贫产业发展的技术服务，形成了“专家咨询服务团 + 技术培训讲师团 + 产业发展指导员”的科技服务政府支持机制。一是组建 100 个专家咨询服务团。以“一个特色产业，一个专家服务团”为目标，各级农业科技部门组建了由 1265 名专家组成的 100 个产业扶贫技术咨询专家服务团队，利用主要农时季节、重要物候期和生产经营关键时期，深入各村屯开展产业技术咨询服务。二是组建技术培训讲师团。组建由自治区、市、县三级 5189 名科技人员组成的 133 个培训讲师团，每年开展两次（“春季大培训”和“秋冬季大培训”）大规模的技术培训。截至 2018 年末，累计举办各类产业技术培训班 1. 6 万多期，培训贫困群众 90 多万人次，有力提升了贫困群众脱贫致富实用技能。三是建设一支数量庞大的产业发展指导员队伍。按照贫困村每个特色产业设置 1 名产业发展指导员，非贫困村设置不少于 1 名产业发展指导员的要求，广西壮族自治区建立起由 2. 95 万人组成的村级产业发展指导员队伍。通过上述措施，把产业发展的科技支撑落到实处。

6. 强化产销对接服务机制

农产品销售不畅，一直是农村脱贫致富路上的“拦路虎”，农产品滞销的新闻更是常常见诸各类媒体，“低价也难卖，质优还滞销”是困扰农村产业发展的一大难题。可见，搞好产销对接是扶贫产业实现助农增收的“最后一公里”。为此，广西不断强化产销对接的机制创新，形成集“品牌打造 + ‘借船出海’ + 电商主推 + 定向直销”为一体的产销对接体系。首先，加强特色农产品品牌建设。出台《关于加快推进广西农业品牌建设的指导意见》

《关于印发广西壮族自治区农产品品牌目录制度（试行）的通知》《广西农业品牌整体形象策划设计工作方案》等文件，打造“广西好嘢”农产品品牌整体形象，精选出30个农产品区域公用品牌（其中15个品牌为贫困县区域公用品牌）、27个农业企业品牌、64个农产品品牌，坚守绿色食品底线，引导中低端农产品向高端品牌发展，打造全国高端农产品生产供应基地。横县茉莉花、横县茉莉花茶、钦州大蚝、昭平茶、富川脐橙等5个品牌跻身全国区域品牌百强；百色杧果、钦州大蚝、荔浦芋、南宁香蕉等4个品牌入选全国“100个农产品”品牌，农业品牌建设走在全国前列，摘取了全国建立品牌目录制度省区前三强“桂冠”。其次，依托展会“借船出海”。组织各县区、各大企业积极主动参加各类高端展览会、展销会，仅2018年就累计组织2500多家农业企业（合作社）参展，签订的购销合同（协议）金额达63亿多元。例如，在2018年农业农村部举办的全国首场贫困地区农产品产销对接活动中，百色市就签订了10.2亿元杧果销售合同；在第十六届中国国际农产品交易会“产业扶贫在行动——全国贫困地区农产品产销对接大型公益活动”中，西林县获得意向订购砂糖橘13.9万吨（占全县总产量的58%）、金额达8.6亿元。这两个订单分别成为该活动中全国最大金额的订单。再次，依托“电商平台”主推。制定出台《广西电子商务进农村三年规划》、《广西农村电子商务工作实施方案》以及《脱贫攻坚农村电商发展实施方案》等一系列文件，在资金、政策等方面对发展农村电商给予大力支持。加快实施信息进村入户工程，率先出台信息进村入户项目管理办法，“信息进村入户”已覆盖56.64%的行政村，被列为2018年全国“整省推进信息进村入户工程”8个示范省之一，奠定农村电子商务扶贫物质基础。通过政府推动、市场运作、基础配套、试点示范等工作，截至2018年末，有36个县获批国家电子商务进农村综合示范县，其中贫困县23个，占比63.9%。打造“党旗领航·电商扶贫”等知名品牌，吸引阿里巴巴、京东商城、苏宁易购、乐村淘、村邮乐购等全国知名电商平台落地广西农村发展。仅阿里巴巴就与广西39个县（市、区）签订合作协议，开通农村淘宝县域33个，建设村级淘宝店1170个，电商扶贫逐步成为“桂货出山”的

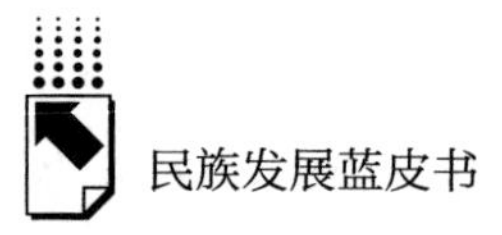

主渠道。例如，素有“中国杧果之乡”的田东县，2018 年仅线上销售杧果就达 2 亿多元，占到销售额的 1/5 强，增长幅度达 40%。最后，依托消费扶贫推动“定向直销”。组织开展贫困地区农产品定向直供直销活动，重点组织扶贫农产品向学校、医院、机关、大中型企业，引导和支持大型批发市场、大型连锁超市、电商企业等农产品流通企业与贫困地区扶贫企业、专业合作社、农户建立稳定的购销关系。

（三）扶贫产业发展的模式创新

在推进产业精准扶贫中，广西各地不断探索具有当地特色的扶贫产业发展新路子，形成了一批可推广、可复制的产业扶贫新模式。

1. “贷牛还牛”的都安模式

都安瑶族自治县地处全国集中连片特困地区之一的滇黔桂石漠化片区，是喀斯特地区面积最大的县，石山面积占总面积的 89%，人均耕地不足 0.7 亩，“九分石头一分土”是都安瑶族自治县自然条件恶劣的真实反映。全县总人口 72.6 万人，少数民族占总人口的 96.34%，其中瑶族人口占 23%。2015 年末经精准识别，都安瑶族自治县有 13.84 万贫困人口、147 个贫困村（其中深度贫困村 106 个），需要易地扶贫搬迁 4.68 万人。因此，都安瑶族自治县既是国家扶贫开发重点县，也是全国深度贫困县，还是广西 4 个极度贫困县之一。

都安瑶族自治县山多地少、干旱缺水，自然条件极为恶劣。脱贫攻坚中要让广大贫困群众走出过去那种“越扶越贫”的困境，彻底摆脱绝对贫困，加大产业扶贫力度是解决问题的有效途径。在深入基层开展广泛调查研究的基础上，县委、县政府做出了依托都安比较优势，大力发展生态瑶山牛养殖业的决定。通过充分利用扶贫政策，加大展商引资力度，引进企业建成 3 个万头种牛基地，扶持各贫困乡、贫困村新建牛舍 1.3 万多个，形成了“县有基地、乡有牛场、村有牛舍、户有牛羊”的生态牛养殖新格局，并成功探索出“贷牛还牛”的产业精准扶贫新模式。

“贷牛还牛”是脱贫攻坚中都安瑶族自治县推动产业扶贫的一大创新。

传统产业扶贫模式之下，政府对贫困户的产业扶持，往往采取直接地、无偿地给贫困户送种苗，由贫困户分散经营（即自种自养）的运作模式。政府在产业项目选择时，选择的大多是当地群众技术水平可接受的传统产业项目，即便是项目运作成功（产出量达到预期目标），也会因缺乏企业的介入，市场渠道无法打通，在市场风险冲击下，仍然会导致增产不增收。更何况由于贫困户分散经营，技术、管理等往往跟不上，项目运作不成功的概率一般都比较大，因而难以逃脱失败的宿命。针对这些弊端，都安在推进产业精准扶贫中，采取了政府、企业、农户联动发展方式，即农业龙头企业把牛犊免费“贷”给贫困户，待牛可以出栏时再保底收购，扣除牛犊费用后利润归养殖户。为调动企业、农户参与的积极性，政府为养殖户提供保险、金融和技术支持，形成“政府扶持、企业牵头、贷牛还牛、还牛再贷、滚动发展”的产业精准扶贫模式。

“贷牛还牛”产业扶贫模式之所以能够成功，除了有政府在资金、技术等方面强有力扶持之外，关键在于有龙头企业的介入，形成了“政府 + 企业 + 金融 + 技术 + 管理 + 贫困户”的产业运作模式，通过政府、企业、贫困户的协同作用来激活各类生产要素，从而促进瑶山牛养殖业的健康发展。其中，龙头企业的作用体现在以下几个方面。其一，提供产前服务，即引进优质种牛并在当地试养一段时间之后，再贷给贫困户，从源头上确保牛犊的品质。其二，在产中通过与当地合作社、养殖大户的合作等对贫困户开展技术、管理的培训，为贫困户提供饲养技术和管理的支持。其三，在产后提供市场销售服务，农户饲养的肉牛出栏后，按照“谁发放、谁回收”的原则由企业按市场价格回购，从而大大降低了贫困户的市场风险。

政府在项目运作中始终起到主导作用，除了提供政策（如小额信贷、保险等）支持外，还通过发挥驻村第一书记、村“两委”和基层技术部门的作用，建立起“贫困户养牛、帮扶人跟进、合作社代养、村两委协调、兽医站跟踪”的全方位服务体系，确保瑶山牛养殖业的稳步发展。同时，为延长产业链，政府还引进社会资本。广西都安嘉豪实业有限公司投资 3 亿元建设都安西南冷链仓储物流中心，将屠宰、加工、冷链三环节无缝衔接，实现“牛在都安养，肉在全国卖”的目标，为瑶山牛养殖业发展注入了新动能。

经过三年努力，截至2018年底，都安瑶族自治县全县瑶山牛数量已发展到16万头，带动40个贫困村实现摘帽，1.9万户贫困户脱贫。据河池市副市长、都安瑶族自治县委书记陈继勇介绍，到2019年底，全县肉牛将发展到20万头，实现“户均一头瑶山牛”的目标，贫困户年均增收3000元以上。

2.“链式发展”的田阳模式

田阳县位于广西西部、右江河谷中部，总面积2394平方公里，辖9镇1乡152个行政村5个社区，总人口35.80万人。2015年经精准识别，田阳县有贫困村52个、建档立卡贫困户14266户、贫困人口50541人，贫困发生率15.99%，是滇桂黔石漠化片区县、广西壮族自治区扶贫开发工作重点县。

田阳县按其地形地貌可划分为北部土山区、河谷平原区和南部石山区三大区域。资源禀赋和发展基础的差异，导致田阳县成为一个“藏穷露富”的地方。右江河谷平原交通便利，是西南地区走向“珠三角”的“咽喉要道”，自然条件良好，适宜于水稻等粮食作物和种植糖料蔗、亚热带水果等经济作物，是全国商品粮基地、闻名遐迩的“中国杧果之乡”、南菜北运基地，经济社会发展大大优于两翼山区（尤其是南部石山地区）。北部土山地区虽耕地面积少，但土山土坡多，靠近河谷地带的玉凤镇塑柳等6个村适宜种植杧果，其余各村则可种植油茶树等价值较高的经济作物。南部石山地区区域面积占全县的41.5%，人口占全县（乡村人口）的50.52%，耕地面积占50.33%，但由于干旱缺水，生存环境恶劣，加之交通不便，呈现出贫困分布面广、贫困程度深的明显特征。全县52个贫困村全部分布在该区域，仅这些贫困村的贫困人口就有24857人，占到全县贫困人口的48.74%。可以说，能否解决好南部山区贫困问题事关田阳县脱贫攻坚的成败。

基于上述县情，在脱贫攻坚中田阳县创新提出并实施“短期保收入、中期上产业、长期保就业（增收）”的产业精准扶贫“链式发展”新模式。“短期保收入”即通过实施产业差异化“以奖代补”，引导贫困户发展“短平快”的特色种养业以实现增收。以 2018 年为例，全县累计发放产业奖补 2083.24 万元，帮助 6872 户贫困户通过发展产业实现脱贫。“中期上产业”，2016～2018 年全县整合各类涉农资金 4088 万元，通过加大产业基础设施建设力度，引导公司、专业合作社、经营大户等参与当地特色优势产业开发，培育形成县域“5+2”（即培育壮大杧果、蔬菜——小番茄、特色水果、生态养殖和油茶 5 大扶贫支柱产业和香蕉、糖料蔗 2 个备选产业）特色扶贫产业体系。“长期保就业（增收）”，即通过大办产业基地，重点打造北部山区 20 万亩农林生态脱贫产业核心示范区，右江河谷果蔬产业（核心）示范区、南部华润五丰（田阳）生态养殖供港基地，带动五大主导产业规模化、集约化、高效化发展，形成南部山区（沃柑等）+北（杧果、油茶等）+河谷（杧果、小番茄等）的特色产业发展格局。

截至 2018 年末，全县杧果种植面积达 40 万亩，达产 24.8 万亩，产量达约 25 万吨，产值 13 亿多元，年提供就业岗位 6 万多个，其中，贫困户参与杧果产业务工达 5000 多人，年务工总收入达到 2200 万元，人均年收入约 4400 元；全县小番茄种植面积达到 22.4 万亩，产量约 80 万吨，产值约 12 亿元，年提供用工量达 5.58 万人，其中贫困群众约 0.5 万人，用工收入达 4500 多万元（人均约 9000 元/年），有效带动了贫困人口的持续增收脱贫。2016～2018 年全县累计减贫 12136 户 44806 人，贫困发生率下降到 2.17%。2019 年 7 月，经国务院扶贫办组织的第三方核验，田阳县于顺利实现了全县脱贫摘帽目标。

3. “多元带动”的金陵模式

广西金陵农牧集团有限公司（以下简称金陵公司）是一家集种鸡育种与肉鸡养殖、种猪繁育和肉猪养殖以及饲料加工、有机肥料生产于一体，拥有 12 家子公司的大型现代化牧业集团。作为在广西本土发展起来的一家大型民营企业，金陵公司在脱贫攻坚中充分发挥自身拥有的技术、资金、市场优势，通过基地辐射、利益联结、精准帮扶等方式，构建起松散型与紧密型相结合、多元带动的产业扶贫模式，取得了显著的减贫带富成效，2019 年被评为广西扶贫龙头企业。

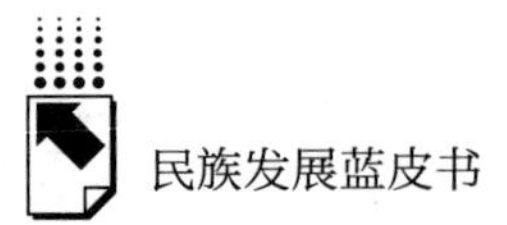

基地辐射带动，即通过扩大企业生产规模来辐射带动产业发展，间接带动农民增收。截至2018年底，公司除自建14个生产基地外，还与百色市田东县、田阳县、靖西市等联合建立订单生产基地来带动养殖业发展。自建生产基地2018年生猪饲养量93000头，同比增长19.35%，肉鸡饲养量162.59万只，同比增长2.19%。订单生产基地2018年生猪饲养量40.31万头，同比增长9.51%，肉鸡饲养量2008.60万只，增长26.78%。通过生产规模扩张，带动原材料采购货值增长，自建基地提供主要原料货值2018年为12.37亿元，同比增长17.92%，订单生产基地原料采购货值增长6.22亿元，同比增长11.47%。

利益联结带动，即采取“公司+基地+农户”的联结模式带动农户养殖致富。金陵公司采取六统一（统一标准、统一种苗、统一饲料、统一兽药、统一技术、统一保价回收）管理方式，与合作农户签订订单合同，企业提供养殖资金并承担市场风险，合作农户只承担养殖风险，确保公司和合作农户的经营效益。2018年带动农户6498户，同比增长9.12%。按合同价收购农产品比按市场价多向农户支付金额为6843.12万元，比2017年增加1264.02万元，同比增长22.66%。

精准帮扶带动，针对建档立卡贫困户的不同情况采取分类精准帮扶措施，直接带动贫困户实现脱贫。先后在国家扶贫重点县的隆安县、田东县，南宁市西乡塘区、钦州市钦北区等地直接帮扶358户建档立卡贫困户从事肉鸡养殖。其中，针对不同贫困户的情况，采取不同的帮扶方式：（1）针对有劳动力、无资金、无场地的贫困户，采取吸收劳动力到公司就业的方式，为其提供边工作边免费学习培训的机会，每月还可赚取3000～5000元的工资，掌握技术后返回家乡发展养殖业，实现能力提升与增加收入的双重扶持效果；（2）针对有场地、无资金、无劳力的贫困户，公司租用其基地发展养殖并付给一定租金，同时贫困户以政府提供的产业扶持资金加盟公司并参与分红；（3）针对无场地、无劳力、无资金的贫困户，通过其以政府提供的扶贫小额信贷资金（50000元/户）入股，公司按固定利润分红给贫困户的方式来帮扶。通过上述三种不同帮扶方式，建档立卡的358户每年增加收入 1500 多万元，确保其实现脱贫目标。

通过实施“多元带动”产业精准扶贫，金陵公司取得了带富一方与自身发展双赢的良好效果。几年来，企业生产经营呈现稳定发展的好势头。与 2017 年相比，2018 年资产总额、销售收入、利润、员工工资总额分别达到 8.07 亿元、19.67 亿元、9434.73 万元和 6958.86 万元，分别增长了 12.08%、16.39%、13.68%和 27.84%，企业发展前景广阔。

（四）广西产业精准扶贫的初步成效

为有效解决以往产业扶贫中的产业“小、散、弱”等问题，广西立足自身资源优势和产业基础，推动了县级“5+2”和贫困村“3+1”特色产业发展体系的形成。2018 年 10 月，这一创新之举被评为全国产业扶贫十大机制创新典型。

通过实施产业精准扶贫，一批特色优势产业在不断发展壮大。截至 2018 年，广西蚕茧产量达 23.89 万吨，稳居全国第一。进厂原料蔗达到 6989.76 万吨，成品糖 1016.37 万吨，稳居全国第一。园林水果产量达到 1790.55 万吨，同比增长 13.3%；其中柑橘 836.49 万吨，同比增长 22%，杧果 63.6 万吨，同比增长 8.8%；火龙果 23.77 万吨，同比增长 126.7%；百香果 22.02 万吨，同比增长 67.9%。这些产业的发展，有效带动了农民增收。截至 2018 年底，广西县域“5+2”、村级“3+1”特色扶贫产业覆盖了 92.92%的有发展能力的贫困户。“县有扶贫支柱产业，村有扶贫主导产业，户有增收致富项目”的产业精准扶贫格局基本形成。在 2016~2018 年已脱贫的 320 万贫困人口中，有 252 万贫困人口通过产业帮扶实现增收脱贫，占脱贫人口的 78.75%，产业扶贫挑起了打赢脱贫攻坚战的“大梁”。

三　广西扶贫产业可持续发展存在的突出问题

习近平总书记指出：“产业扶贫是稳定脱贫的根本之策，但现在大部分地区产业扶贫措施比较重视短平快，考虑长期效益、稳定增收不够，很难做到长期有效。如何巩固脱贫成效，实现脱贫效果的可持续性，是打好脱贫攻坚战必须正视和解决好的重要问题。”① 广西在推进扶贫产业发展中虽然取得了初步成效，但也存在一些问题，突出的表现就是习近平总书记所指出的——产业发展的持续性还不够强。应当说，这些问题在民族地区中具有一定的普遍性，其存在的主要问题有以下几个方面。

（一）区域产业同质化现象较为突出

为鼓励各地从实际出发，选择具有当地特色的产业，广西壮族自治区出台了促进县域“5+2”、村级“3+1”的产业发展思路，一定程度上促进了区域特色产业的形成与发展。但各县（市、区）在具体实施中，依然存在一定程度的产业雷同、产业同质化的现象。

以百色市为例，各县（市、区）扶贫产业选择情况如表1所示。

表1　精准扶贫中百色市各县（市、区）扶贫产业选择情况

县(市、区)	5个支柱产业	2个备选产业
右江区	杧果、糖料蔗、油茶、养猪、养鸡	八角、优质稻
田阳县	杧果、柑橘、茄果类、养猪、养鸡	糖料蔗、油茶
田东县	杧果、优质稻、糖料蔗、养猪、养牛	养鸡、油茶
平果县	桑蚕、养鸡、火龙果、油茶、养猪	糖料蔗、养牛
德保县	柑橘、山楂、桑蚕、养猪、糖料蔗	养鸡、八角
靖西市	优质稻、柑橘、桑蚕、烤烟、养猪	养牛、杂粮杂豆
那坡县	桑蚕、中草药、养猪、养鸡、油茶	养牛、杉木
凌云县	茶叶、油茶、桑蚕、乡村旅游、八角	牛心李、养鸡
乐业县	刺梨、茶叶、猕猴桃、养猪、油茶	核桃、杉木
田林县	杉木、油茶、糖料蔗、养猪、养鸡	竹笋、杧果
隆林县	优质稻、养猪、养鸡、杉木、桑蚕	油茶、板栗
西林县	柑橘、茶叶、油茶、养猪、杉木	蜂蜜、优质稻

资料来源：根据百色市2018年产业扶贫工作总结整理。

① 中共中央党史和文献研究院编《习近平扶贫论述摘编》，中央文献出版社，2018，第83页。

表1反映出百色市各县（市、区）精准扶贫中扶贫产业选择的情况，其选择状况可归纳如图2所示。

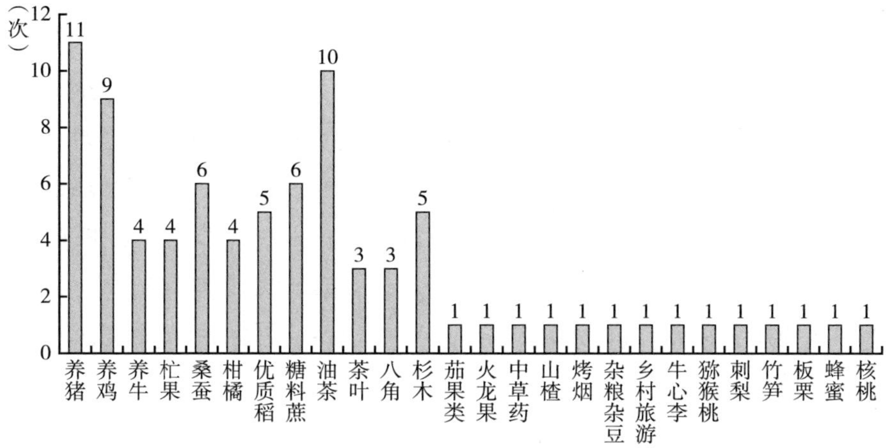

图2　百色市各县（市、区）扶贫产业选择频数

从表1和图2来看，百色市各县（市、区）扶贫产业选择按大类划分，除凌云县五大产业中选择了1个服务行业——乡村旅游服务为外，其余的都是种植业和养殖业。按选择频数从高到低排列，依次是养猪（11次）、油茶（10次）、养鸡（9次）。可见，其产业选择同质化现象较为突出。

诚然，在上述几个产业中，油茶是百色市的传统优势产业。土山多、耕地少是百色市的地理特征，利用较丰富的山地资源和气候等条件种植茶果树，再用土法榨油，是当地农民群众的生产传统。随着人民生活水平的提高，茶油作为绿色有机优质食用油受到当下市场的青睐。此外，茶果树低产改造技术的应用推广，也为提高其产量提供了技术支持。因此，百色市把油茶作为主要扶贫产业来发展，应当说是无可厚非的。据统计2018年百色市油茶种植面积达到179万亩，如能在精深加工上下功夫，把其培育成具有市场竞争力、可持续发展的产业是可预期的。

但是，养猪、养鸡则不然。养猪、养鸡属于较低端的养殖业，全广西乃至全国各地都可以发展，本身就不是百色市独有的优势。各县（市、区）

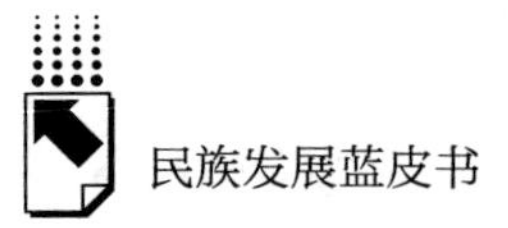

之所以都选择了这两个产业，究其原因主要有两个方面。其一，短期内农民增收的客观需要。脱贫攻坚中，要确保贫困户达到“一高于”（贫困人口人均收入达到国家规定的标准线），选择“短平快”的项目是可行路径之一。无论是养猪还是养鸡，排除疫病的风险冲击一般可以当年有收益，对贫困群众增收有“吹糠见米”之效。其二，受自上而下实施的“产业奖补”扶贫政策的影响。因为“产业奖补”采取的“先建后补”的方式，养猪、养鸡是农村中最常见的生产活动，不需要掌握太高的技术水平，也不受场地的限制，各家各户都可以养，贫困群众为了得到“产业奖补”资金，选择其力所能及的项目来实施也就无可厚非了。这两方面的因素导致了百色市扶贫产业选择的同质化现象，可以说这是一种无奈之举，其不可持续也就在所难免了。

（二）产业发展的基础设施仍较薄弱

民族地区基础设施（尤其是支撑产业发展的基础设施）薄弱是不可否认的事实。2016 年 8 月，笔者到大化瑶族自治县七百弄乡调研，该乡脱贫攻坚中需要解决的 20 户以上未通路的自然屯有 112 个，需修建的通屯道路达到 227 公里。脱贫攻坚中，尽管广西各地加大基础设施建设的力度，一举解决了民族地区贫困群众“行路难”问题（大化瑶族自治县也克服了种种困难，解决了全县自然屯不通路的问题）。但产业发展的基础设施如产业路、生产用水、用电等的建设，则因所需资金量大，投入不足而尚未得到根本解决。

笔者对广西 54 个贫困县的《2018 年产业扶贫工作总结》进行归纳分析发现：“产业基础薄弱”仍是各县反映的主要问题，其中又以产业基础设施薄弱更为突出。如桂林市资源县（享受少数民族自治政策待遇县）认为：“我县属高寒山区，当前在扶贫政策的惠泽下，多数村屯已修通了公路，但产业扶贫基地没有通公路，没有通电。农资和产品仍然靠人工运输。多年来我县财政困难，投入农业基础设施建设的资金有限，农业基础设施普遍落后、老化、陈旧，抵御自然灾害的能力不足，制约着产业扶贫的发展和农业增收。”[①] 又如，百色市田林县在其总结中也认为：“田林县山大沟深，产业扶持资金不足，基础设施建设滞后，农业生产条件薄弱，各生产区的交通不便，物资运输等成本高；水电等基础设施也严重滞后，抗御自然灾害能力低，严重影响了产业发展水平，使产业的质量与效益大打折扣，缺乏市场竞争力。”[②] 巴马瑶族自治县则具体分析其水利设施薄弱的问题：“尽管我县近年来不断加大水利设施建设投入，但仍与当前农业发展极不适应，农田水利设施建设滞后与当前农业生产发展的矛盾还比较突出。我县拥有中型水库1座，小型水库3座，有明显的水资源优势，但由于资金短缺等原因，水资源优势没有得到充分利用，原有渠道因年久失修，渗漏严重。加之乡镇财力紧张，扩大再生产能力有限，对现代农业基础设施投入不足，抗御自然灾害能力弱，农业遭灾就大幅减产。”[③]

笔者的调研也证实了上述观点。2018 年 5 月，笔者到百色市那坡县百都乡各门村调研，在向党支部书记了解该村脱贫攻坚中最迫切需要解决的问题时，他提出：“帮助解决生产便道是群众最迫切的愿望!”他分析道，20年前当时县政府发动群众连片种植了 1500 多亩八角，几乎人均 1 亩。这些可谓是村里群众的“摇钱树”，近年来八角价格呈现出回升之势，每亩可以有 3000 元左右的收入，年人均可增收 3000 元左右。但由于没有产业路，光靠肩挑马驮，潜在的经济效益无法实现。可见，解决产业基础设施建设滞后问题，是促进民族地区扶贫产业可持续发展的当务之急。

（三）支撑产业发展的要素仍较短缺

首先从土地要素来看，其一，部分民族地区，特别是地处石漠化片区中的边远山区，人均耕地少依然是其产业发展最大的制约因素。例如，河池市

---

① 广西壮族自治区扶贫开发领导小组产业扶贫专责小组、广西壮族自治区农业农村厅：《2018年各市县产业扶贫工作总结（内部资料）》，第 109 页。

② 广西壮族自治区扶贫开发领导小组产业扶贫专责小组、广西壮族自治区农业农村厅：《2018年各市县产业扶贫工作总结（内部资料）》，第 345 ~346 页。

③ 广西壮族自治区扶贫开发领导小组产业扶贫专责小组、广西壮族自治区农业农村厅：《2018年各市县产业扶贫工作总结（内部资料）》，第 419 页。

现有的430个深度贫困村中，大部分都居住在大石山区，人均耕地面积不足0.3亩，产业发展的空间不大，难以形成规模发展的主导产业。其二，受传统恋土观念和认识误区的影响，土地承包权流转比较困难。从传统观念来看，农民一向把土地当成自己的命根子，宁可丢荒也不肯把土地流转出去，生怕流转之后地界不清，一旦合同到期就难以赎回原有承包地。就对承包地的认识误区而言，自从20世纪80年代实行家庭联产承包责任制以来，由于对家庭联产承包责任制的宣传教育不到位，广大农民群众错误地认为承包责任制就是“分田单干”，自家承包的土地就是自己的（言下之意就是自家所有的）。就这个问题，笔者曾在中共广西壮族自治区委员会党校多个乡镇党委书记、乡镇长培训班上做过调查。调查的问题是：“在农民的心目中，其所承包土地是集体的还是他自己的?”几乎所有的学员都回答“他们认为是自己的”。这一认识误区极大阻碍了农村土地承包权的流转。其三，产业用地指标紧缺。笔者近年来在调研中发现，基层同志反映最强烈的问题之一就是产业发展项目用地指标十分紧缺，导致有项目无指标，项目难以落地。比如，上林县2018年引进奶水牛规模养殖及种源繁育示范项目需要土地600亩，但该县连片开发50%以上的土地均属于基本农田保护地，受制于项目用地的制约，项目推进十分艰难。

其次从资金要素来看，其一，投资需求与财政供给缺口较大。从媒体公开的信息了解到，2019年广西壮族自治区财政厅下达54个贫困县农业生产发展资金2.6亿元①（县均481.48万元），用于支持中药材种植扶贫项目。以广西主推的效益较好的项目牛大力种植为例，每亩仅种苗投入就达3000元。如用这笔资金购买种苗支持各县发展该项目，这意味着每个县只能发展1600亩，难以达到规模化发展。其二，扶贫产业后续投入难以为继。扶贫产业的投入应以企业为主，但涉农中小企业的“融资难、融资贵”问题尚难“解套”。这是因为企业的资金来源主要依赖银行，银行贷款又必须有

---

① 财政部网站：《广西财政　精准发力落实产业扶贫“三项清单”》，http：//news.10jqka.com.cn/20191120/c615353857.shtml。

“硬资产”（一般是土地、房产等）做担保抵押，而涉农中小企业的资产（尤其是土地、房产等）大多是没有产权的用地，不能用于抵押担保，从而陷入了“死循环”之中。在《2018 年产业扶贫工作总结》中，大部分县（市、区）也都把企业融资难作为主要问题来反映。

最后从劳动力看，扶贫产业发展还遭遇“劳动力短缺”难题。目前留在农村中的青壮年劳动力少，是《2018 年产业扶贫工作总结》中各县（市、区）反映的又一个普遍问题。笔者相关问卷调查也证实了这一观点。该问卷调查于 2017 年 7 ~ 8 月进行，调查样本涵盖了百色市的靖西、德保、乐业、凌云、田林、隆林、那坡、田阳 8 个县，崇左市的天等、大新、宁明 3 个县，河池市的东兰、巴马、凤山、都安 4 个县，来宾市的忻城县，柳州市的融安县、融水县，南宁市的上林县等 19 个县（每个县随机抽取一个样本村），372 个样本。统计分析结果表明，372 个样本中共有人口 1550 人，劳动力有 1017 人，其中外出务工劳动力为 364 人，占劳动力总数的 35.79%。留在农村的人口中，15 岁及以下的占 22.97%，16 ~ 40 岁的占 28.61%，41 ~ 50 岁的占 16.99%，其中 51 岁及以上的占 31.43%。可见，留在农村的人口中，青年人口占比不到 1/3，如扣除在学人口其所占比例则更小。

（四）产业帮扶作用有待加强

另据某第三方机构 2019 年 8 月对广西 11 个贫困县、68 个贫困村、3320 户贫困户的问卷调查表明，脱贫攻坚中对贫困户的产业帮扶作用效果不够明显。其主要问题如下。

一是产业组织化程度尚比较低。主要原因是企业、合作社或经营大户对贫困户的产业覆盖面仍比较小。在获得产业帮扶的样本户中，有 395 户表示是在企业、合作社或大户的带领下发展相关扶贫产业的，仅占获得产业帮扶户数的 18.36%。这意味着有超过 80% 的贫困户利用“产业奖补”政策自主发展产业，表明广西开展的精准扶贫中产业发展的组织化程度还不够高，企业、合作社或经营大户带动贫困户的作用有待进一步加强，致富带头人培育力度有待进一步加大。

二是产业帮扶效果尚不够显著。在获得产业帮扶发展的农户中，有419户认为产业帮扶对增收帮助一般，占获得产业帮扶户数的19.47%，占比接近1/5。主要原因是在推进产业帮扶中，或因技术支持不到位，或因贫困户自身管理不到位，遭受病虫害以及市场价格波动等影响，产业收益不大，贫困户认为产业帮扶作用不明显。

三是产业扶持可持续性不强。在获得产业帮扶的样本户中，有130户表示当下已经不再继续发展该产业，占获得产业帮扶户数的6.04%。没有继续发展该产业的主要原因是有部分农户遭遇产业发展失败，在“一朝被蛇咬，十年怕井绳”的心理影响之下，贫困户表示不再继续搞产业。这一占比虽不是太高，但其负面影响还是比较大的。

四　促进广西扶贫产业可持续发展的对策建议

基于对扶贫产业发展规律的认知和上述对广西产业扶贫实践的分析，笔者认为，民族地区应坚持以问题为导向，采取综合措施，务实解决好扶贫产业发展中“谁来做”（谁是产业发展主体）、“做什么”（发展什么产业）、“如何做”（如何来推进）、“怎么扶”（政府应该如何扶持）四个关键性问题，才能促进扶贫产业的可持续发展。

（一）完善产业组织模式，提高产业组织化程度

解决好“谁来做”（谁是产业发展主体）的问题，是务实推进扶贫产业发展的重要前提。大量的理论和实践经验表明，建立和完善“公司+村集体合作社+农户”产业组织，形成企业对接市场、合作社带农户、三者协同共振的紧密型产业组织模式，是促进贫困地区扶贫产业持续健康稳定发展的必由之路。

从理论上来分析，“公司+村集体合作社（以下简称合作社）+农户”紧密型产业组织模式之所以具有优势，其内在机理有三。其一，可以解决小农户难以进入大市场的问题。在我国社会主义市场经济条件下，由于信息不

对称、交易成本过高、市场渠道不畅等因素的影响，单家独户分散经营的小农户市场开拓能力弱，无法使其生产出来的商品实现“惊人的一跃”（典型的表现就是“农产品销售不畅”），这就决定了单家独户的生产经营无法与大市场实现有效对接。在这方面，公司尤其是大型公司能够弥补作为农村最基本生产单位——小农户的“短板”。因此，在民族地区发展扶贫产业，提高产业组织化程度是解决这一难题的不二选择。其二，可以降低企业进入农村投资的交易成本。企业进入农村投资农业领域，在合作合约谈判过程中，如果其直接与分散的一家一户来谈判，势必导致其交易成本过高。在此情形下，村集体合作社作为农村基层生产领域中的合作组织，可以利用农村“熟人社会”的特性，发挥其组织群众、发动群众的“黏合剂”功效，起到把企业与小农户对接起来的“桥梁”作用，从而降低企业进入农村投资的交易成本。其三，可以有效保护小农户的合法权益。在企业进入农村参与产业开发中，由于企业具有资本雄厚、市场渠道畅通等优势，其在与农户的合作中往往处于强势地位，因而处于弱势地位的小农户在合约或履约中，其利益往往得不到有效保障。合作社的加入，作为小农户的代表在与公司谈判时，其砝码是单一农户所不能比拟的，从而可以使小农户的利益得到保障。

同时还应看到，“公司＋合作社＋农户”紧密型产业组织模式顺利运转的前提，在于建立健全三者之间的利益联结机制。其实这其中的道理也不难理解：首先，在三方合作过程中，假设公司不赚钱，其财务的可持续性就难以为继，破产倒闭是必然的。“树倒”了，岂有“猢狲不散”之理？其次，合作社作为村集体利益的代表者，如果在产业合作开发中没有得到相应的利益回报，村集体经济将难以得到发展，也就难以为村民提供基本的公共服务，中央关于发展新型集体经济的要求就会落空，其组织农户的功能也就难以发挥。再次，农户作为农村产业开发的主要参与者，如果其利益受损，其参与的积极性、主动性也就大大削弱，将失去其参与的内生动力。近年来笔者调研实践发现，扶贫产业发展取得成功的因素或许是多方面的，但其中的关键一定是妥善处理好三者之间的利益联结机制，形成多方共赢的利益格局的。因此，建立健全三者之间的利益联结机制，实现多方共赢，是“公

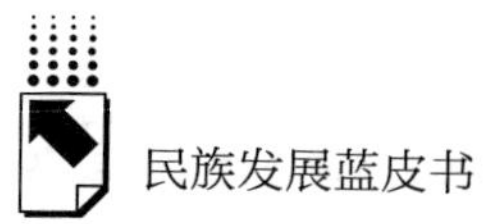

司 + 合作社 + 农户”产业组织模式有效运转的关键举措。

建立健全“公司 + 合作社 + 农户”紧密型的产业组织，需要以紧密型的利益联结机制来支撑，其关键点在于做好其中的“ + ”。从上述分析中不难看出，未来扶贫产业的发展，应与促进乡村产业振兴有机地结合起来。《中共中央国务院关于建立健全城乡融合发展体制机制和政策体系的意见》指出：“引导龙头企业与农民共建农业产业化联合体，让农民分享加工销售环节收益。完善企业与农民利益联结机制，引导农户自愿以土地经营权等入股企业，通过利润返还、保底分红、股份合作等多种形式，拓宽农民增收渠道。”① 这对未来扶贫产业发展中构建企业、合作社、农户利益联结机制提出了新要求，指明了新方向。各地应认真贯彻落实，结合实际制定出台细化、实化的可操作方案，积极探索农户以土地经营权入股、劳动等要素入股，合作社以财政扶持资金项目折价入股和集体资产折价入股等多种形式的利益联结方式，形成扶贫产业发展中，参与各方紧密协作、各类要素激活、经营利益共享、多方合作共赢的农村新型产业组织模式，进而推动民族地区扶贫产业实现可持续发展。

还要特别强调的是，民族地区县域经济发展总体仍相对滞后，仅仅依靠自身力量来发展，客观上说很难实现“产业振兴”的目标。解决问题的根本出路，在于进一步加大供给侧结构性改革力度，下大力气营造良好的投资环境，引进更多外来投资开发当地优势资源，培植经济发展新动能。同时，国家应在顶层设计层面加大对民族地区县域经济发展的政策支持，根据各县资源禀赋，按照“强龙头、补短板、聚集群”的思路，对现有国家扶贫开发重点县和石漠化片区县、边境县等，每个县安排一家以上大型央企或民营企业实施对口帮扶。构建起大型企业引领、当地中小企业配套成龙的企业集群，并以小微企业为触角辐射带动乡村产业发展。

---

① 新华社：《中共中央国务院关于建立健全城乡融合发展体制机制和政策体系的意见》，http：//www. gov. cn/zhengce/2019 –05/05/content_ 5388880. htm。

（二）完善“比较优势＋市场导向”的产业选择模式

“发展什么产业”是扶贫产业发展要解决的首要问题，这实际上就是产业选择的问题。这里所说的产业选择，严格意义上指的是主导产业的选择。从理论上讲，主导产业的选择应遵循经济标准、社会标准和生态标准等。从经济标准而言，包括了产业的连锁反应基准——前向效应、后向效应（赫希曼基准）和扩散效应（罗斯托基准），以及收入弹性、生产率上升（筱原三代平基准）。从社会标准来看，主要考虑的是某一产业的选择要与人口迁移、就业、劳动环境、人文环境等社会生活相协调。从生态标准看，就是要践行“绿水青山就是金山银山”的理念，坚守“绿色发展”的底线。

然而，当前各地在产业选择实践中，由于受到市场信息不对称性等因素的制约，很难严格按照上述选择标准通过定量分析来进行。因此，只能按照“人无我有、人有我优、人优我特”来进行经验性判断，这就是人们常说的比较优势原则。比如说，贫困乡村远离城市、远离市场中心，物流成本高，这无疑是其劣势，但反过来也是其优势所在。因为远离中心城市，所以贫困山区往往没有受到工业污染，土壤、气候、水质等具有原生态的特征，这成为其发展具有特色优势有机农产品的重要前提；同时，独特的、秀丽的自然山水风光、多姿多彩的民族文化等，也为其发展特色乡村文化旅游提供良好条件。从我国发展进入新时代，人们生活水平不断提升，越来越追求生活的高品位这一实际出发，抓住我国走质量兴农、绿色兴农道路的契机，依托当地资源优势，发展具有贫困地区乡村特色的产业新路子，是促进民族地区扶贫产业发展的有效途径。

但同时还应该认识到，一个地方的资源禀赋只是产业发展的潜在条件，其是否具有开发的价值，关键在于这个地方的要素禀赋在多大的程度、多广的范围具有比较优势，这决定着其市场的边界。比如，广西百色市的杧果，相对于海南、云南的西双版纳、四川的攀枝花等地而言，其产品品质、产业规模、知名度等方面，优势都是十分明显的，这表明百色市杧果的市场边界可以拓展到全国范围。至于百色市杧果能占全国市场份额有多大，就要看其能否依托这一比较优势培育产业竞争优势。综上所述，以各地资源优势和独特的历史文化为依托，瞄准市场需求，通过整合内外部各种要素，加大优势特色资源开发力度，推动区域产业竞争优势的形成，这是民族地区扶贫产业发展的不二选择。

（三）构建“全产业链 + 互联网”的扶贫产业推进模式

在现代市场经济下，农业的发展已经不是单纯的种什么或者养什么的问题，一、二、三产融合发展已成必然趋势。因此，构建“全产业链 + 互联网”的扶贫产业推进模式，是解决好“怎样做产业”的有效途径。这里的“互联网”不仅是指以畅通销售渠道为目的的电子商务，而且是指在农业领域广泛应用互联网、物联网、大数据、区块链等现代信息技术，将农业的产前、产中、产后各个环节贯通起来，形成对产业发展的技术支撑体系。

以种植业为例，所谓的全产业链包括了品种选育、种植管理、产品采收、仓储加工（包括粗加工和精加工）、物流配送、销售渠道拓展、品牌推广、客户服务、信息反馈等多环节，是条从田间到餐桌，产品质量可追溯的“安全、放心、健康”的食品产业链。只有每一个环节都做全、做精、做细、做优，才能形成具有较强市场竞争力的产品品牌，并赢得消费者的信赖，进而不断拓展市场空间，促进产业的可持续发展。

反观现实，一些地方在推动产业发展过程中，或因缺乏全产业链思维，或因缺乏打造全产业链的基础条件，在推进产业发展过程中，往往只注重产业链中的某个环节。最常见的就是只注重号召农户盲目扩张产业规模，忽视市场销售。稍好一点的虽然注意到加强销售环节，通过培育经纪人队伍以拓宽销售渠道，但仓储加工环节又成瓶颈制约，更无力打造品牌。

在打造全产业链中，“互联网 +”支撑作用必不可少。当前“互联网 +”已经从消费互联网向产业互联网发展，数字经济正在促进产业的数字化、网络化和智能化。因此，借助“互联网 +”可以使一、二、三产加快融合，使产品的价值链、供应链不断延伸，产品品牌质量得以不断提升，产品附加值不断提高。

（四）完善“政府主导力 + 企业主体内张力”共促发展模式

民族地区产业基础薄弱，在推进扶贫产业发展过程中，政府的主导作用不可或缺。从宏观来看，产业扶贫是国家战略，这一国家战略的实施，必须依靠政府，政府应充当主导者的角色。这种角色定位是由政府的功能以及我国的社会主义制度等决定的①。但这并不意味着政府就应该大包大揽，甚至代替作为市场主体企业的作用。也就是说，政府“这只看得见的手”应本着“重引导、少干预、多服务”② 原则，该出手时（例如，改善投资环境、提供技术服务等）才出手，在不该出手的领域（例如，发展什么项目、怎么发展等）则交由市场主体企业（包括农户）自己来决定。只有政府的主导力与市场主体的内张力实现有效结合，才能形成共同促进民族地区扶贫产业发展的合力。

首先，应加强政府自身抓产业的能力建设。政府抓产业发展的能力，应包括政策供给能力、资源配置能力、组织动员能力等方面。政策供给方面，值得注意的是，一些地方出台的政策，由于“不接地气”，政策执行过程中大打折扣，往往难以落到实际。为此，各级地方政府应在吃透上情、摸清下情的基础上，制定出台“上接天线、下接地气”的产业、财政、税收、金融、保险、人才引进等优惠政策，通过加大招商引资、招商引智力度，培育和引进企业参与当地优势资源的开发。在资源配置方面，要加大完善城乡要素自由流动和平等交换的体制机制力度，加快建立和完善土地供给、财政资金投入、科技成果转化、工商资本下乡等制度，畅通各类要素更多流向民族地区乡村，为扶贫产业发展注入新动能。组织动员能力，突出加强发改、农业、交通、扶贫等相关部门协同抓产业的能力建设，同时加强以农村基层党组织为核心的乡村治理体系和治理能力建设，增强基层党组织抓党建促发展

① 张春敏：《产业扶贫中政府角色的政治经济学分析》，《云南社会科学》2017 年第 6 期，第 41 页。

② 李俊杰、吴宜财：《民族地区产业扶贫的经验教训及发展对策》，《中南民族大学学报》（人文社会科学版）2019 年第 5 期，第 143 页。

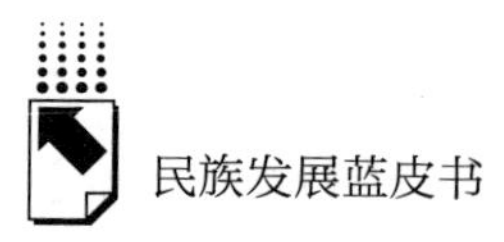

的能力。

其次，营造良好投资环境。党的十八大以来，党中央、国务院高度重视深化经济体制改革，以“刀刃向内”精神进行政府自身转型，大力推进“放管服”改革，大力推广政务服务“马上办、就近办、一次办”和“互联网+政务服务”，政府在这些方面的“给力”，为营造我国良好的营商环境，使市场在资源配置中发挥决定性作用腾出更大空间，创造了良好条件。但在民族地区一些县乡，“办事效率低、营商环境不优”等现象仍不同程度地存在。为此，民族地区各级地方政府应切实按照党中央、国务院的部署，围绕推动“三化”（坚持市场化、法治化、国际化）、“一简”（简政放权），深化“放管服”改革，按照中央要求最大限度压缩行政许可，对管理中的各类变相审批加大整治力度，加快推进实施“市场准入负面清单”，扎实推进“证照分离”改革，尤其是在减税降费方面要有实质性进展，进一步优化民族地区营商环境，为扶贫产业发展创造良好条件。

最后，加大产业基础设施建设力度。民族地区应在解决好群众生产生活需要基础设施建设的基础上，突出抓好生产性基础设施建设。一是重点加强交通基础设施建设，在争取国家支持，建设好连通区域外部的铁路、公路、水运等重要交通干线以及区域内部“毛细血管”——通乡、通村道路建设的基础上，优先推进对资源开采、旅游开发和产品销售具有重要拉动作用的产业道路建设；二是提高农村清洁能源供应水平；三是健全以电子商务为重点的农村信息服务和物流网络，全面提高产业发展基础能力。

B.11
中央企业参与“三区三州”脱贫攻坚的实践与进路

殷丰收*

摘　要： 反贫困是世界性难题，需要动员和凝聚全社会各方面力量广泛参与。中央企业作为“三位一体”大扶贫格局中的骨干社会扶贫力量，为脱贫攻坚做出了巨大贡献。中央企业立足自身主业优势，结合“三区三州”实际，进行了包括产业扶贫、基建扶贫、金融扶贫、教育扶贫等在内的综合、立体式扶贫。为做好脱贫攻坚工作，中央企业按照党中央、国务院决策部署，按照国务院国资委安排，建立并不断完善保障脱贫攻坚工作的体制机制。央企扶贫，具有政治责任感强、企业实力雄厚的优势，同时也面临着“三区三州”脱贫攻坚任务仍然艰巨、企业自身“稳增长”压力较大等困境，需要坚定信心决心，遵循市场化原则，做好“后扶贫”时代的反贫困供给侧改革，加强对扶贫项目的解剖研究，并加大对中央企业参与“三区三州”脱贫攻坚实践及成果的宣传，为脱贫攻坚决战决胜贡献央企力量。

关键词： 中央企业　社会扶贫　“三区三州”　市场化扶贫

---

* 殷丰收，国务院国有资产监督管理委员会新闻中心职工，中国社会科学院大学马克思主义学院博士生。

中央企业[①]作为社会力量参与脱贫攻坚，是忠实履行政治责任的体现。党的十八大以来，特别2017年以来，中央企业更是义不容辞地担负起打赢脱贫攻坚战的重大责任，在支持深度贫困地区尤其是“三区三州”脱贫攻坚中走在前面、做出表率。同时，中央企业参与脱贫攻坚，是由自身公有制属性决定的。中央企业属于全民所有，是推进国家现代化、保障人民共同利益的重要力量，是中国特色社会主义经济的顶梁柱，必须在发展中保障和改善民生、积极回报人民，多谋贫困群众之利、多解贫困群众之忧，在促进全体人民共同富裕中体现作为、彰显价值。

中央企业参与脱贫攻坚，是忠实履行经济责任的体现。习近平总书记提出：“推进国有企业改革，要有利于国有资本保值增值，有利于提高国有经济竞争力，有利于放大国有资本功能。”[②] 中央企业深度参与脱贫攻坚，不仅为经济社会总体发展做出了贡献，同时有利于企业自身社会声誉的提高，为自身进一步改革发展营造了良好的社会环境和舆论环境。伴随着贫困地区的大发展大进步，中央企业在援助地区培育并发展了知央企、爱央企的舆论基础，培育了进一步发展的市场空间。中央企业发展所依赖的经济社会环境明显改善，有助于中央企业进行市场化改革、推进混合所有制改革，有助于以脱贫攻坚为契机进行国有资产投资运营公司试点改革。此外，中央企业以参与脱贫攻坚战为契机，锻炼了干部队伍，提升了组织凝聚力，有利于实现自身的高质量发展，有利于培育具有全球竞争力的世界一流企业。

中央企业参与脱贫攻坚，是忠实履行社会责任的体现。承担适当社会责任是企业走可持续发展之路的必然选择。中央企业作为依法自主经营、自负

① 中央企业，是指由中央人民政府（国务院）或委托国有资产监督管理机构行使出资人职责，领导班子由中央直接管理或委托中央组织部、国务院国资委等其他中央部委管理的国有独资或国有控股企业。本文中的中央企业，特指由国务院国有资产监督管理委员会（国务院国资委）履行出资人职责，进行监管的中央所属企业（不含金融类企业）。定义来源于国务院国资委网站，http：//www. sasac. gov. cn/n2588020/index. html。

② 《习近平在全国国有企业党的建设工作会议上的讲话》，共产党员网，2016年10月10日，http：//www. 12371. cn/special/xjpgqdjjh/。

盈亏、自担风险、自我约束、自我发展的独立市场主体①，为实现企业良性、稳定、可持续的发展必须承担相应的企业社会责任，包括对出资人、企业员工、消费者，以及所在社区和所处环境等的责任。同时，中央企业参与脱贫攻坚，有助于缓解和弥补东西部地区发展差距、城乡发展差距、民族间发展差距，为社会总体和谐稳定做出贡献。此外，中央企业在脱贫攻坚过程中巩固了党的执政基础，增进了民族间守望相助的情感，有利于铸牢中华民族共同体意识。

近年来，各中央企业充分认识到在“三区三州”推进脱贫攻坚任务的艰巨性、复杂性，深刻认识到中央企业全力支持深度贫困地区脱贫攻坚，是履行好政治责任、经济责任、社会责任的必然要求，需要集中力量攻坚。

当前，脱贫攻坚决战在即，但深度贫困地区特别是“三区三州”的扶贫任务仍然非常艰巨，取得最后胜利仍然需要付出巨大努力。中央企业经过艰苦努力，为“三区三州”脱贫攻坚做出了巨大贡献，成为“三位一体”大扶贫格局中不可或缺的、最重要的骨干社会扶贫力量。总结好中央企业参与“三区三州”脱贫攻坚实践经验，调查好、研究好中央企业参与“三区三州”脱贫攻坚的困境，并提出可行性建议，具有很高的学术价值和实践价值。

一　中央企业参与“三区三州”脱贫攻坚的总体情况

中央企业始终坚持以反贫困工作作为承担政治责任、经济责任和社会责任的重要载体和抓手。2010 年以前，大部分中央企业参与了上一轮扶贫开发工作，92 家中央企业按照党中央、国务院统一安排，共承担了 189 个国家扶贫开发工作重点县的结对帮扶任务，占当时全国 592 个贫困县总数的 31.9%②。在 2012 年新一轮扶贫开发工作开始时，国务院国资委加大力度

① 《国务院国资委拟新增试点企业国有资本投资运营公司试点将扩围》，国务院国资委网站，2018 年 11 月 26 日，http://www.sasac.gov.cn/n2588025/n2588139/c9863059/content.html。

② 刘青山：《央企精准扶贫路径》，《国资报告》2017 年 10 月刊，第 25 页。

组织动员所辖116家中央企业全面深入参与定点扶贫结对，助力我国在2012年第一次实现所有国家扶贫开发工作重点县定点扶贫“全覆盖”。

2012年，中央企业帮扶贫困县数量比上一轮扶贫开发工作结束时增加50个，达到239个贫困县，占全部592个国家扶贫开发重点县的40.4%，截至2019年11月，国企改革深入推进，中央企业兼并重组后变为95家，但所承担结对帮扶国家扶贫开发工作重点县的数量并未减少，增加到246个，加上国资委机关对口扶贫的河北平乡县、魏县，超过国家级贫困县总数的42%，中央企业结对帮扶的贫困县分布在21个省、自治区、直辖市。其中，174个县属于集中连片特困地区范围，比重更是达到72.8%①。246个国家扶贫开发工作重点县中，许多都处于“三区三州”，是当前脱贫攻坚战中的难中之难、坚中之坚。

截至2019年4月，明确结对帮扶、对口支援“三区三州”贫困县的中央企业有34家，结对帮扶、对口支援县达79个（其中曲麻莱县既是结对帮扶县也是对口支援县）。另有其他中央企业在国家下达的定点扶贫任务“规定动作”之外，按照自身规划，选择了主动加入援助“三区三州”的“自选动作”，比如中国长江三峡集团有限公司于2016年3月与云南省政府签订《支持云南省人口较少民族精准脱贫攻坚合作协议》，推进帮扶云南省怒族、普米族、景颇族脱贫攻坚工作，为“三区三州”脱贫攻坚战贡献了很大力量。

仅2017年一年，中央企业在“三区三州”实施各类扶贫项目1500余个，投入扶贫资金5.9亿元，引入社会各类资金超过40亿元②，同期中央企业在定点扶贫工作中总的直接投入为19.3亿元（其中扶贫资金17.3亿元，物资折款6500万元），帮助引进各类资金57.3亿元，可见中央企业将援助“三区三州”作为脱贫攻坚整体工作的非常重要组成部分，投入了大量资源。中央企业积极参与“三区三州”脱贫攻坚，有力促进了本地区特色产业发展、基础设施完善、居民生活水平提高和自然生态环

① 刘青山：《央企精准扶贫路径》，《国资报告》2017年10月刊，第25页。

② 《央企去年向深度贫困地区投入5.9亿元》，《人民日报》2018年5月22日第2版。

境改善。

中央企业针对脱贫攻坚战的投入力度越来越大，对“三区三州”的投入也越来越多。截至2018年底，中央企业结对帮扶了全国1429个县、968个乡、9041个村，中央企业投入帮扶资金37.98亿元，引入帮扶资金13.64亿元，带动60.56万名建档立卡贫困群众脱贫。2019年上半年共投入无偿帮扶资金15.50亿元①，各类帮扶点超过了1万个，国家电网和3家通信央企各类帮扶点均达到上千个，三峡集团、中国华能、中国大唐等还承担了云南、四川部分“直过民族”脱贫重任，中央企业在投资兴业时也注重考虑国家需求，优先投资“三区三州”等深度贫困地区。目前，中央企业的建设项目覆盖“三区三州”所有州、地区和县，是参与“三区三州”脱贫攻坚战的最重要社会力量。

国务院国资委高度重视深度贫困地区特别是“三区三州”脱贫攻坚工作，国务院国资委党委书记郝鹏2018年5月在中央企业深度贫困地区脱贫攻坚现场推进会上提出：“中央企业要继续加大深度贫困地区扶贫资金投入力度，推动扶贫资金向深度贫困地区倾斜，引导资源要素向深度贫困地区聚焦。在‘三区三州’有扶贫任务的中央企业，要优先安排公益性基础设施项目、社会事业领域重大工程建设项目以及能源、交通等重大投资项目，确保贫困人口参与和受益。”“国资委党委将坚决落实党中央关于深度贫困地区脱贫攻坚的决策部署，按照国务院工作安排，进一步聚焦‘三区三州’等深度贫困地区，发挥好组织领导、统筹协调和推动实施作用，抓实抓好调研督导、工作考核、问题通报、作风治理，紧盯考核和检查发现问题的整改落实情况，对整改落实不到位的要严肃问责，采取更加有力的措施、更加精准的工作，多管齐下压实中央企业责任、提高扶贫质量，最大限度扩大国资委和中央企业在‘三区三州’等深度贫困地区的扶贫攻坚成果。”②

---

① 《央企扶贫成绩单！不获全胜，决不收兵！》，国资小新微信公众号，2019年10月17日，http：//baijiahao. baidu. com/s? id = 1647620863449222420&wfr = spider&for = pc。

② 周鹏：《孟凤朝出席中央企业深度贫困地区脱贫攻坚现场推进会和中央企业助力建设幸福美好新甘肃座谈会》，《中国铁道建筑报》2018年5月24日第1版。

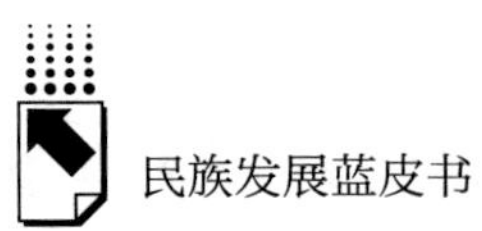

表1 2011～2020年部分中央企业在“三区三州”的定点扶贫县结对帮扶、对口支援关系明细

序号	结对帮扶、对口支援单位	省区	地、州	县、市	所属片区
1	中国石油天然气集团有限公司	西藏	那曲	双湖	西藏
2		青海	海西	格尔木	四省藏区
3	中国石油化工集团有限公司	青海	黄南	泽库	四省藏区
4		西藏	那曲	班戈	西藏
5		甘肃	临夏	东乡	临夏州
6		新疆	喀什	岳普湖	南疆四地州
7	中国海洋石油集团有限公司	甘肃	甘南	合作	四省藏区
8				夏河	
9		西藏	那曲	尼玛	西藏
10	国家电网有限公司	西藏	阿里	措勤	西藏
11		青海	果洛	玛多	四省藏区
12	中国南方电网有限责任公司	云南	迪庆	维西	四省藏区
13	中国华能集团有限公司	青海	黄南	尖扎	四省藏区
14		新疆	克孜勒苏	阿合奇	南疆四地州
15	中国大唐集团有限公司	青海	海南	兴海	四省藏区
16	中国华电集团有限公司	新疆	克孜勒苏	阿图什	南疆三地州
17				乌恰	
18	国家电力投资集团有限公司	青海	海南	贵南	四省藏区
19		四川	凉山	美姑	凉山州
20	国家能源投资集团有限责任公司	西藏	那曲	聂荣	西藏
21		四川	凉山	布拖	凉山州
22				普格	
23		青海	玉树	曲麻莱（结对帮扶）	四省藏区
24			海北	刚察	
25			玉树	曲麻莱（对口支援）	
26	中国电信集团有限公司	四川	凉山	木里	凉山州
27				盐源	
28		西藏	昌都	边坝	西藏
29		青海	果洛	久治	四省藏区
30		新疆	喀什	疏附	南疆三地州
31	中国联合网络通信集团有限公司	西藏	阿里	革吉	西藏
32	中国移动通信集团有限公司	西藏	阿里	改则	西藏
33		青海	果洛	玛沁	四省藏区
34		新疆	和田	洛浦	南疆四地州
35			喀什	疏勒	
36			克孜勒苏	阿克陶	

续表

序号	帮扶单位	省区	地、州	县、市	所属片区
37	中国第一汽车集团有限公司	西藏	昌都	左贡	西藏
38				芒康	
39	东风汽车集团有限公司	西藏	昌都	贡觉	西藏
40				江达	
41		新疆	阿克苏	柯枰	南疆四地州
42	中国东方电气集团有限公司	四川	凉山	昭觉	凉山州
43	鞍钢集团有限公司	新疆	喀什	塔什库尔干	南疆四地州
44	中国宝武钢铁集团有限公司	青海	海南	同德	四省藏区
45		西藏	日喀则	仲巴	西藏
46			昌都	八宿	
47				丁青	
48	中国铝业集团有限公司	西藏	昌都	察雅	西藏
49			昌都	卡若	
50		青海	海北	海晏	四省藏区
51	中国远洋海运集团有限公司	西藏	昌都	洛隆	西藏
52				类乌齐	
53	中国南方航空集团有限公司	新疆	和田	墨玉	南疆四地州
54				皮山	
55	中国中化集团有限公司	西藏	日喀则	岗巴	西藏
56		青海	海西	德令哈	四省藏区
57	中粮集团有限公司	西藏	山南	洛扎	四省藏区
58		青海	海北	门源	
59		四川	甘孜	甘孜	
60				石渠	
61		新疆	阿克苏	乌什	南疆四地州
62	中国五矿集团有限公司	青海	海北	祁连	四省藏区
63	中国建筑集团有限公司	甘肃	临夏	康乐	临夏州
64			甘南	卓尼	四省藏区
65	中国储备粮管理集团有限公司	新疆	喀什	伽师	南疆四地州
66	招商局集团有限公司	新疆	喀什	莎车	南疆四地州
67				叶城	
68	中国旅游集团有限公司[香港中旅(集团)有限公司]	云南	迪庆	德钦	四省藏区
69				香格里拉	
70	中国铁道建筑有限公司	青海	果洛	甘德	四省藏区

续表

序号	帮扶单位	省区	地、州	县、市	所属片区
71	中国交通建设集团有限公司	云南	怒江	福贡	怒江州
72				贡山	
73				兰坪	
74				泸水	
75		新疆	喀什	英吉沙	南疆四地州
76	中国普天信息产业集团有限公司	青海	果洛	达日	四省藏区
77	中国医药集团有限公司	青海	玉树	治多	四省藏区
78	中国电力建设集团有限公司	新疆	和田	民丰	南疆四地州
79	南光(集团)有限公司[中国南光集团有限公司]	甘肃	临夏	临夏	临夏州
合计	34 家中央企业,结对帮扶“三区三州”79 个县				

二　中央企业参与“三区三州”脱贫攻坚的实践及成效

近年来，中央企业发展取得了巨大成就。2018 年《财富》世界 500 强排行榜上，有 120 家中国企业上榜，其中国有企业上榜总数为 83 家，而由国务院国资委监管的中央企业则有 48 家上榜。中央企业在许多投资大、风险大、收益薄、周期长的基础设施、公共服务、国防科技、灾害防治、脱贫攻坚、民生改善等领域承担了重要职责，做出了巨大贡献。相比地方国有企业、非公有制企业、一般社会组织或个人而言，中央企业参与脱贫攻坚的政治性、任务性更强，使命感、责任感、任务性更强，扶贫能力也更大。

中央企业以习近平新时代中国特色社会主义思想为指导，按照党中央、国务院决策部署，立足自身主责主业优势，结合“三区三州”实际，进行了全方位、综合、立体的扶贫。包括针对“三区三州”自然条件差、基础设施和公共服务不足，不少贫困群众的脱贫能力弱、思想观念相对落后，基层组织薄弱，受政治环境社会治安等因素影响大，自然环境恶劣，贫困成因复杂、贫困发生率高、贫困程度深的特点，创造性地通过产业扶贫、科技扶贫、人才扶贫、教育扶贫、健康扶贫、智力扶贫、企地共建等多种方式，在推进产业开发、促进人才培养和劳务输出、提升当地教育医疗水平、提供社会公共产品和建设基础设施等方面做了大量工作，有力促进了贫困地区支柱产业发展、基础设施完善、居民生活水平提高和自然生态环境改善，有效助脱贫、防返贫、促进贫困地区和贫困人口长远发展，取得了良好的经济和社会效益。

本文依据中央企业在“三区三州”开展扶贫的措施对扶贫对象的作用途径进行分类，分别介绍产业扶贫、基建扶贫、金融扶贫、教育扶贫，以及其他扶贫方式包括消费扶贫、党建扶贫、健康扶贫、企地共建、公益捐助等的典型案例。

（一）产业扶贫

“三区三州”是多维贫困的集大成地区，中央企业在习近平新时代中国特色社会主义思想指导下，经过长期实践发现，产业扶贫是可持续性最强、效果最好、最易操作的扶贫模式。为此，中央企业较早将产业扶贫作为最重要模式进行推广。本文所指产业扶贫，涵盖狭义上所指的产业扶贫、旅游扶贫、科技扶贫、光伏扶贫、就业扶贫等形式。

中央企业注重充分发挥自身优势，改变简单给钱给物的做法，充分利用好企业的资源禀赋和产业特长，通过扶持“三区三州”中小企业、培育致富带头人、助力地区优势产业发展的方式，根本改善地方发展环境，努力激发“三区三州”市场活力，增强政府财政能力、提升企业盈利能力、提高贫困群众脱贫致富信心和自我发展能力。

1. 央企负责，分配可持续发展企业的收益给贫困户、贫困村，为其持久脱贫建立基础

国家电网、南方电网、中国华能、中国华电、中国大唐、国家电投、国家能源集团、东方电气等企业在光照资源丰富的地方开展光伏扶贫，将大部分收益分配给“无业可扶、无力脱困”的贫困群众，有效保障了深度贫困地区贫困户稳收增收。中国石化在西藏与当地企业携手开发矿泉水，将“神山圣水”带入千家万户，成为北京国际田联世界田径锦标赛官方唯一指

定用水，2017 年销售额达 7.3 亿元，有效促进了藏区就业和区域经济发展。

2. 央企带头，帮扶当地人建立可持续发展的扶贫产业，为贫困户生活兜底，为贫困村创富，容纳部分就业

中交集团在怒江州支持成立了泸水荣新火龙果种植农民专业合作社。2018 年以来，合作社先后投入了 100 多万元，其中 20% 由当地致富带头人投资，其余部分由中交集团无偿投入，最终收益由致富带头人、怒江州自扁王基村村集体和本村建档立卡贫困户按照 35%、15% 和 50% 的比例分成，成为贫困户生活兜底的重要资金来源①。贫困户和其他村民参加田间劳动，获得劳务收入。村民可以通过流转土地的方式获益，每亩地每年 1200 元。合作社产品进入市场竞争，因其产品的高质量而远销全国各地，客商络绎不绝，2019 年，合作社的火龙果还上了央视的扶贫公益节目。当地人表示："一天要接几十个电话。以前愁销路，现在愁产量跟不上。"② 中交集团援助的扶贫产业项目，规模扩大势在必行。

3. 央企助力，帮扶贫困地区建立符合当地发展实际的产业链条，开发当地资源，实现市场化扶贫，通过提高整体经济水平实现脱贫致富

中国旅游集团深度发掘对口帮扶贫困县旅游资源，扎实推进凉山州马边县、雷波县旅游扶贫"五个一"工程：编制一组旅游规划、培训一支旅游管理队伍、培育一条特色旅游线路、打造一个 4A 景区、推广和开发一批文创农副产品，盘活了两县传统文化资源③，将本地特色转化为实实在在的经济价值，为"三区三州"深度贫困地区以文化助推脱贫攻坚提供了有益借鉴。

（二）基建扶贫

多维贫困理论认为，人的贫困不仅仅是收入的匮乏，也表现为饮用水、

---

① 刘青山、殷丰收：《央企探路"后扶贫时代"》，《国资报告》2019 年 10 月刊，第 60 页。

② 刘青山、殷丰收：《央企探路"后扶贫时代"》，《国资报告》2019 年 10 月刊，第 61 页。

③ 《脱贫攻坚战的央企担当：结对帮扶 42% 的国家级贫困县》，新华网，2018 年 6 月 11 日，https://mbd.baidu.com/newspage/data/landingsuper?context={%22nid%22%3A%22news_8984257990033307009%22}&n_type=1&p_from=4。

道路、卫生设施等其他客观指标的供给不足和对福利的主观感受的失落[①]。空间贫困理论则关注贫困与地理环境之间的关系，主要观点是由于民族地区的特殊区位条件，交通不便、人口稀少、资本密度低、缺乏政策支持等是造成贫困的主要原因，代表性研究如陈全功、程蹊的论文《空间贫困理论视野下的民族地区扶贫问题》，以及刘小鹏、苏晓芳等人的论文《空间贫困研究及其对我国贫困地理研究的启示》等。

针对“三区三州”地域广阔、地形复杂，交通不便，饮水、卫生、电力、电信等基础设施落后而造成贫困的现实情况，中央企业将改善“三区三州”基础设施作为脱贫攻坚的重要盯住目标，以基础设施建设为龙头，盘活当地特色资源，因地制宜解决实际问题，做到扶贫扶到点上、扶到根上。本文所指基建扶贫，涵盖狭义所指的，包括公路、铁路、机场等的交通基础设施建设，通信基础设施建设，包括光伏、水电、风电、电网等电力基础设施建设，学校、医院、水井等生活服务基础设施建设进行的扶贫形式。

1. 建筑类企业进行路、站、桥建设，缩短“三区三州”同经济发达地区的物理距离

中交集团为实现援助怒江州脱贫攻坚目标任务，根据本企业实际情况制定了 2018 ~2020 年的脱贫攻坚计划，按照计划安排，中交集团将开展包括泸水市怒江渡口大桥和福贡县木尼玛大桥建设等在内的基础设施建设工程和村级医疗机构建设、培训医务人员的医疗卫生扶贫工程等八大帮扶类项目，总计投入帮扶资金约 4.9 亿元；除了帮扶类项目，中交集团还开展了包括贡山通用机场项目等在内的投资类项目，该项目估算总投资约 9.45 亿元，其中机场建设费 4.93 亿元、机场进场道路建设费 4.52 亿元，2019 年上半年已开展相关前期工作[②]。

2. 交通运输类企业补齐运力短板，进一步降低“三区三州”同经济发达地区的物流成本

光有路没有车，解决不了交通难的问题。南航集团充分发挥机队规模、

---

① 王小林、Sabina Alkire：《中国多维贫困测量：估计和政策含义》，《中国农村经济》2009 年第 12 期，第 4 页。

② 刘青山、殷丰收：《央企探路“后扶贫时代”》，《国资报告》2019 年 10 月刊，第 61 页。

航线网络、电子商务和品牌服务优势，加大针对“三区三州”的运力投入、完善通往“三区三州”的航线网络。为促进和田地区社会经济快速发展，助力脱贫攻坚，自2017年10月29日起，南航开通和田—乌鲁木齐—天津往返航线，班期为每日一班，由波音738系列飞机执飞，往返可提供座位数超320个[①]。以此为代表的交通运输行业中央企业，加大针对“三区三州”的运力投入，有效加强了“三区三州”与东部发达地区的经济文化交流，完善“三区三州”立体交通网络，优化当地投资环境，便利内地城市对口援助工作的开展，有效促进了东西部区域协调发展。

3. 能源类企业为“三区三州”充能，提供当地发展必需的能源和动力

电力是现代社会运行的最基础动力。国家电网和南方电网秉持作为中央企业的责任感和使命感，坚持持续加强包括“三区三州”在内的深度贫困地区农网建设，大力实施农网改造升级和村村通动力电工程，2018～2020年在“三区三州”规划投入电网改造资金220亿元，彻底解决“三区三州”供电保障难题。国家电网在青海玛多建成青海省“十三五”首批47.16万千瓦村级光伏电站，建设玛多清洁能源采暖示范项目，惠及该县11个贫困村628户1686名贫困人口[②]，在青藏高原实现清洁用能、清洁采暖。

4. 通信类企业为“三区三州”联通信号，改变部分地区信息封闭落后的历史

通信是信息化社会必不可少的基础设施，没有网络通信，就没有现代化、信息化、网络化。中国移动、中国联通、中国电信作为运营商，加大力度完善包括“三区三州”在内的深度贫困地区信息通信基础设施建设，加快信息化普及进程和行业应用推广，大大提升了当地通信覆盖率和通信质量，为贫困群众提供了用得上、用得起、用得好的信息网络服务。中国移动云南公司为怒江州贡山县独龙江乡开通了GSM移动通信网络，该乡独龙族聚居，生活地自然环境较恶劣，同外界沟通难，随着信号的开通，也宣告中

① 《春运期间南航新疆将计划执行航班5700余班次》，中国民航网，2018年1月26日，http://www.caacnews.com.cn/1/6/201801/t20180126_1239388_wap.html。

② 《国家电网捐建玛多4.4兆瓦光伏扶贫电站并网发电》，人民网－青海频道，2018年10月13日，http://qh.people.com.cn/n2/2018/1013/c337695－32152954.html。

国最后一个少数民族聚居区不通电话的历史彻底结束。[①] 目前，越来越多的独龙族群众开始使用移动通信业务，有的给在外地的家人打电话，有的用微信同扶贫干部沟通，有的人还开通了直播，向外界展示独龙江乡的美好风景。

5. 部分中央企业从“三区三州”实际出发，为当地建设众多急需的基础设施

中国海油定点援助甘南州合作市、夏河县，甘南州藏族占总人口的54.2%，域内草原广阔，农牧兼营，最紧缺的莫过于建设一批服务于农牧业的基础设施。中国海油着眼于解决贫困群众缺少民生设施的困难，援建了甘南州的生态文明小康村、畜牧兽医站、牧区幼儿园和养老院等项目，有效改善了当地公共服务设施，为脱贫致富创造了基础条件。

通过骨干中央企业对“三区三州”基础设施的高质量建设，“三区三州”交通、通信、电力、民生等基础设施落后于时代的情况发生了根本改变，脱贫攻坚最难走通的最后一公里实现贯通，大扶贫格局中的各方力量可以充分运用良好的基础设施进行精准扶贫，如电商扶贫、直播扶贫、网络扶智项目等，无不是依赖高质量的基础设施得以实现的。可以说，中央企业进行基建扶贫，是短期内迅速解决贫困问题的基本之策。

（三）金融扶贫

资金是企业运行的血液，“三区三州”企业资金积累困难，而市场运行的逻辑决定，深度贫困地区的投资回报率较低，资本不会优先选择这些地区投资兴业，只有打通资金融通难题，才能为“三区三州”中小企业打造出致富的金钥匙[②]。

国务院国资委党委书记、主任郝鹏表示：“贫困地区往往存在融资难、融资贵、融资慢等问题，中央企业创造性地通过打造扶贫资本运作平台，用国有资本引导并带动各类资本到贫困地区特别是深度贫困地区投资，探索出

---

① 《中国移动怒江独龙族精准脱贫新实践》，人民网 - 云南频道，2016 年 4 月 26 日，http：//yn. people. com. cn/GB/news/yunnan/376106/。

② 刘青山、殷丰收：《央企探路“后扶贫时代”》，《国资报告》2019 年 10 月刊，第 62 页。

一条用市场化手段实现贫困地区和贫困人口稳定脱贫和永久脱贫的有效途径。"[①] 同时，金融扶贫更有助于“三区三州”融入市场经济，加入市场竞争，充分运用市场化、商业化手段激发当地创富能力，培育市场活力，培育中小企业，为当地夯实可持续发展的产业基础，是连接2020年后的“后扶贫时代”的有效扶贫手段。

1. 成立所有中央企业参股的中央企业贫困地区产业投资基金

目前，中央企业进行金融扶贫的最普遍方式即成立扶贫基金。中央企业共同出资设立的由国资委牵头的中央企业贫困地区产业投资基金（以下简称央企扶贫基金）是其中最重要的一支。截至2018年4月，该资金由国投管理，规模达154亿元，累计完成投资项目45个，自投金额92亿元，吸引社会资本超过1000亿元，覆盖全部14个集中连片特困地区，其中在“三区三州”投资14.4亿元，预计带动1.2万贫困人口脱贫致富。[②] 2019年8月，央企扶贫基金完成第三期募资，基金总规模已达314.05亿元。[③] 国投集团总会计师、央企扶贫基金董事长沈翎表示，基金第三次募集的资金将聚焦14个集中连片特困地区和“三区三州”等深度贫困地区，加大投资力度，优化投资策略，提高扶贫效果，打造央企扶贫品牌[④]。央企扶贫基金先后在青海投资了青海西部镁业、青海国投旅游、青海临空等项目[⑤]。为了提高投资效率，提升投资质量，央企扶贫基金还在新疆、云南、青海等地发起设立了11个子基金。其中就中央企业贫困地区青海循环经济产业投资基金合伙企业（以下简称青海子基金）总规模4亿元。青海子基金的设立，进一步发挥了资本放大效应，其投资产业全部符合青海省战略定位，有利于青海持

---

① 《央企扶贫力度到底有多大？看完这篇文章你就知道了》，中国青年网，2018年6月12日，https：//baijiahao. baidu. com/s？id=1603049498624506015&wfr=spider&for=pc。

② 《脱贫攻坚战　央企勇担当》，中国政府网，2018年6月11日，http：//www. gov. cn/xinwen/2018-06/11/content_5297756. htm。

③ 《央企扶贫基金完成三期募资总规模超314亿元》，中国经济网，2019年8月31日，http：//baijiahao. baidu. com/s？id=1643336970918250775&wfr=spider&for=pc。

④ 刘青山、殷丰收：《央企探路“后扶贫时代”》，《国资报告》2019年10月刊，第62页。

⑤ 刘青山、殷丰收：《央企探路“后扶贫时代”》，《国资报告》2019年10月刊，第62页。

续发展。青海子基金还投资了另外两个项目，一为光伏发电，一为环保产业。目前共撬动总投资达到17.3亿元，解决了1800人的就业问题，每年上缴税收2亿元①。

2. 各中央企业分别成立产业扶贫基金

此外，国投出资8亿元，参与设立贫困地区产业发展基金，这是国内第一支市场化运作产业扶贫基金，其投资重点为可使贫困人口受益的产业②。国家能源集团设立了绿色生态保护扶贫基金，引导各类社会资源共同支持深度贫困地区发展，不仅通过市场化方法保护生态环境，还可以通过聘用建档立卡贫困户担任护林员等方式实现就业扶贫，带动贫困人口劳动脱贫、劳动致富。③ 中国建筑同甘肃省共同设立丝路交通发展基金，合作打造基础设施投融资平台，拉动社会投资，加快完善贫困地区交通基础设施。④ 南航出资设立广东省南方航空慈善基金会，2017年，投向新疆皮山县、墨玉县的资金合计1384.4万元，占当年总投入的比重达到了67.02%。

3. 部分中央企业在对口援助县市建立投资开发公司

除各扶贫基金外，部分中央企业还成立了针对“三区三州”对口援助县市的开发公司。比如，2019年，中交集团与怒江州共同注资，成立中交怒江投资开发公司，立足怒江当地实际进行“计划+市场”“政府+企业”产业扶贫模式创新，长期扎根怒江，持续为怒江脱贫致富贡献力量、创造平台基础，其主要职责包括以下几个方面。

第一，市场经营职能。充分利用国家的优惠政策，结合怒江州的合作需求，进行扶贫开发式生产建设，采用PPP、EPC、施工总承包、技术咨询、联合投资等方式，在高速公路、城市轨道、机场建设、农村公路、市政基础

---

① 刘青山、殷丰收：《央企探路“后扶贫时代”》，《国资报告》2019年10月刊，第62页。

② 《央企扶贫基金快速起航》，国务院国资委官网，2017年8月3日，http://www.sasac.gov.cn/n4470048/n4470081/n7447289/n7510879/c7510928/content.html。

③ 《人民日报：信托扶贫是个新办法》，搜狐网，2018年6月11日，https://www.sohu.com/a/235170682_681919。

④ 《脱贫攻坚战　央企勇担当》，中国政府网，2018年6月11日，http://www.gov.cn/xinwen/2018-06/11/content_5297756.htm。

设施、社会事业和民生、生态环境治理、旅游特色小镇、产业园区等领域，开展与地方政府的广泛、深入合作；为怒江州搭建资源变资产、资产变资本的转化平台，努力将中交集团的技术、资金、人才优势和当地的资源禀赋结合起来，从而实现将优质资源转化为优势产业、以产业运营带动脱贫摘帽的总体目标，并将投资收益作为资本滚动投入怒江地区的市场开发经营，为怒江发展注入持久强劲动力。

第二，扶贫工作职能。贯彻执行中交集团脱贫攻坚工作的决策部署，统筹协调怒江州脱贫攻坚工作；做好对定点扶贫地区扶贫项目的立项、审核、实施、监督等工作，统筹牵头推进扶贫项目任务的落实；统筹协调代建中交集团在定点扶贫地区无偿援建的重大项目建设工作；制定年度扶贫资金预算及使用计划，统筹安排使用年度扶贫资金，并做好检查、监督扶贫资金的使用情况和使用效益；与主流媒体建立良好合作关系，深度、广泛报道中交集团怒江定点扶贫实践与成果；为定点扶贫地区扶贫项目争取产业投资基金等。

（四）教育扶贫

习近平总书记2017年春节前夕在河北看望慰问基层干部群众时提出，“要把发展教育扶贫作为治本之计，确保贫困人口子女都能接受良好的基础教育，具备就业创业能力，切断贫困代际传递”①。

阿玛蒂亚·森的贫困理论流传甚广，他认为，贫困的实质是能力缺乏。舒尔茨认为，人力资本积累是社会经济增长的原动力，教育发展促使个人收入的社会分配趋于平等，随着人力资本投资增加，国民经济靠固定资产投资和财产产生的收入比重相对下降，劳动在收入中的比重相对增加，对减贫起到重要作用②。

“三区三州”历史发展积累少，人力资本缺乏是贫困代际传递的重要原

① 《习近平：落实教育扶贫，切断贫困代际传递》，国务院扶贫开发领导小组办公室网站，2017年2月23日，http://www.cpad.gov.cn/art/2017/2/23/art_624_59661.html。

② 〔美〕西奥多·舒尔茨：《报酬递增的源泉》，四川人民出版社，2008，第115页。

因。中央企业面对“三区三州”人力资本缺乏的现状，进行了多种形式的教育扶贫，包括建设学校基础设施、培训教师、加大对职业教育的帮扶力度、助力“三区三州”群众就业，以及加大对“三区三州”人力的雇用倾斜力度。中央企业不仅注重帮助贫困群众提高同发展生产及务工经商相关的技能，提升其发展能力，也注重引导贫困群众树立“我要改变、我能改变”的信心和意识，在对口援助地营造脱贫光荣、勤劳致富的良好氛围，激发贫困群众脱贫致富积极性、主动性、创造性。中央企业还注重加强对贫困家庭劳动力的技能培训和就业服务，一方面提升就业技能培训的针对性、有效性，选择贫困人口能学会、愿意学的技能，确保贫困家庭劳动力至少掌握一门实用技能；另一方面支持在深度贫困地区开发就业岗位，推动就业意愿、就业技能与就业岗位精准对接，企业在同等条件下优先录用贫困家庭学生，促进贫困家庭劳动力就地就近就业。

1. 援助“幼、小、初”教育，夯实地区基础教育

南航始终关注贫困地区青少年的教育问题。他们在扶贫理念上坚持扶贫和扶智相结合，通过加大教育扶贫力度阻断贫困代际传递，不断提升贫困地区和贫困人口的自我发展能力。南航投资 270 万元援建墨玉县南航明珠幼儿园，投资 263.29 万元援建皮山县南航明珠小学，并持续支持和追加投入。目前墨玉县南航明珠幼儿园有学生 830 名，其中维吾尔族学生有 618 名，占比达 74%；皮山县的南航明珠小学有学生 781 人，其中少数民族学生 565 人，占比达 72%；南航援建的两所学校对于推动当地教育事业，特别是普通话教育事业的发展起到了很好的促进作用。① 中国一汽在昌都市左贡县修建一汽希望小学，建设了教师学生宿舍、多功能学生餐厅、图书室等配套设施，成为当地声誉最高的学校之一，解决了周围贫困农牧民子女的就学问题。② 中化集团针对西藏、青海等不同程度存在的学生因贫失学、辍学问

① 《南方航空 2017 年度报告》，同花顺财经，2019 年 3 月 27 日，http：//news.10jqka.com.cn/20180327/c13654127.shtml。

② 《中国一汽雪域援藏十六载为“老西藏精神”注入新内涵》，搜狐汽车，2018 年 1 月 23 日，http：//www.sohu.com/a/218414190_125977。

题，设立“中化奖学金”“中化奖教金”，实施“圆梦助学行动”，发动员工对受援地贫困学生开展“一对一”资助，在实践中探索形成了一套挂职干部现场摸底、员工自愿配对、资金多方监管、学习情况及时反馈的标准化助学流程，把无序、自发的爱心助学纳入有组织、有秩序的帮扶轨道。①

2. 建强职业教育，为地区人力资源积累创造条件

中国建筑探索建立“抓培训、强技能、促就业”的扶贫机制，与甘肃有关单位合作创办“中建高级技能人才培训班”，针对贫困家庭劳动力所需所愿，对口开展技能培训，结合本企业主业提供适当就业岗位，帮助贫困地区青壮年就业，实现“一人就业、全家脱贫”。中铝集团积极实施“就业援藏”项目，每年拿出 100 多个岗位面向藏籍高校毕业生开展定向招聘；下属迪庆有色金属公司积极支持当地集体经济发展，招聘本地员工 207 人，将运输任务委托给村集体企业承担，2017 年结算运输款 1045 万元，有效引导了当地贫困群众用自己的辛勤劳动实现脱贫致富。②

3. 捐资建设农民讲习所，为“直过民族”现代化贡献力量

为了破解怒江州“直过民族”人口劳动素质相对较低问题，让受教育程度较低的群众能有一技之长，从 2017 年起，中交集团捐资 1000 万元，在怒江州办起了 5 级共 1920 个农民讲习所，将当地农民集中起来，一方面进行保安、保洁、护林员、建筑工等基本工作技能培训，另一方面确保党的精神进乡镇、进村寨、进教堂（当地少数民族信教比例为 20%），确保大家听党话、跟党走。怒江州党校副校长、州农民讲习所专职副主任杨六红说，2018 年，怒江农民讲习所举办了 5000 多场培训，共计 3.3 万人次参加。③

（五）其他扶贫方式

中央企业在“三区三州”的扶贫探索是综合、立体的，从贫困地区实

① 《中化集团：构筑中化扶贫模式打赢精准脱贫攻坚战》，中化集团官网，2018 年 6 月 4 日，http://www.sinochem.com/s/1375-4178-119784.html。

② 刘青山：《中央企业助力深度贫困地区脱贫攻坚纪实》，《国资报告》2018 年第 6 期，第 50 页。

③ 刘青山、殷丰收：《央企探路“后扶贫时代”》，《国资报告》2019 年 10 月刊，第 62 页。

际出发，积极运用新技术、新手段、新方式，在扶贫思路、帮扶路径、组织体系等方面勇于创新，更加有效地解决贫困地区重点难点问题。除产业扶贫、基建扶贫、金融扶贫和教育扶贫以外，还有许多行之有效的扶贫措施，其中相当一部分是中央企业进行创新创造的结果，具有很强的操作性和很好的实践效果。此类扶贫方式包括党建扶贫、消费扶贫、健康扶贫、企地共建、易地扶贫搬迁及财税支持、公益捐助等。以下挑选中央企业在“三区三州”脱贫攻坚中具有代表性的实践进行介绍。

第一，党建扶贫。中央企业注重抓党建促扶贫，帮助村“两委”班子提高带领群众脱贫致富的能力和水平，协助抓好贫困村党支部书记、创业致富带头人、实用科技人才三支队伍建设，充分发挥村党组织在脱贫攻坚中的战斗堡垒作用和党员的先锋模范作用。许多中央企业依托党组织开展产业扶贫、消费扶贫，发动党员干部进行捐赠等，也取得了良好成效。

第二，“互联网 +”扶贫。中国移动利用信息化手段，联合发达省份学校、医院等机构，与对口帮扶深度贫困地区建立互访机制和结对帮扶关系，开展远程教学、远程医疗交流，通过互联网为贫困群众提供源源不断的生产技术、市场供求等各类信息。

中粮集团持续探索“互联网 +”扶贫新模式，借助旗下“我买网”的市场影响力和品牌效应，推动深度贫困地区农产品电商化，实现了当地农贸产业资源与广大网络用户的对接，推动了对口帮扶深度贫困地区特色产业发展和农民增收，为众多具有丰富农副产品资源的贫困地区实现快速脱贫、改善民生提供了样板和示范。①

第三，健康扶贫。国药集团以医疗帮扶为抓手，捐赠医疗设备、派出专家队伍、援建远程会诊系统、加强当地人才技能培训，填补了当地医疗空白，较好地解决了玉树州治多县藏族同胞看病难问题，对推动当地民族团结、和谐稳定发挥了重要作用。

---

① 《中粮集团扎实推进产业扶贫　夯实稳定扶贫基础》，新浪网，http：//k. sina. com. cn/article _ 7053390364_ 1a46a321c00100n8ds. html。

第四，分解扶贫开发盯住目标的创新尝试。招商局集团将“两不愁、三保障”扶贫开发总体目标（不愁吃、不愁穿，义务教育、基本医疗、住房安全有保障）创新性分解为具有叶城、莎车两县（喀什地区）地方特色的“十个一”目标：户均一套安居房、一个庭院、一座牲畜棚圈、一片菜园/大拱棚、一片果园、一群牲畜、一群家禽、一架葡萄、一人就业、培养一名大学生，让两县脱贫目标更加明确具体、贴近实际。①

三 保障中央企业参与“三区三州”脱贫攻坚的制度体系

中央企业参与“三区三州”脱贫攻坚，既是作为社会力量，承担社会责任，更是作为承担中央定点扶贫任务的单位，承担着政治责任。为保证打赢、打好深度贫困地区脱贫攻坚战，特别是“三区三州”脱贫攻坚战，中央企业始终以习近平新时代中国特色社会主义思想为指导，按照党中央、国务院决策部署开展脱贫攻坚工作，国务院国资委等中央机关、部委也为中央企业提供了必要的政策支撑，同时，中央企业自身也建立并完善了保障脱贫攻坚的相关规章制度。以上思想、部署、政策和规章制度，形成了保障中央企业参与“三区三州”脱贫攻坚的体制机制体系。

（一）习近平总书记扶贫开发重要战略思想有关中央企业的内容

习近平总书记高度重视、十分关心深度贫困地区脱贫攻坚工作。习近平扶贫开发重要战略思想，是习近平新时代中国特色社会主义思想的重要组成部分，是当前和今后一段时期我国扶贫、脱贫工作的科学指导和根本遵循。中央企业深入学习贯彻习近平总书记关于扶贫开发系列重要论述，以此为指导开展脱贫攻坚工作。

① 《招商局集团上下联动　点面结合　打好扶贫攻坚战》，国务院国资委官网，2018 年 6 月 12 日，http：//www. sasac. gov. cn/n2588025/n2588124/c9104657/content. html。

党的十八大以来，习近平总书记就打赢脱贫攻坚战共召开了7次专题会议。这7次专题会议，与习近平总书记关于脱贫攻坚的系列指示批示共同形成了习近平总书记扶贫开发战略思想，其中许多对指示批示中央企业做好脱贫攻坚工作有重要指导意义。

习近平总书记2015年6月18日在部分省区市党委主要负责同志座谈会上强调：“扶贫开发是全党全社会的共同责任，要动员全社会力量广泛参与。要坚持专项扶贫、行业扶贫、社会扶贫等多方力量、多种举措有机结合和互为支撑的‘三位一体’大扶贫格局，要健全东西部协作、党政机关定点扶贫机制。要广泛调动社会各界参与扶贫开发积极性。”① “国有企业要承担更多扶贫开发任务。”②

2015年11月17日，习近平在中央扶贫开发工作会议上指出：“近些年来，中央和国家机关各部门、人民团体等承担定点扶贫任务的单位，围绕扶贫做了不少事情，为扶贫开发作出了重要贡献。今后要继续努力，同时要更加重视制度建设，明确各单位责任，建立考核评价机制。承担定点扶贫任务的中央企业，要把帮扶作为政治责任，不能有丝毫含糊。守望相助、扶危济困是中华民族的传统美德。要研究借鉴其他国家成功做法，创新我国慈善事业制度，动员全社会力量广泛参与扶贫事业，鼓励支持各类企业、社会组织、个人参与脱贫攻坚。”③

习近平总书记关于脱贫攻坚的系列指示批示，特别是同中央企业直接相关的指示批示，为中央企业坚定信心、奋力拼搏开展脱贫攻坚工作指明了方向，提供了根本的遵循。

（二）党中央、国务院决策部署中有关中央企业的内容

党中央、国务院决策部署是中央企业在“三区三州”脱贫攻坚的政策

---

① 《习近平谈扶贫》，《人民日报（海外版）》2016年9月1日第7版。

② 《习近平谈扶贫》，《人民日报（海外版）》2016年9月1日第7版。

③ 《在中央扶贫开发工作会议上的讲话》（2015年11月27日），《十八大以来重要文献选编》（下），中央文献出版社，2018，第50～51页。

依据。

1.《中共中央国务院关于打赢脱贫攻坚战的决定》

中共中央、国务院2015年11月发布的《中共中央国务院关于打赢脱贫攻坚战的决定》（以下简称《决定》）提出："引导中央企业、民营企业分别设立贫困地区产业投资基金，采取市场化运作方式，主要用于吸引企业到贫困地区从事资源开发、产业园区建设、新型城镇化发展等。"[①]《决定》吹响了中央企业开展脱贫攻坚工作的号角，明确指出中央企业在脱贫攻坚战中的职责定位。

2.《关于建立贫困退出机制的意见》

中办、国办2016年4月印发《关于建立贫困退出机制的意见》，提出建立"严格、规范、透明的贫困退出机制，促进贫困人口、贫困村、贫困县在2020年以前有序退出，确保如期实现脱贫攻坚目标"[②]。为中央企业对口援助的县市脱贫摘帽指出了方向，为中央企业规定了反贫困工作的阶段性目标。

3.《脱贫攻坚责任制实施办法》

中办、国办印发，并于2016年10月11日起施行的《脱贫攻坚责任制实施办法》，提出："全面落实脱贫攻坚责任制，按照中央统筹、省负总责、市县抓落实的工作机制，构建责任清晰、各负其责、合力攻坚的责任体系。"[③] 该文件明确了国资委和中央企业在脱贫攻坚战中的职责和定位，厘清了相关的权利和义务，为中央企业在脱贫攻坚战中提供了分工和权责上的制度指示。

4.《关于支持深度贫困地区脱贫攻坚的实施意见》

中办、国办2017年6月印发了《关于支持深度贫困地区脱贫攻坚的实施意见》（以下简称《意见》）指出："'三区三州'自然条件差、经济基础

---

① 《中共中央国务院关于打赢脱贫攻坚战的决定》，国务院扶贫开发领导小组办公室网站，2015年12月7日，http://www.cpad.gov.cn/art/2015/12/7/art_46_42386.html。

② 《脱贫攻坚责任制实施办法》，国务院扶贫开发领导小组办公室网站，2016年10月17日，http://www.cpad.gov.cn/art/2016/10/17/art_46_54504.html。

③ 《脱贫攻坚责任制实施办法》，国务院扶贫开发领导小组办公室网站，2016年10月17日，http://www.cpad.gov.cn/art/2016/10/17/art_46_54504.html。

弱、贫困程度深，是脱贫攻坚中的硬骨头，补齐这些短板是脱贫攻坚决战决胜的关键之策。《意见》提出，中央和国家机关有关部门要落实行业主管责任，对‘三区三州’和其他深度贫困地区、深度贫困问题，予以统筹支持解决。加大社会帮扶力度，集中力量攻关，构建起适应深度贫困地区脱贫攻坚需要的支撑保障体系。”①《意见》对“三区三州”情况进行了深入剖析，对中央和国家机关、地方的扶贫工作提出了进一步的具体要求。

5.《中共中央国务院关于打赢脱贫攻坚战三年行动的指导意见》

中共中央、国务院2018年6月发布《中共中央国务院关于打赢脱贫攻坚战三年行动的指导意见》（以下简称《意见》），全面系统提出了三年行动的总体要求，提出要“集中力量支持深度贫困地区脱贫攻坚，加大产业扶贫力度、加快实施交通扶贫行动、动员全社会力量参与脱贫攻坚、深入开展定点扶贫工作，激励各类企业、社会组织扶贫，落实国有企业精准扶贫责任，通过发展产业、对接市场、安置就业等多种方式帮助贫困户脱贫”②。《意见》总结了各地区各部门贯彻落实《中共中央、国务院关于打赢脱贫攻坚战的决定》的进展和实践中存在的突出问题，提出了打赢脱贫攻坚战三年行动的总体要求，提出了加大产业扶贫力度、推进就业扶贫、推动易地扶贫搬迁等具体要求，对加强精准脱贫攻坚行动支撑保障的措施进行了规定，对中央企业开展“三区三州”定点扶贫工作具有很强指导意义。

6.《中央单位定点扶贫工作考核办法（试行）》

国务院扶贫开发领导小组2017年8月发布的《中央单位定点扶贫工作考核办法（试行）》（以下简称《办法》），对承担定点扶贫任务的中央单位进行考核，并对帮扶成效、组织领导、选派干部、督促检查、基层满意情况、工作创新等内容进行了详细规定，要求依据以上要素进行考核评价。按

① 《中办国办印发意见支持深度贫困地区脱贫攻坚》，国务院扶贫开发领导小组办公室网站，2017年11月27日，http：//www.cpad.gov.cn/art/2017/11/27/art_46_73993.html。

② 《中共中央国务院关于打赢脱贫攻坚战三年行动的指导意见》，国务院扶贫开发领导小组办公室网站，2018年8月20日，http：//www.cpad.gov.cn/art/2018/8/20/art_46_88282.html。

照《办法》要求，国务院国资委牵头对中央企业的定点扶贫工作开展考核①。

7. 其他有关文件

此外，国务院办公厅《关于深入开展消费扶贫助力打赢脱贫攻坚战的指导意见》《关于印发贫困地区水电矿产资源开发资产收益扶贫改革试点方案的通知》《关于进一步扩大旅游文化体育健康养老教育培训等领域消费的意见》《关于进一步动员社会各方面力量参与扶贫开发的意见》，国家能源局、国务院扶贫办《关于印发实施光伏扶贫工程工作方案的通知》，国家发展改革委《关于实施光伏发电扶贫工作的意见》《全国"十三五"易地扶贫搬迁规划》，国务院扶贫开发领导小组《关于广泛引导和动员社会组织参与脱贫攻坚的通知》等系列文件，都对中央企业全面参与"三区三州"脱贫攻坚进行了规范和引导，提供了制度遵循。

（三）国务院国资委保障中央企业参与"三区三州"脱贫攻坚的有关情况

党的十八大以来，国资委党委把脱贫攻坚作为重大政治任务，摆在突出重要位置，指导推动中央企业积极做好脱贫攻坚工作。

1. 持续加大组织推动力度

脱贫攻坚战打响以来，国资委党委先后13次召开专题党委会传达学习习近平总书记关于脱贫攻坚工作重要讲话和指示批示精神，17次组织召开中央企业扶贫工作专题会议。针对深度贫困地区特别是"三区三州"脱贫攻坚，专题召开中央企业产业援疆座谈会、助力青海持续健康发展座谈会和中央企业深度贫困地区脱贫攻坚现场推进会，组织开展中央企业助力富民兴藏活动，深入推动中央企业脱贫攻坚及援疆援藏援青工作。除国资委时任主要领导郝鹏、肖亚庆外，时任分管领导徐福顺、任洪斌，以及党委班子成员多次到新疆、西藏、青海、四川凉山等"三区三州"地区调研指导扶贫工

① 《国务院扶贫开发领导小组关于印发〈中央单位定点扶贫工作考核办法（试行）〉的通知》，国务院扶贫开发领导小组办公室官网，2017年8月8日，http：//www.cpad.gov.cn/art/2017/8/8/art_1747_862.html。

作，帮助解决实际问题，切实发挥脱贫攻坚示范带动作用。

2. 不断加强考核督导

按照国务院扶贫开发领导小组部署要求，牵头开展中央企业2017年定点扶贫考核工作，对考核排名靠后和存在突出问题的中央企业，约谈企业有关负责同志，明确改进要求，进一步传导压力、压实责任。针对有的中央企业在扶贫工作中思想认识不到位、工作落实不扎实等问题，专门印发文件，督促推动有关企业逐个整改落实。

3. 突出帮扶重点

针对“三区三州”深度贫困地区，加大帮扶力度。与西藏自治区政府签订了《合作备忘录》，共同举办中央企业助力富民兴藏活动；与青海省加强沟通交流，全面部署中央企业援青工作；积极协助新疆维吾尔自治区、新疆生产建设兵团与中央企业开展产业合作，召开项目推介会，加大对南疆地区经济社会发展支持力度。

4. 指导推动中央企业贫困地区产业投资基金充分发挥作用

2016年，国资委引导所监管的中央企业出资设立了贫困地区产业投资基金，目前经过三期募资，所有中央企业都参与了出资。[①] 这也意味着除了定点帮扶“三区三州”县市的中央企业外，所有中央企业都在推动“三区三州”脱贫攻坚中发挥了作用。国资委在该基金设立后成立了相应的基金战略指导委员会，要求贫困地区产业投资基金采取市场化方式运作，有效推动贫困地区特色产业发展。[②]

（四）中央企业保障“三区三州”脱贫攻坚的体制机制建设

中央企业坚持党的领导，为保障“三区三州”脱贫攻坚顺利进行，普遍在企业内部建立了各司其职、各负其责的工作责任体系。

---

① 《对十三届全国人大一次会议第1421号建议的答复》，国务院国资委官网，2018年10月12日，http：//www. sasac. gov. cn/n2588020/n2588072/n2591148/n2591150/c9684113/content. html。

② 《中国所有央企都是它的股东，谁这么牛?》，新浪网，2018年3月30日，http：//news. sina. com. cn/c/zs/2018 -03 -30/doc - ifystvcm4335887. shtml。

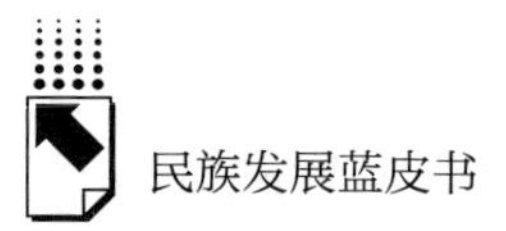

1. 各中央企业发挥党委（党组）总揽全局、协调各方的作用

落实脱贫攻坚党委（党组）书记负责制，明确具体工作机构和责任人，加强考核评价，层层落实责任，形成统筹联动、上下协调的工作机制，为脱贫攻坚提供坚强组织保证和政治保证。所有中央企业均成立了扶贫开发工作机构，建立了项目管理、督导督查等工作制度，做到扶贫工作组织到位、责任到位、落实到位。

2017 年，中央企业有关负责同志带队共赴定点县调研近千人次，通过扶贫项目实地考察、与贫困群众深入交流、召开现场座谈会，加强对扶贫任务的跟踪掌握和督促检查，切实保障了脱贫攻坚各项工作的稳妥有序推进。

2. 各企业普遍建立起总部统筹、企业主责、挂职干部抓落实的管理体制

比如，中国石油针对定点扶贫县建立了总部统筹、企业主责、挂职干部抓落实的管理体制，自上而下压实扶贫责任，加强与帮扶对象的沟通协调，2017 年集团负责同志到对口帮扶的 10 个定点县全部进行了调研指导。中国远洋海运定期召开党组会，专题讨论扶贫工作，研究审批资金安排及项目计划，把扶贫开发列为重点督办工作切实抓紧抓实抓好。国家电网把扶贫工作纳入企业发展战略，编制阳光扶贫行动计划，建立公司系统扶贫工作统筹管理机制，成立由监察局、审计部等部门组成的督查组，对定点扶贫工作定期督促检查，确保扶贫任务落实落地。

3. 中央企业在内部建立起保障脱贫攻坚的制度体系

比如，中国联通扶贫攻坚与对口援藏工作领导小组办公室整理了本企业脱贫攻坚文件，形成中国联通保障脱贫攻坚的体制机制体系。该企业制定并发布了包括《中国联通党组关于打好三大攻坚战的指导意见》《中国联通援藏、扶贫干部管理暂行规定》《关于进一步加强集团公司定点扶贫工作的意见》《中国联合网络通信集团有限公司扶贫资金管理办法（试行）》《关于加强中国联通扶贫领域统计管理有关要求的通知》《关于推出贫困地区优惠套餐和精准减免贫困户通信资费优惠政策的指导意见》《中国联通扶贫领域作风问题专项治理方案》《关于组织开展扶贫领域监督检查工作的通知》《中国联通 2018 年度定点扶贫工作考核方案》《中国联通消费扶贫实施方

案》等多达21项文件，实现了参与脱贫攻坚工作的动员、组织、实施、干部管理、资金使用、精准举措、监督考核等的全流程管理闭环，是中央企业开展脱贫攻坚内部机制建设的典型代表。

四 中央企业参与“三区三州”脱贫攻坚的优势、困境及政策建议

2019年是新中国成立70周年，面对错综复杂的国际环境和艰巨繁重的改革发展稳定任务，中央企业坚持将助力“三区三州”脱贫攻坚作为重要责任扛在肩上，大力推进。2020年全面建成小康社会的目标马上实现，要打赢打好脱贫攻坚战、助力“三区三州”如期实现全面小康，中央企业时间紧迫、任务艰巨。这就需要中央企业既要坚定信心，继续秉持创新精神，充分发挥资金、技术、管理等优势，加快脱贫攻坚进程；也要注重整合深度贫困地区特别是“三区三州”丰富的土地、人力、自然资源等要素，助力“三区三州”激发自身活力和发展动力。同时，中央企业要注意扬长避短，直面参与“三区三州”脱贫攻坚中的困难和问题，推动贫困地区可持续发展。

相比政府或其他参与“三区三州”脱贫攻坚的社会力量，中央企业具有扶贫成效更优、政治责任感强、专业优势明显、宣传力度大的优势，同时也面临着脱贫攻坚任务仍然艰巨、“稳增长”压力较大的困境，需要朝着市场化方向做好反贫困供给侧改革，并加大对扶贫项目效果的科学研究，为“三区三州”打赢打好脱贫攻坚战贡献央企力量。

中央企业参与“三区三州”脱贫攻坚也面临一些困难：针对中央企业在深度贫困地区，尤其是“三区三州”地区参与脱贫攻坚的深度学术研究较少，对扶贫成效的量化研究不够充分，缺乏对各类扶贫模式长期影响的科学评估等。

（一）中央企业参与“三区三州”脱贫攻坚的优势

1. 政治责任感强，可以更好自抑自利冲动

从经济人假说出发，企业利益同社会利益并非天然一致。在无监管条件

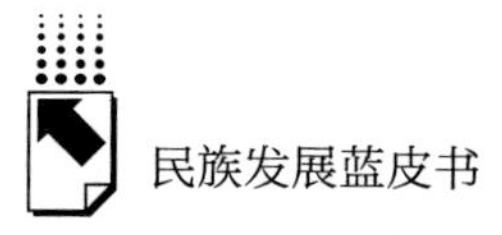

下的企业自主经营，经常是以侵犯社会公众利益为结局的。当前，脱贫攻坚是全社会广泛参与的行为，部分企业以参与脱贫攻坚为幌子，置企业社会责任于不顾，赚取扶贫资金后，却没有为当地创造实际财富，此类事件时有发生。此外，“三区三州”是深度贫困的集大成地区，许多企业、个人或社会组织在面对巨大的扶贫压力和困难时退缩了，有不少这样的案例见诸报端。

同其他参与脱贫攻坚的社会力量相比，首先，中央企业参与“三区三州”脱贫攻坚，是增强“四个意识”、坚定“四个自信”、做到“两个维护”的具体举措，是坚定履行“三个责任”的必要实践，是必须做好的政治任务。不管遇到什么样的困难，中央企业必须迎难而上，不允许存在中途退出、畏难怕险的情况。其次，中央企业参与脱贫攻坚，拥有系统完善的体制机制保障和监督，需要接受中央、国务院国资委、地方政府和企业自身等多级考核，对企业扶贫所涵盖的各个环节流程、投入力度、扶贫成效、考核监督都有具体要求。最后，参与“三区三州”脱贫攻坚的中央企业，全部在所在行业具有很强影响力，部分还是国内甚至国际顶尖企业，其品牌形象价值很高，脱贫攻坚是全社会关注的重大事件，中央企业必然注重品牌形象管理，参与脱贫攻坚，有利于企业改革和长远发展，积极性主动性获得激发，自利冲动得到有效抑制。

2. 企业实力雄厚，市场化手段参与脱贫攻坚有助于提高脱贫质量

同政府、非公有制企业和社会组织等其他社会力量参与“三区三州”脱贫攻坚不同的是，中央企业在深度贫困地区开展脱贫攻坚工作具有先天优势。

首先，中央企业主要分布在关系国家安全和国民经济命脉的主要行业和关键领域，如军工、石油、电力、基建、贸易、交通运输、机械制造等，是国民经济的重要支柱，具有强大的经济实力、较强的产业管理能力、较高的技术水平和良好的就业容纳能力，可以针对“三区三州”多维贫困特征，提供必要的资金、管理、技术，并进行产业工人、技术工人的人才培养，可以为产业扶贫、基建扶贫、金融扶贫等各类扶贫措施提供强大保障。

其次，中央企业作为自主经营、自负盈亏、自担风险、自我约束、自我发展的独立市场主体，相对政府拥有更丰富的市场化手段和更灵活的体制机

制，更有利于扶贫开发目标的实现，在资金使用、干部安置、机构设置方面有更广阔的操作空间，可以更有效地支撑消费扶贫、就业扶贫、易地搬迁扶贫等扶贫模式，其亲市场的扶贫方式更有利于贫困人口的可持续发展，有利于将以慈善捐赠为主的“输血式扶贫”变为以产业扶贫为主的“开发式扶贫”。

（二）中央企业参与“三区三州”脱贫攻坚面临的困境

1. 中央企业稳增长压力巨大，需要寻找“稳增长”与承担社会责任之间的最佳平衡点

面对复杂多变的外部环境和经济下行压力，中央企业生产经营普遍面临较大压力。2019 年前三季度，中央企业累计实现营业收入 22.1 万亿元，同比增长 5.3%，而 2018 年同期为营业收入 21.1 万亿元，同比增长 11%；累计实现净利润 10567 亿元，同比增长 7.4%，2018 年同期为净利润 9841.3 亿元，同比增长 19.2%。[①] 2019 年 11 月国资委召开中央企业经济运行座谈会、宏观经济及重点行业专家座谈会，推动中央企业全力以赴稳增长，为全面做好“六稳”工作贡献力量。[②] 2019 年 6 月 12 日，国资委举行 2019 年度和 2019～2021 年任期中央企业负责人经营业绩责任书签订仪式，要求中央企业全力以赴稳增长、防范化解重大风险，切实发挥好国民经济持续健康发展的“稳定器”作用。[③]

2020 年及之后一段时间，“稳增长”应该会是中央企业的中心工作和重要政治任务。在此期间，如何找到生产经营、“稳增长”与承担社会责任的

① 《新闻办就中央企业 2019 年前三季度经济运行情况举行发布会》《2018 年中央企业收入与利润均两位数增长》，中国政府网，2019 年 10 月 17 日、2019 年 1 月 15 日，http://www.gov.cn/xinwen/2019-10/17/content_5441276.htm，http://www.gov.cn/xinwen/2019-01/15/content_5358068.htm。

② 《郝鹏主持召开中央企业经济运行座谈会和宏观经济及重点行业专家座谈会强调推动央企稳增长高质量发展　发挥在国民经济中的“稳定器”作用》，国务院国资委官网站，2019 年 11 月 17 日，http://www.sasac.gov.cn/n2588025/n2643314/c12711449/content.html。

③ 《国资委与中央企业签订经营业绩责任书　郝鹏强调要全力以赴稳增长切实发挥好“稳定器”作用》，国务院国资委官网站，2019 年 6 月 13 日，http://www.sasac.gov.cn/n2588025/n2643314/c11482959/content.html。

最佳平衡点，将是中央企业的重要研究课题。

2. 中央企业需要做好“后扶贫时代”的反贫困供给侧改革

央企探路“后扶贫时代”，关键在于以市场化、专业化方式进行扶贫工作的“供给侧”改革，寻找各类所有制企业合作的更好模式，激活深度贫困地区各市场主体的内生活力和发展动力，努力在完成脱贫攻坚、乡村振兴的前提下，援助“三区三州”的中央企业都要实现在地国有资产的保值增值和市场化运作，构建央企与“三区三州”的命运共同体。①

在2020年，包括央企扶贫在内的部分社会扶贫工作将从单向无偿支援，走向逐步按市场经济规则运行的对口协作新局面，为未来持续扶持欠发达地区奠定良好基础。在“三区三州”建立针对当地扶贫发展的投资开发公司和扶贫基金的扶贫管理模式，可复制、可推广，为中央企业扶贫之路提供了值得借鉴的未来模式。②

（三）中央企业进一步做好“三区三州”脱贫攻坚工作的政策建议

1. 进一步坚定打赢打好“三区三州”脱贫攻坚战的信心决心

2018年，“三区三州”的贫困发生率下降速度虽然比中西部快3.3个百分点，但2018年“三区三州”贫困人口总数还有305万人，2019年在上一年基础上减少133万人，目前还有172万贫困人口。如何按期打赢打好脱贫攻坚战，中央企业面临巨大压力。

以怒江州为例，2018年末，全州建档立卡贫困人口为14.3万人，贫困发生率32.52%，而同期全国的贫困发生率已降到1.7%。③ 怒江在2019年前无铁路、无机场、无高速、无航运，州内没有二级以上公路，通行困难、路况恶劣、安全隐患大。怒江高山峡谷占国土面积的98%，除了一部分林下经济，全州具备发展规模化现代农业的土地极少，第二产业基本空白。此外，怒江全州54万人口主要是“一步跨千年”的直过民族，分布在横断山

① 刘青山、殷丰收：《央企探路“后扶贫时代”》，《国资报告》2019年10月刊，第64页。

② 刘青山、殷丰收：《央企探路“后扶贫时代”》，《国资报告》2019年10月刊，第64页。

③ 刘青山、殷丰收：《央企探路“后扶贫时代”》，《国资报告》2019年10月刊，第62页。

脉1.4万平方公里的半山地带，长期与世隔绝，社会发育迟，文化素质低，身体条件差，思想观念封闭，教育理念落后，生活习惯、宗教习惯不适应现代工业化、信息化社会发展，使得产业扶贫、易地搬迁扶贫、教育扶贫等各项措施难以顺利施行。中央企业在该地的帮扶工作遇到很大挑战。

怒江州的情况在“三区三州”具有普遍性，在全面建成小康社会的最后冲刺阶段，部分扶贫干部出现了形式主义、急于求成、吊高胃口、降低标准、消极怠战的情况。面对困难，中央企业必须坚定必胜信心和奉献决心，进一步统一思想、凝聚力量，为扶贫干部提供尽可能多的现实帮助和后勤保障，为脱贫攻坚决战决胜做好各方面准备。

2. 进一步加大对中央企业参与“三区三州”脱贫攻坚实践及成果的宣传

德国经济学家彼得·乌尔里希（Peter Ulrich）提出，在现代社会，道德应该成为企业决策的最重要变量之一，因为企业生存和声誉并非仅由市场逻辑决定，而是要考虑更广范围的社会接纳程度。公众拥有支配企业生存的权力，尤其是通过对声誉良好企业的消费支持和对声誉较差企业的消费抵制。消费者将自身的购买行为转化为企业间竞争的重要筹码。因此，企业参与反贫困，是对自身品牌形象的提升，是对市场环境的有效培育。

对中央企业而言，做好宣传是做好脱贫攻坚工作的重要组成部分。做好关于央企参与脱贫攻坚的宣传工作，有利于坚定和提振打赢脱贫攻坚战的决心信心，有利于统一企业内部思想、凝聚共识，同时也对企业自身长远发展起到推动作用。“三区三州”脱贫攻坚任务最艰巨，更要高度重视扶贫宣传工作。中央企业将脱贫攻坚作为企业必须完成的政治责任，将扶贫宣传作为企业新闻宣传和品牌形象建设的重要组成部分。

根据国资舆情监测系统显示，2018年6月至2019年12月，有关中央企业参与“三区三州”脱贫攻坚的有效新闻①共约17035条，正面信息占比约

① 使用国资舆情监测系统，以“中央企业三区三州扶贫”为相关键词，以“央企、西藏、南疆四地州、四省藏区、临夏州、凉山州、怒江州、脱贫攻坚、精准扶贫”等为近义词，抓取2018年6月1日至2019年12月1日的所有论坛、博客、微博、微信、平面媒体、新闻、App等平台的新闻报道，去除重复标题后获得的相关数据。

75%，中性信息占比约18%，负面信息占比约7%。其中新闻约8999条，微信文章3695条。主要关键词包括：辉煌成就、募资（中央企业扶贫基金在2019年完成了三期募资）、援藏、援疆、市场、国投（国家开发投资公司属于国务院国资委管央企）等。中央企业参与“三区三州”脱贫攻坚相关信息，在2019年两会及国庆前后关注度最高，最高点出现在2019年两会期间，因当时对脱贫攻坚的关注度较高，因此中央企业参与“三区三州”脱贫攻坚的受关注度也一并提高。

中央企业针对“三区三州”扶贫宣传的效果虽然总体较好，但一方面信息总量仍处于弱势，舆论声量不足；另一方面，负面舆情不时出现，对公众的脱贫信心有一定影响，对中央企业整体形象也有一定损害。并且中央企业的新闻宣传和舆情处理能力同其他所有制企业相比，仍然存在差距，应更多学习借鉴国内外一流企业新闻公关经验，讲透、讲好央企扶贫故事。

3. 加强对扶贫项目的解剖研究，深入分析重点扶贫项目长期效果，为更好做到精准扶贫提供学术支撑

当前，中央企业在“三区三州”部分项目的建设逻辑为“投资增加—产业发展—GDP提高—地方财政收入及人均收入水平提高—绝对贫困消失”，但此逻辑存在多个断点。迪恩·卡尔兰、雅各布·阿佩尔等人的研究认为，以经济密度表征的宏观经济机会对于贫困减缓的经济影响不显著，以财政收入支出比表征的政府经济机会对农村居民人均纯收入提升具有显著负影响，因经济机会缺乏，金融资本大量进入会更倾向于对地区经济发展进行撬动，从而使收入中速增长群体实现更高速增长，但无法解决贫困人口因经济机会不足导致的增长停滞甚至下降。① 阿比吉特·班纳吉和埃斯特·迪弗洛认为，穷人像是赤脚的对冲基金经理，无法面对突如其来的风险，他们更加关注当下，对未来不抱有希望；针对贫困地区的金融输入往往是政治驱动，贫困人口违约率出奇高，为穷人贷款高利率提供了经济学解释；贫穷是

① 〔美〕迪恩·卡尔兰、雅各布·阿佩尔：《不流于美好愿景——新经济学如何帮助解决全球贫困问题》，商务印书馆，2014，第27页。

结果，而不是原因。[①] 因此，想要摆脱贫困，需要多方力量长期投入，精准扶贫，提高扶贫项目整体效能，为贫困地区提供更多经济机会。不仅要从根源上解决市场创富能力在“三区三州”边际效应递减的问题，也要解决贫困人口个体的“志”“智”困境，斩断贫困代际传递，实现由因到果根除贫困。

当前，在科学理论指导下，中央企业援助不仅在改善民生的硬件投入上力度很大，不少项目在设计阶段即注重考虑精准扶贫效果，广泛征求社会各界意见与建议，并对项目做出相应调整，努力把“民生工程”进一步建设为“民心工程”。下一步，中央企业还应继续加强对各扶贫项目的绩效进行科学评估，特别是针对绝对贫困人口的减贫效果进行相应评估，加强对稳增长、稳就业、稳社会、稳民族关系等社会效应的客观评价，使“三区三州”各族群众可以在当地现代化发展过程中获得更多经济机会，切实在项目建设中公平地共同获益，真正增强各族民众对党和国家的向心力，增强中华民族凝聚力，为实现“两个一百年”奋斗目标、实现中华民族伟大复兴的中国梦做出更大贡献。

① 〔印度〕阿比吉特·班纳吉、〔法〕埃斯特·迪弗洛：《贫穷的本质》，东方出版社，2014。

B.12
独龙族实现“整族脱贫”的实践与启示*

农辉锋　陆　鹏**

摘　要： 习近平总书记对独龙族“整族脱贫”赋予殷切期盼，通过实施脱贫攻坚提升行动、人居环境提升行动、基础设施提升行动、壮大村集体经济行动等四大行动，独龙族的脱贫攻坚取得了精准扶贫大突破、基础设施大改善、生态建设大发展、人居环境大提升、集镇建设大变化、特色产业大推进、社会事业大改观、素质能力大提高等八大成效，但是仍然存在基础设施薄弱、山区地形制约经济结构、传统观念制约农民素质等情况，提升脱贫攻坚成效任务艰巨。独龙族的“整族脱贫”给人们秉持“少数民族一个都不能少”的初心使命，夯实脱贫责任，秉持“一分耕耘、一分收获”的多元投入保障理念，秉持“少数民族群众脱贫，干部‘脱皮’”的责任保障理念等经验启示。

关键词： 独龙族　“整族脱贫”　脱贫攻坚

党的十八大以来，习近平总书记创造性地提出精准扶贫精准脱贫基本方略，推动了扶贫减贫理论创新和实践创新。精准扶贫精准脱贫基本方略，源

---

* 本文为国家社会科学基金西部项目“共享发展视域下西南地区人口较少民族精准脱贫难点与对策研究”（项目批准号：16XMZ056）的阶段性成果之一。

** 农辉锋，中国共产党广西壮族自治区委员会党校文史教研部副教授；陆鹏，中国共产党广西壮族自治区委员会党校区情研究室（宣传处）主任、处长、副研究员。

于扶贫开发的具体实践，蕴含着丰富的思想内涵，强调贵在精准、重在精准，成败之举在于精准，这既是认识论、方法论，也是我们不断战胜贫困、摆脱贫困的强大思想力量。历史的车轮滚滚向前，如今新中国进入了全面决胜脱贫攻坚战的关键时间节点。基层领导干部在时代需求和党的号召下积极投身于这场历史性的关键战役，并在习近平总书记关于扶贫工作重要论述精神的指引下，科学合理地建立起长效机制保证贫困户的可持续发展，为打赢打好脱贫攻坚战贡献他们的力量与智慧。

一　一个都不能少：习近平总书记对独龙族“整族脱贫”的殷切期盼

独龙族是我国人口在30万以下的28个人口较少民族之一，全国只有6900多人，也是新中国成立初期一个从原始社会末期直接过渡到社会主义社会的“直过民族”，主要聚居在属于全国深度贫困地区“三区三州”之一的云南省怒江傈僳自治州的贡山独龙族怒族县独龙江乡。独龙江乡地处深山峡谷，自然条件恶劣，至今也仅有一条公路穿过莽莽高黎贡山通往县城，过去每年有大半年时间大雪封山，使得独龙族人民与世隔离。由于交通闭塞，独龙乡虽然风景秀丽、特产丰富，但长期以来独龙族一直是云南乃至全国脱贫攻坚中最为“难啃的骨头”之一。2014年是独龙族社会发展史上的一个里程碑，这一年工程难度极大的高黎贡山隧道通车，千百年来阻拦在独龙族人民面前的大山被人类征服了，从此独龙族人花3个小时即可到县城，实现了以最短的时间与外界联通的愿望。

2014年元旦前夕，在高黎贡山隧道即将通车的时刻，贡山县干部群众致信习近平总书记，汇报了当地经济社会发展和人民生活改善的情况，报告了多年期盼的高黎贡山独龙江公路隧道即将贯通的消息，传达了从此独龙族将更紧密地投入祖国怀抱，与55个兄弟民族像石榴籽一样紧紧抱在一起的喜悦心情。习近平总书记接到信后立即给他们回信：“向独龙族的乡亲们表示祝贺！”希望独龙族群众“加快脱贫致富步伐，早日实现与全国其他兄弟民族一道过上小康生活的美好梦想”。

2015 年 1 月 20 日，到云南省考察的习近平总书记特地抽出时间，把当初一起署名写信给总书记的 5 位干部群众和 2 位纹面独龙族妇女专程接到昆明来见面。此次见面，习近平对乡亲们的生活情况细问详察，共同分享沧桑巨变带来的喜悦，对干部群众寄语频频。

“我今天特别高兴，能够在这里同贡山独龙族怒族自治县的代表们见面。”习近平说：“独龙族这个名字是周总理起的，虽然只有 6900 多人，人口不多，也是中华民族大家庭平等的一员，在中华人民共和国、中华民族大家庭之中骄傲地、有尊严地生活着，在中国共产党领导下，同各民族人民一起努力工作，为全面建成小康社会的目标奋斗。”他接着表示：“你们生活在边境地区、高山地带，又是贫困地区，在新中国成立以前生活在原始状态里。新中国成立后，在党和政府关心下，独龙族从原始社会迈入社会主义，实现了第一次跨越。21 世纪以来，我们又有了第二次跨越：同各族人民共同迈向小康。这个过程中，党和政府、全国各族人民会一如既往关心、支持、帮助独龙族。”习近平总书记在座谈中指出，独龙族和其他一些少数民族的沧桑巨变，证明了中国特色社会主义制度的优越性。前面的任务还很艰巨，我们要继续发挥我国制度的优越性，继续把工作做好、事情办好。全面实现小康，一个民族都不能少。①

2018 年，独龙江乡 6 个行政村整体脱贫，独龙族实现整族脱贫，当地群众委托乡党委给习近平总书记写信，汇报独龙族实现整族脱贫的喜讯。2019 年 4 月 10 日，习近平总书记给乡亲们回信，祝贺独龙族实现整族脱贫。在信里，习近平说：“让各族群众都过上好日子，是我一直以来的心愿，也是我们共同奋斗的目标。新中国成立后，独龙族告别了刀耕火种的原始生活。进入新时代，独龙族摆脱了长期存在的贫困状况。这生动说明，有党的坚强领导，有广大人民群众的团结奋斗，人民追求幸福生活的梦想一定

① 李斌、李自良：《“全面实现小康，一个民族都不能少”——习近平总书记会见贡山独龙族怒族自治县干部群众代表侧记》，《光明日报》2015 年 1 月 23 日第 1 版。

能够实现。”“脱贫只是第一步，更好的日子还在后头。”习近平总书记勉励乡亲们再接再厉、奋发图强，同心协力建设好家乡、守护好边疆，努力创造独龙族更加美好的明天。①

二 历史跨越：由原始社会直接过渡到社会主义社会的独龙族

独龙族是具有悠久历史的古老民族，属怒江地区的土著民族，历史上被称为“俅”“俅扒”“洛”“曲洛”等，自称为“独龙”②。由于受奴隶主和历代统治阶级的重重压迫和残酷掠夺，社会发展迟滞，生产落后，生活十分困难，直到1949年贡山解放，独龙族直接由原始社会末期过渡到社会主义社会，独龙族才获得新生。1952年，在周恩来总理的亲切关怀下，根据本民族的意愿，废除了“俅扒”“俅”“曲洛”等歧视性称呼，正式定名为“独龙族”。

独龙族大部分聚居于中缅边界偏僻的独龙江流域，历史上长期属于化外之地，直到新中国成立前，独龙族社会仍处在以父系氏族为主的家庭公社解体时期。由于生产力的发展和私有制的逐渐确立，父系氏族的社会结构已很松散，在现实生活中起着主要作用的是家族公社。民国时期，虽推行了保甲制度，建立了统一的行政组织，但是原来以家族为基础的村社头人制度仍然存在。1950年4月，独龙江被设立为贡山县第四区，1969年改为独龙江公社，1984年改为独龙江区，1988年区改乡后称独龙江乡。

独龙江乡地处我国著名的横断山脉的高山峡谷地带，位于北纬27°31′~28°24′，东经98°08′~98°30′，东邻贡山县丙中洛和茨开镇，西南与缅甸毗邻，北靠西藏自治区察瓦洛乡并与印度相近，国境线长97.3公里，境内有37~43号7个界桩，东西横距34公里，南北纵距91.7公里，整个区域面积

① 金佳绪：《习近平与独龙族的故事》，《中国民族》2019年第5期。

② 李金明：《独龙族原始习俗与文化》，德宏民族出版社，2016。

为1994平方公里，是贡山县面积最大的一个乡，占全县总面积的44.25%。县城丹打至乡政府驻地孔目的县乡公路长96.2公里。境内两山夹一江，即东西两面为高黎贡山和担当力卡山，独龙江纵贯两山之间，这里山高谷深，沟壑纵横，形成封闭式的地理环境，最高海拔4969米，最低海拔1200米，形成典型的立体气候和小区域气候。

独龙江乡是中国独龙族唯一的聚居地，全乡辖迪政当村、龙元村、献九当村、孔当村、巴坡村、马库村等6个村委会，26个自然村落，41个村民小组，1232户，总人口4418人，其中农业人口4165人，独龙族人数占总人口数的99%。全乡耕地面积2539亩，人均耕地面积约0.6亩，人口密度约为2.22人/平方公里。开展精准脱贫以前，全乡经济发展缓慢，各项基础设施滞后，生产力水平低，贫困人口多，贫困面广、贫困程度深，属边疆、民族、宗教、山区、贫困五位一体的国家重点扶持乡。国家实施退耕还林（草）和“天保”政策后（完成退耕12000亩，公益林7000亩），独龙江乡耕地面积199公顷，仅占总土地面积的0.21%。

独龙江乡拥有丰富的生物、水能和旅游资源。水能资源方面，除主干流独龙江外，可用于小水电开发（装机容量500千瓦以上）的支流共有11条；独龙族传统文化方面，因独龙江乡长期交通不便、信息闭塞、大雪封山，以及独龙族聚居区受现代文明影响较少，缺乏民族之间交往交流交融，这使得独龙族传统民族文化保留完整，是我国独龙族民族文化传承保护区（其中独龙族卡雀哇节已于2006年被列入第一批国家非物质文化遗产目录）。

三 逻辑起点：独龙江族“整族脱贫”的现实基础

近年来，在各级党委和政府的大力关心帮助以及当地基层干部的艰苦努力下，独龙江乡各项事业取得了前所未有的发展，1999年独龙江公路通车后，2002年独龙江乡级机关经省人民政府批准由巴坡搬迁至孔目，2004年独龙江第一次开通移动通信，2006年独龙江乡村公路实现“村村通”，2007

年实现村村通移动电话目标等，都标志着独龙江乡的经济社会有了飞速发展。

（一）经济发展情况

截至2015年独龙江乡农村经济总收入1670万元，同比增长25.45%；农民人均经济纯收入3503元，同比增长38.73%；粮食播种面积5145亩，同比增长26.1%；粮食总产量999吨，同比增长7.07%；人均生产粮食237.6公斤，同比增长6.12%。

产业培育稳步推进。立足气候、区位、生态优势，形成以草果、重楼为龙头，其他林果产业为辅的发展模式，不断加大对产业的培育力度。2017年，新增草果种植面积19833亩，累计种植草果面积达73357亩、同比增长30.57%，产量744.1吨，经济收入584.22万元；滇重楼种植79亩、扩繁育苗10亩，累计种植重楼面积达1466亩，同比增长13.95%；建成投入使用草果烘干厂1个，成立专业合作社7个。有效推进了以草果、重楼为主的种植产业发展和以独龙牛、中蜂为主的养殖产业培育。

按照规模化、标准化、产业化、区域化的发展要求，不断加大对乡域产业的培育力度。2014年以来进一步加大了产业技术培训力度，进一步扩大了全乡产业种植规模，2014年发放草果苗124.3万苗、移栽草果苗24.2万苗、发放重楼苗167万苗，全年新增草果面积15524亩、重楼面积589亩，全年草果产量153.87吨，较2013年减少131.3吨。进一步加强种植养殖业扶持力度，兑现重楼种植补助资金140万元，兑现六个村重楼种植示范点补助资金25万元，兑现1万箱蜂箱项目补助资金100万元。强化中蜂养殖管理，蜂蜜产量达3770斤。进一步推进献九当村独龙原鸡保种扩繁基地建设，新增孔当村一组独龙原鸡保种扩繁基地。年内完成独龙牛投放250头。截止到2014年底，全乡累计种植草果48524亩、重楼1289亩、花椒8700亩、核桃8000亩、董棕650亩、茶叶500亩，完成蔬菜大棚40亩，累计投放独龙牛700头，全乡累计牛存栏数1444头，其中独龙牛1190头。有效推进了以草果、重楼为主的种植产业发展和以独龙牛、中蜂为主的养殖产业培育，拓宽了人民群众增加经济收入的渠道。

畜牧业取得新成就。大力发展具有本地特色的独龙鸡、独龙牛、独龙蜂养殖，拓宽了人民群众增加经济收入的渠道。2015 年，大小牲畜存栏数 7127 头（只），同比增长 2.7%；大小牲畜出栏数 1325 头（只），同比增长 3.76%；蜂蜜产量达 4158 公斤，同比增加 10.29%；投入 120 万元，投放犏牛（牦牛）120 头；设立独龙原鸡保种扩繁基地 1 个；投放独龙牛 526 头；累计制作蜂箱 15000 箱，招养独龙蜂 5000 箱，全乡畜牧业发展取得长足进步。

（二）教育、卫生、文化情况

基础教育稳步发展。一直以来独龙江乡坚持科教兴乡战略，切实把优先发展教育摆在更加突出的位置，认真贯彻执行党的教育方针政策。“两基”工作在巩固中不断提高，教育教学改革继续深化，“两免一补”政策落实到位，教学基础设施得到不断改善，教育教学质量进一步提高。全乡设有 1 所九年一贯制学校、2 所村小学和 1 所乡幼儿园，2014 年完成了马库国门小学基础设施建设。2015 年马库国门小学正式开班教学。教师队伍进一步充实，全乡共有教职工 88 人专任教师 61 人。学校招生教学工作稳步推进，在校学生总人数为 618 人。全面巩固义务教育“均衡”成果，加大依法控辍保学力度，严格落实各类教育惠农政策，义务教育阶段无学生因贫辍学。不断完善学前教育教学条件，教学质量进一步提高，教师队伍建设不断加强。2015 年全乡适龄儿童入学率达 100%，适龄少年毛入学率达 100%，巩固率达 100%。

农村医疗卫生和社会保障制度不断完善。一是积极推广普及新型农村合作医疗制度。2015 年全乡新型农村合作医疗参合人数达 3964 人，签约家庭医生 3891 人。二是有效开展妇女儿童保健工作。三是不断健全农村社会保障制度。2014 年全乡共有 4105 人被纳入低保范围，占全乡农业人口数的 94.36%，分别享受 70、80、90 元不等的农村最低生活保障金；新型农村和城镇居民养老保险参保人数达 1432 人，参保率 32.91%，参保金 15.6 万元。

农村文化设施不断健全。全乡6个村委会只有2台（套）“村村通”广播电视节目接收和发射器，仅有不到10%的村民小组和村民可收看到广播电视节目。乡政府驻地2007年底已安装了有线电视，目前，村村通有线电视正在进行中。至2015年底各村委会党员活动室已建成并投入使用；独龙族文化传承中心和独龙族博物馆主体工程已完工；各村文化活动室建设基本完成，及时给予配备各村文化活动室影像设备并发放了相关科普书刊。

（三）基础设施发展情况

交通方面。2014年全长6680米的高黎贡山独龙江公路隧道全面贯通并投入使用。完成了全长10公里的独都至钦兰当路面硬化工程和全长8公里的巴坡至拉娃夺路面硬化工程，目前已竣工并投入使用。新开通孔当一二组生产公路，全长4公里，路基宽4.2米，已竣工并投入使用。已完成迪政当村熊当至迪布里全长22.3公里进藏公路、独都至马库老村委会全长4公里公路改扩建、丙当至肖旺当全长3公里通组公路、巴坡村拉娃夺全长3公里牧场公路的测量设计工作，4条拟建公路现已进入开工准备阶段。独龙江乡三级客运站已竣工，并进入客运班线开通准备阶段。截止到2015年底全乡沥青路面和水泥路面里程达150公里、人马吊桥11座。

通电、通水方面。2014年由南方电网云南电网有限公司投入达2800万元资金建设的巴坡麻必当电站改扩建工程竣工并投产使用，总装机容量960千瓦。全年新建防洪堤5段全长821米，新建及维修供水管线27.1千米，总投资442万元。独龙江乡供电所综合楼竣工并投入使用，提升了全乡供电保障能力。截止到2014年底累计建设完成山洪沟治理工程9件，水利工程完成新建农田水利21件，改造农村安全饮水工程15件，架设20千伏输电线路112千米、投产运行电站2座，全乡电力装机容量累计达到1600千瓦。

通信方面。2004年10月开通独龙江乡第一个移动电话后，2007年又开通3个村委会，于2012年9月初开通电信网络。2013年独龙江乡电信营业楼已开工建设，县城至独龙江公路通信光缆架设完毕，独龙江乡政府驻地孔当村程控电话、宽带网络全面开通，乡政府至马库正在架设光缆；移动通信网络已覆盖至独龙江所有村委会和自然村；独龙江乡邮政所正进行建设前期准备工作。目前全乡6个村委会均实现了“村村通”移动电话、太阳能蓄电池取电，常出现“晴通雨阻”状况。

旅游基础设施方面。按照独龙江乡旅游开发建设总体规划和5个民族文化旅游特色村规划，不断推进旅游基础设施建设，全面完成了普卡娃、迪政当、龙元、巴坡、钦兰当等5个民族文化旅游特色村建设，建成了县城至独龙江乡公路沿线5个观景台、钦兰当至迪政当公路沿线的10个观景台。截止到2014年底，完成了5个民族文化特色村广场、旅游步行栈道、绕村公路、风景水利、游客服务中心、停车场、寨门、休憩亭、旅游公厕等所有工程。

住房保障方面。根据帮扶项目规划，积极推进安居工程和整村推进项目建设。全乡26个安置点共规划建设1068户安居房，到2014年底已完成所有安居房的建设和竣工验收工作，年内全面完成了钦兰当村最后10户安居房建设任务。到2014年底累计建设完成安居房配套厨房490间，目前迪政当村熊当小组68户厨房正在建设中，全乡已完成配套厨房覆盖率达45.9%。全面建设完成终验24个整村推进点，整村推进工程严格按规划建设完成了村间道路硬化、村民文化活动室、篮球场、卫生公厕、垃圾处理池、排污沟、庭院整治、人畜饮水工程等子项目。全乡累计完成了新建田埂3200米，新建田间道路3150米，新建排导槽520米，土地整治新增耕地321亩。

四　四大行动：独龙族“整族脱贫”的主要措施

近年来独龙江乡坚持问题导向，针对独龙江发展的主要短板和制约，突出重点，整合资源，集中力量打攻坚战。

（一）实施脱贫攻坚提升行动

全面贯彻落实习近平总书记新时期扶贫开发战略思想，围绕独龙江乡

158 户 614 人建档立卡贫困户、6 个贫困村如期脱贫目标，实施精准扶贫精准脱贫，如期实现独龙族建档立卡贫困户脱贫退出、贫困村脱贫出列，实现独龙族“整族脱贫”。

1. 生态补偿脱贫一批

新增乡村环境保洁员 260 人（26 个安置点每个点 10 人）、河道管理员 26 人（26 条河道，26 人）、生态护林员 2366 人（按 500 亩林管护面积安排 1 人森管员计算，并扣除已有的 234 人生态护林员），确保每户安排公益性岗位 2～3 人，实现稳定性工资收入。

2. 发展生产脱贫一批

对缺资金的 5 户 22 人、自身发展动力不足的 4 户 13 人，坚持因地制宜、因村施策、因人创业，发展种植羊肚菌 200 亩、百合 20 亩，养殖独龙鸡 4000 只，养殖独龙蜂 2000 箱，种植草果苗 50 万苗、石斛 150 亩，扶持独龙族农家乐、特色客栈、特色产品加工户 10 户以上，产业项目覆盖所有建档立卡贫困人口。对村集体经济的发展进行重点扶持和继续加大培育壮大，实现每个村都有集体经济。新建村级便利店 5 个、养鸡场 6 个、发展独龙牛、独龙鸡、中华独龙蜂养殖等项目，确保到 2018 年全乡 6 个村每个村实现集体经济收益 5 万元以上，同时以股权量化、收益分红的形式，给予贫困户一定的收益分红，确保农户有一定的经济收入。认真抓实职业技能培训，进行厨师、家政、竹编、农家乐、经营民宿等技能培训 130 人次、独龙鸡、水产等养殖培训 180 人次，民族服饰缝纫、护林技能、电焊工技能、家政服务员技能培训 300 人次，培养乡村旅游导游人才 20 人，年内输送所有“两后生”到省内外技师学院继续学习。

3. 住房保障脱贫一批

对经鉴定后的 2 户 C 级危房户、9 户 D 级危房户、2 户无房户，通过新建幸福公寓 21 套，保证其房屋达到安全稳固的条件，以实现建档立卡户能够顺利脱贫。

4. 劳务输出脱贫一批

以珠海市对口帮扶怒江州为契机，每年动员 20 名以上独龙江族适龄青年外出务工。

5. 社会保障兜底脱贫一批

对 8 户 29 人缺乏劳动能力的孤儿、残疾人，通过残疾人救助、国家低保政策予以兜底解决。

6. 发展教育和健康扶贫脱贫一批

对因学致贫的 3 户 15 人，落实 14 年免费教育政策，整合政府、社会帮扶资金，切实加大救助力度，实现脱贫。对因病致贫 3 户 14 人，实行健康扶贫实现脱贫。对未参加农村养老保险或城镇居民养老保险的 398 人，通过引导、帮扶等措施，实现家庭成员 100% 参缴目标。

（二）实施人居环境提升行动

集中力量开展“七改三清”和“两违”整治，彻底解决当前独龙江乡存在“房子乱搭、车辆乱停、管线乱拉、垃圾乱倒”的问题和“硬件与软件不协调、宏观与微观不协调、主导与主体不协调”等问题。

1. 开展环境卫生专项整治

一是健全卫生整治制度。把门前“三包”制度落到实处，建立稳定的乡村环境保洁员队伍，将人居环境提升工作纳入村规民约规范，建立健全农村环境卫生整治的常态化机制，切实加强“五个一”工作，每天黎明举行一次卫生清扫活动，每个星期由各村委会组织村干部带领村民进行一次大扫除活动，每个赶集日组织一次文明素质提升主题宣传活动，每 5 天组织一次回访活动，组织一次县级观摩会，促使农村群众养成科学、卫生的现代文明生活理念。

二是改善基础设施。完善配水管网建设 16 公里，新建集镇生活污水处理项目 1 个，重点村庄小型污水处理项目 1 个，新建配套排水管网 2 千米。新建集镇生活垃圾收运、处理项目 2 个，新增转运站 1 座，中转规模 5 吨/日，新增 1 吨以上收运车辆 3 辆。

三是强化庭院绿化美化。引导农民单独建设畜厩等附属用房或集中养殖区。每个村落集中选种一种花树，确保全乡 1232 户每户种一棵果树、一棵花，达到村容村貌干净整洁、环境舒适优美、乡村特色鲜明的目标。

四是开展“以电代柴”项目。对独龙江乡6个村委会、26个自然村、41个村民小组1232户，以电代柴电器发放的形式，每户补助2000元。

2. 加快美丽乡村项目建设

抓好拉旺夺村、雄当村、孔当村、龙元村、献九当、马库村6个省级村庄规划建设示范村配套基础设施建设，新建公厕项目19个、一体化污水处理设施6套、小型垃圾焚烧设备2套、垃圾房23座、高位水池7个，实施好道路工程、道路照明等工程。

3. 开展“两违”专项整治

开展“两违”专项整治。对独龙江乡集镇（政府驻地）范围内所有未经批准占用土地擅自建设和没有取得建设工程规划许可证或者违反建设工程规划许可证核定的“两违”建筑下发停工令、整改通知书等，并根据实际情况进行整改，对手续不齐全的责令补齐手续，对违规建设的该拆除的强制拆除。对涉及违建的7户农户下发停工令并要求限期补齐手续。对15668.89平方米与自然、生态不搭调、不和谐的彩钢瓦、铁皮瓦等全面清理，对砖砌围栏、围墙全面整改。持续开展店招店牌协调规划整治工作，建立健全独龙族民居规范标准，严禁私搭乱建。

（三）实施基础设施提升行动

全力破解以交通为主的基础设施制约瓶颈，优化独龙江乡发展环境，助力脱贫攻坚。

1. 提升交通基础设施建设

一是建设美丽公路“秘境之道”。将独龙江公路作为美丽公路连接线，延伸美丽公路至中缅界41号界碑、滇藏界迪布里，全力打造独龙江乡“秘境之道”，保护好公路沿线名木古树，选择适应性好的黄金水杉、冬樱花、玉兰花、杜鹃花、银杏等本地树种，把“秘境之道”两边绿化起来美化起来，坚决把公路沿线的庄稼地退下来。对独龙江公路全线养护到位，对边沟不通畅进行清通，对积水路段进行排水治理，对缺口路段增设安全防护措施，并设置安全警示标志标牌。

二是高质量完成项目建设。首先，按时按质完成独龙江公路及马迪公路改扩建提升工程和迪布里至中缅边界（41 号）界桩国边防公路改造工程。其次，建成普卡旺桥、麻必洛桥、腊配桥、钦兰当河桥等交通要道的桥，建成独龙江乡百利、南代、龙冲、斗拉等 4 座生产便桥。最后，完成县城至独龙江公路 80 公里路基路面改扩建工程同时，已完成公路沿线绿化带实施方案。

2. 提升旅游基础设施建设

完成国家 4A 级景区建设，成立独龙江景区管委会，完成独龙江麻必洛河白水漂流项目、独龙江人马驿道步道项目和独龙江至丙中洛旅游步道项目，不断推进“秘境之道”观景台建设，以及野牛谷、亲近独龙牛、走进神田等项目旅游基础设施建设。

3. 提升电力保障设施建设

实施“大电力工程”建设，启动大网进入工程、电站改扩建工程，已完成 35 千伏输电线建设工程，并于 2018 年底实现并网输电，根本上解决独龙江乡枯水季用电缺口大的问题。全面实施分类电价工程，优先保障生活用电。

4. 提升通信设施建设

一是扩大移动信号覆盖面。2017 年 9 月底已完成孔当、迪兰、巴坡新村 4G 站点开通，10 月底完成独龙江基站、白来基站、献九当基站等基站的传输设备升级，提高传输效率，11 月底完成马迪公路班村至滇藏交界点段的太阳能电池板安装。二是提升电信信号覆盖面。对独龙江公路沿线信号盲区进行 4G 基站整改补点工作，实现全乡公路沿线信号全覆盖。三是提升联通信号覆盖面。3～5 年内，建设基站 23 个，达到与电信、移动网络覆盖同等水平。

5. 开展独龙江特色小镇建设

结合《云南省人民政府关于加快特色小镇发展的意见》（云政发〔2017〕20 号）文件精神（该文件鼓励云南省 25 个世居少数民族原则上各建成 1 个以上特色小镇），瞄准独龙族民族特色，认真贯彻落实国家和云南省新型城镇化指导方针，以可持续发展为主线，把独龙族特色小镇建成民族气息浓厚、产业特色鲜明、生态环境优美的少数民族特色小镇。

（四）实施壮大村集体经济行动

由于资源禀赋类似，独龙族六个行政村集体经济的发展基本相似。

1. 六个行政村的基本情况

（1）迪政当村基本情况

迪政当村于独龙江乡政府北部 30 公里，东与丙中洛镇相邻，西与缅甸毗邻，南与龙元相接，西至西藏察隅县察瓦龙乡。境内有 43 号界桩，全村面积 601.22 平方公里，海拔 1585 米，年平均气温 16.7℃，年降水量 2856 ~ 3800 毫米。迪政当村委会下有 6 个小组，分别为：迪政当、冷木当、雄当、普尔、木当、向红。全村有 155 户（572 人），其中劳动力 364 人，99% 为独龙族。全村 155 户农村低保户 532 人、五保户 10 人、残疾人 8 人；2016 年建档立卡贫困户 31 户 114 人，占全村总人口的 18%，非建档立卡贫困户 135 户 498 人，占全村总人口的 82%。义务教育入学率 100%，在读学生 42 人（24 人小学、8 人高中、2 人大学、8 人中专）。

迪政当村拥有耕地面积 329 亩（旱地），人均耕地 0.6 亩，人均粮食产量 300 公斤，迪政当村林业资源丰富，拥有林地面积 458087 亩，因而林下经济发展较好。2016 年当地重楼种植 564 亩，黄精种植 80 亩，独龙蜂、独龙鸡、独龙猪等养殖业也发展较快，2019 年人均纯收入 4000 元。迪政当村集体经济主要有出租房 1 栋，年收入 1 万元，村级可支配收入主要来源于基层党建工作经费 5 万元。

（2）龙元村基本情况

龙元村是一个以独龙族为主的少数民族聚居村，龙元村位于贡山县独龙江乡，村委会距乡政府所在地 22 公里，东邻贡山县丙中洛镇，南邻独龙江乡献九当村，西邻缅甸，北邻独龙江乡迪政当村。下辖龙元一组、龙元二组、白来、东给、龙仲 5 个村民小组，分设 5 个党支部。全村现有农户 170 户，人口 578 人，均为农业人口，劳动力 324 人（包括 18 岁的在校学生），实际劳动力人口有217人，2017年低保户数50户，有215人享受低保。农民收入主要来源于以玉米、薯类、豆类种植为主的种植业和以独龙牛、山羊养殖为主的畜牧业。主要产业有草果、重楼、中蜂种养殖，共种植草果5800亩、重楼460亩、花椒1800棵，养殖中蜂2000箱。由于受地理、文化、民族等因素制约和限制，村级集体经济的发展一直受到制约，长期以来没有经营收入。

（3）献九当村基本情况

献九当村地处独龙江乡中部，距独龙江乡政府所在地9公里，东邻贡山县丙中洛乡，南邻独龙江乡孔当村，西邻缅甸国，北邻独龙江乡龙元村。下辖迪兰、肖切、献九当、丁给、丁拉梅、百利、齐当7个村民小组。现有农户223户753人，劳动力450人，其中从事第一产业人数415人。献九当村党总支下辖献九当、丁给、迪兰、肖切4个党支部，共有党员50人（含预备党员2人），入党积极分子6人，有5个村民小组活动室。

全村面积215.25平方公里，海拔1512米，有耕地面积503亩，人均耕地0.7亩，人均粮食195公斤。全村经济纯收入286.99万元，人均纯收入3811元。村民收入主要来源于以玉米、薯类等为主的种植业，以独龙牛、山羊为主的畜牧业，主要产业有草果、重楼、中蜂种养殖。

（4）孔当村基本情况

孔当村地处独龙江乡中部，全年日照时长1100~1400小时，空气湿度达90%。距乡政府1公里，距县城96公里。到乡政府道路为柏油路，交通方便。东临贡山茨开镇，南邻独龙江乡巴坡村，西邻缅甸，北邻独龙江乡献九当村，面积369.29平方公里。下辖孔当一组、孔当二组、腊配、普卡娃、肖旺当、孔干、王美、肯迪、孔美、丙当、鲁腊11个村民小组。2016年有农户264户1051人，劳动力569人，独龙族1015人，占总人口的96.6%。耕地面积615亩，人均耕地0.59亩。村党总支下设7个党支部，目前有党员63人（其中预备党员5人）。

（5）巴坡村基本情况

巴坡村地处独龙江乡南部，距乡政府20公里，距县城116公里。到乡政府道路为柏油路，交通方便。东临贡山茨开镇，南邻独龙江乡马库村，西邻缅甸，北邻独龙江乡孔当村，面积445平方公里。下辖斯拉洛、独务当、木兰当、麻扒拉、米里王、巴坡、孟顶、拉王夺8个村民小组。2016年有农户223户861人，劳动力493人，独龙族850人，占总人口的98%。耕地面积560亩，林地面积43313亩。村党总支下设4个党支部，目前有党员88人（其中预备党员4人）。有6个党群活动室（斯拉洛小组、独务当小组、木兰当小组、那洛底支部、巴坡村委会、孟顶小组、拉王夺小组）。农民收入主要来源于以玉米、薯类、豆类种植为主的种植业和以独龙牛、山羊养殖为主的畜牧业。主要产业有草果、重楼、中蜂种养殖。

（6）马库村基本情况

马库村地处独龙江乡最南端，与缅甸木克嘎接壤，东邻贡山县茨开镇，西、南邻缅甸，北邻独龙江乡巴坡村。距乡政府驻地40公里，辖4个村民小组，即马库、独都、钦兰当、迪兰当，境内有39~42号界桩，全村面积86.08平方公里，海拔1200米，年平均气温19.2℃，年降水量2978~4000毫米。

马库村下辖4个小组，共79户286人，劳动力167人，其中从事第一产业人数176人，99%以上为独龙族；全村有在校生26人，其中大专2人、高中2人、中专2人、初中4人、小学14人、大学毕业生2人。

有耕地面积167亩，人均耕地0.58亩，人均粮食253公斤，林地81398.55亩。经济作物有野山药4亩、草果5600亩、挂果1090亩，产量60吨，经济收入72万元。可开发利用资源有竹笋4万公斤；中蜂1200箱（使用中的有150箱），年出蜂蜜305斤；独龙鸡存栏1000只；独龙猪存栏140头。产业主要以草果种植为主。村办集体企业有独龙牛养殖合作社（独龙牛200头）。

2. 村级集体经济的发展模式

结合实际情况，当地主要从以下几个方面探索村级集体经济的发展方式。

一是以发展产业带动村级集体经济的发展。采取组建专业合作社、租赁、流转无劳力无生产经营技术农户的土地发展特色产业，进行农特产品营销经

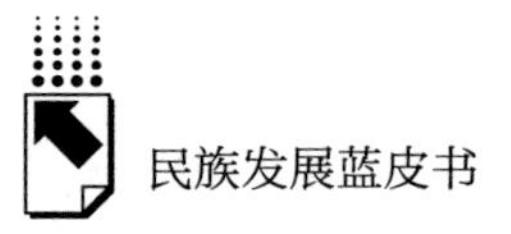

营和养殖等方式拓宽村级集体经济收入来源，发展壮大村级集体经济。

例如，孔当村通过独龙鸡和独龙蜂养殖发展了村集体经济。

（1）孔当村独龙鸡养殖。以“集中管理、分散养殖”的方式，通过“党员＋致富带头人”模式，村委会以500只独龙鸡作为合作出资，通过村组选举的方式选出7户从事养殖，场地建设和鸡食由农户自行承担，村委会统一销售，集体经济收入30%归为村级、70%归为农户。

（2）独龙蜂活框饲养项目。以“村委会＋公司＋农户”模式，村委会出资的90箱蜂箱统一养殖，专人管理（党员＋建档立卡户共6人），蜂蜜统一销售，经济收入20%归为村级、80%归为农户。

二是租赁经营村级集体资产来发展村级集体经济。主要采取独立、联合、股份合作等方式，通过利用村内闲散地建设服务设施出租、铺面出租、房屋出租等经营方式获取稳定的村级集体经济收入。对村级集体现有经营性、资源性资产和闲置资源，采取承包的方式，提高经营效益，使资产增值增收。

例如，迪政当村结合本村民族特色优势，新建2500平方米规模的游客集散中心，达到50个房间90个床位接待需求及配套设施，并以迪布里公路后期建设为契机，结合本村区位优势，投资40万元建设采沙场1个，投资50万元建采石场一个，投资18万元进行独龙蜂养殖200箱，这些项目收入主要是归集体所有。

三是以提供服务创收的方式来发展壮大村级集体经济。主要是围绕农业产业化，提供产前、产中、产后有偿社会化服务或创办经营性服务实体。

例如，马库村主要通过现有民族特色村旅游服务设施的出租收入和开放的马库边贸集市设施的出租收入来提高村级集体经济。2016年底收入有2万元。2017年底，边民互市16间铺面出租后，村集体经济每年能增加19200元收入。2017年10月，村委又申请成立贡山县独龙江乡马库村骏驰农产品经营部，上级部门支持资金20万元投入村集体经济建设，并成功进行农产品收购与销售，同时上级部门支持资金8万元，开设乡村超市，当前两项规划顺利实施，2018年集体经济收入总和近6.5万元。

四是开发利用村级现有资源来发展壮大村级集体经济。主要是充分挖掘村内的林、水等自然资源潜力，由村集体单独或吸收其他资金参股进行开发。一方面鼓励村集体开展土地整理开发，增加村集体有效土地来发展非农业产业，提高村级集体收入；另一方面加大对集体河道、沙石资源的开发利用，使闲置的滩涂、塘堰、河道及水面发挥其经济效益。

例如，献九当村在县乡相关部门帮助整改下经营采沙场，通过合资控股方式发展村集体经济，主要是向开采者提供开采权和沙场场地作为股份，开采人则提供技术和设备及运营资金，村集体和开采人各占50%股权，村集体拥有的5个沙场均按此模式经营。

五　成就与提升：独龙族“整族脱贫”的突出成效及巩固提升的艰巨任务

（一）独龙族“整族脱贫”的历史性成就

截至2017年底，全乡农村经济总收入2069.07万元；农民人均经济纯收入4959元，同比增长16%。信用社各项存款余额2020万元，累计发放各类贷款1067.5万元，存量贷款余额817.05万元，独龙族的社会面貌焕然一新。

1. 脱贫攻坚取得新成效

脱贫攻坚成效明显。这几年独龙乡本着“应退尽退、应纳尽纳、应扶尽扶”的原则，严格对照“两不愁，三保障”“十种情形”等相关标准，针对全乡“三类人员”进行贫情分析，开展入户调查。并结合独龙江乡的实际，坚持扶贫开发与社会主义新农村建设相结合，探索符合山区实际、注重群众增收的脱贫之路，紧紧瞄准贫困群体与贫困人口，大力实施开发式扶贫战略，不断完善扶贫开发机制，积极实施整村推进，扶贫攻坚工作取得了显著成效，贫困人口持续减少，农民收入持续增长，群众生产生活条件得到改善，农村经济保持稳步增长势头，社会事业有了新的进步。

精准脱贫有效推进。围绕“找出最贫困群众”这一核心，坚持问题导向和目标导向，狠抓对象精准，达到贫困条件确保纳入，达到脱贫标准及时退出，实现贫困户动态管理。坚持精准扶贫、精准脱贫基本方略，抓实“六个精准”，突出“五个一批”的主要脱贫路径，锁定对象、分类施策，挂图作战、加快推进，全面打响了独龙江脱贫攻坚战，圆满完成了各项脱贫指标。截至2017年底，独龙乡已脱贫157户615人，除迪政当村其余已全部实现脱贫出列，截至目前，迪政当村未脱贫15户50人。

2. 夯实基础，农业农村工作取得新成效

产业培育稳步推进。立足气候、区位、生态优势，坚持以草果、重楼为龙头，其他林果产业为辅的发展模式，不断加大对产业的培育力度。2017年，新增草果种植948.5亩，累计达到66086.5亩，同比增长1.46%，挂果25375亩，产量达742吨；新增重楼92.6亩，累计达到1640亩，同比增长4%；产核桃770公斤、板栗400公斤、花椒240公斤；木材采伐547立方米、竹柴65万根；采集野生竹叶菜1632公斤、竹笋4150公斤；招养独龙蜂4625箱，产量4926公斤；全年发放了草果35万苗、洋芋种8吨，种植羊肚菌260亩。建成规模48吨草果加工厂一个，共烘干526吨草果。有效推进了以草果、重楼为主的种植产业培育。

畜牧业取得新成就。大力发展具有本地特色的独龙鸡、独龙牛、独龙蜂养殖，拓宽了人民群众增加经济收入的渠道。2017年，大小牲畜存栏数23679头（只），同比增长4.1%；大小牲畜出栏数12210头（只），同比增长36%；招养独龙蜂4625箱，产量4926公斤，同比增加18%；设立独龙原鸡保种和控繁基地2个（乡政府养鸡场、老孔当一组农业局养殖场），独龙猪养殖场2个（斯拉洛学校基地养殖场、丙当小组养殖场，已建成完工，暂未投入使用）。全乡畜牧业发展取得长足进步。

安居温饱建设成果进一步巩固。一是改造农村安全饮水11件，新建沟渠333米，改、建公厕23座，修、建洗澡室16间，拆、建猪厩6间，修建车行道1270米，卫生道135米。二是不断推进安居温饱配套设施建设。截至2017年底，新建313户配套伙房自建项目已完成；开工新建村民文化活动室7个，完成建设3个；新建幸福公寓20套；完成了各村组路面硬化和各村排污沟、庭院整治、人畜饮水工程项目建设。

美丽农村成效凸显。农村面貌持续改善，制定出台环境卫生整治行动方案，扎实推进城乡污水乱排、垃圾乱扔、尘土乱飞、车辆乱停、房屋乱建“五乱”整治工作。引进“好帮手”保洁公司进行管理，配备6名保洁人员及垃圾清运车一辆，启动了以“小集镇为中心，北覆盖至龙元村、南覆盖至巴坡村”的垃圾统一清运、集中处理工作，乡人民政府聘用了32名公益性岗位人员及配备两辆垃圾车，加强了集镇主街道、乡政府办公生活区、绿化带、公厕的卫生保洁工作，实现辖区内全覆盖；与个体工商户签订门前“三包”责任书45份，将环境卫生整治工作列入村规民约，组织干部、群众大扫除24次，发放分类垃圾桶500余个，农村环境“脏、乱、差”现象得到进一步改善。

3. 基础设施建设全面加强

交通建设稳步推进。一是积极配合推进独龙江通用机场项目前期工作，提供相关基础资料，做好选址工作；二是建设完成熊当至迪布里公路路基建设工程95%；三是开工建设6座跨江永久性大桥，其中，竣工彩虹桥、普卡旺、拉王夺、斯拉洛4座大桥，正在推进红星、腊配2座大桥；四是完成白利、龙仲、南代、普卡旺4座人马吊桥；五是建成钦兰当巡界和生产两座人行吊桥；六是实施独龙江公路防护工程，抢通马钦公路独都塌方路段、肖切公路。交通瓶颈制约得到进一步解决。

电网建设步伐加快。一是完成“互联网+”智慧能源示范项目暨独龙江乡配网自动化完善工程，在2018年1月实现孔目电站与麻必当集中控制，解决独龙江枯水期600千瓦的负荷缺口；二是完成马库村委会生产基地及班小组通电工程立项工作，预计在2018年1月完成通电；三是架设20千伏输电线路112千米，400伏低压线路43千米，完成一户一表1592户。

通信设施飞速发展。积极响应国家“宽带乡村”战略，新建迪布里基站2个，4G信号塔4个，光纤资源点26个。实现了全乡移动宽带和4G信号通信网络全光纤资源全覆盖。截至2017年底，宽带用户达1920户，手机4G用户达1271户。

4. 人居环境提升建设统筹推进

为进一步巩固和拓展独龙江乡整乡推进、独龙族整族帮扶成果，独龙江乡开展了以下几个方面活动。一是开展“峡谷红旗飘”活动，以党的十九大精神鼓励群众“自强、诚信、感恩”，以“感党恩、跟党走、听党话”的精神振奋、鼓励群众。二是清理和改造全乡可视范围内废弃工棚、废弃生产用房、砖砌墙、围墙和彩钢瓦等同周围环境不协调的建筑物、绿化独龙江公路、改造装饰普卡旺景区房屋屋顶和院落等。三是加强乡村环境综合整治，实施“七改三清”（即改路、改房、改水、改电、改圈、改厕、改灶，清洁水源、清洁田园、清洁家园），切实改变乡村风貌，改善农村生产生活条件，逐步建立健全农村环境整治长效机制，确保全乡农村环境整洁优美，促进农村经济社会全面进步。

5. 生态建设稳步推进

按照生态文明建设要求，一是利用党员活动日等活动，开展环境警示教育，增强群众的环保、生态意识和环境忧患意识，把生态环境保护和建设变成全乡群众的自觉行动。截至 2017 年底，独龙江乡共举行生态保护法律知识讲座 35 次，参与人数达 4000 多人次。二是加强管理国家级公益林，确保公益林区安全。安排 14 名专职管护员对面积达 58478 亩的巴坡村和马库村国家级公益林进行专职防护，专职管护员公益林区巡护 123 天。三是加强管理护林员队伍管理和自然保护区管理力度。森管员以村委会为单位进行大型巡山 54 次，森管员个体巡山次数次达 4000 人次。2017 年，全乡建档立卡户纳入护林员队伍 133 名，累计发放补助 127.68 万元。四是认真落实高黎贡山国家级自然保护区、世界自然遗产“三江并流”核心区、独龙江国家公园等相关政策，严守“红线”，保住一片“净土”。五是实行独龙江流域生态屏障保护，严格执行“河长制”，实施《独龙江保护管理条例》，守住了青山绿水，独龙江竞选 2017 年全国“最美河流”并获得“优秀组织奖”，2017 年荣获全国“森林文化小镇”称号。六是巩固退耕还林成果，实施“以电代柴”“柴改电”项目，免费发放电磁炉、电饭煲、洗衣机等 11 种家用电器 1098 套。

6. 社会事业建设不断健全

教育事业稳步发展。一是教育教学基础设施建设不断完善。全乡学校占地总面积达 2.37 万平方米、生均 38.98 平方米，校舍总面积 1.33 万平方米。二是“两基”工作不断提高，教育教学改革稳步推进，“两免一补”政策得到落实，“控辍保学”工作紧抓不放，“两基”档案严格管理，扫盲工作常抓不懈。三是教师队伍建设不断加强。全乡现有 106 名教职员工，专任教师 83 名。中小学在校生 605 人（小学在校生 382 人，初中在校生 142 人，学前学生 81 人），幼儿园在校生有 53 人。全乡适龄儿童入学率达 100%，初中阶段毛入学率达 100%，巩固率达 100%。

卫计工作不断加强。一是积极推广普及新型农村合作医疗制度。截至 2017 年底，全乡新型农村合作医疗参合人数达 4032 人，城镇医疗参合人数 72 人，参保总金额 595500 元，参合率达 100%。二是不断提高医疗服务水平，增加出诊次数，很大程度缓解了群众看病难、看病贵的问题。三是贯彻落实国家计划免疫政策，推进防疫保健工作，防止传染病流行蔓延。四是加大“防艾”工作力度。坚持“预防为主”的工作方针，深入开展艾滋病防范知识宣传教育。五是不断加大医疗队伍建设力度，现乡中心卫生院有职工 17 人，其中医生 7 人、护士 7 人、财务 1 人、珠海帮扶挂职医生 2 人，带动开展了危重病人救治和疑难病例诊治，带教培养数名中心卫生院业务骨干医生，培训乡村医生 100 人次。六是开展家庭医生签约服务，共签约了 907 户 3123 人，其中建档立卡户 158 户 614 人，目前签约 614 人，签约覆盖率达 100%。

文体事业建设有序开展。一是文化设施建设取得新突破。积极推动乡文化站和村文化活动室建设，并及时配备各村文化活动室影像设备、发放相关科普书刊。二是提高小广场大喇叭利用率，协同配合县级文化部门开展三下乡活动。三是开展民族文化传承和保护工作，鼓励和支持传统手工艺制作、民俗歌舞等文化遗产和非物质文化遗产的传承和发展，举办传统手工艺制作技术培训 100 多期，组建了 6 支农民文艺演出队伍。

社会保障体系更加健全。各项民政资金支出累计 23.675 万元，发放救灾棉被 201 余床，累计受益人口达 40 余户，其中，发放农村“低保”金

15.79 万元、城镇居民最低生活保障金 1.38 万元、五保户供养补助 4.32 万元、孤儿生活补助 1.099 万元、救灾救助 0.19 万元、其他补助 0.896 万元。

7. 社会和谐稳定局面不断巩固

坚持抓安全生产管理工作。严格按照“预防为主、安全第一，安全责任、重于泰山”的管理理念，常抓生产安全、消防安全、交通安全工作，加大安全生产宣传力度，强化安全责任目标管理，层层签订目标落实责任，与全乡范围内的站所及行政村签订各类安全生产目标责任书。依法监督和管理机动车辆、交通运输、工程建设、护林防火、用电防盗、危险物品等安全工作，及时发现安全隐患，第一时间整改整顿，有效杜绝安全生产事故，确保群众生命财产安全。

（二）独龙族提升脱贫攻坚成效的艰巨任务

在取得巨大成就的同时，独龙江乡经济社会发展还面临提升脱贫攻坚成效的艰巨任务。

第一，基础设施仍然薄弱。一是交通仅有单一的独龙江公路与外界联系，公路等级不高，弯多路窄，晴通雨阻现象十分突出；境内通村公路两头都是“口袋底”，公路等级不高，弯多路窄，也是晴通雨阻。二是两座电站总装机容量 1600 千瓦，枯水期用电不足，雨季受灾多，运行不正常，维护任务重，加上近年用电需求不断增加，原有装机已不能满足需要。三是江河灾情频发，水土流失严重，江河治理工作任务重。四是通信设施仍然需要完善，网线裸露、杂乱无章，影响了旅游景点景区服务，又影响了乡容乡貌。

第二，山区地形仍然制约经济结构完善。独龙江乡经济主要以农业为主；工业基本空白也禁止发展；第三产业中，旅游业是能让独龙江乡实现持续发展的绿色产业，但目前独龙江乡的基础设施仍然薄弱，旅游产业基本处于起步阶段，受六丙路施工和景区暂停关闭等影响，难以发挥效益，配套的服务业发展滞后。

第三，传统观念仍然制约农民素质。首先，农民受传统观念的影响大，很多农民观念陈旧、思想保守，科学文化知识严重缺乏，不敢冒市场风险，不能积极主动开辟增收门路，以致严重阻碍了农村经济的发展。其次，村级集体经济薄弱，全乡 6 个村除了少数村外，大都是空壳村，村级集体经济非常薄弱。再次，由于长期封闭，习惯故步自封，不喜欢外出打工，也不愿意打工，致富难。最后，家庭对教育重视不够，少部分子女受环境影响，出现厌学、辍学等情况。

第四，扶贫项目实施难度不小。首先，由于独龙江乡地理位置及气候环境的影响，雨季长、自然灾害频发等原因导致个别扶贫项目实施困难，项目实施时间较长，未能如期报账。其次，扶贫项目实施过程中，因独龙江乡工作人员欠缺项目实施、招标、后期审计等专业知识，加之工作经验不足，造成项目实施滞后，存在报账拖沓现象。

第五，可持续脱贫面临挑战。一是群众自我发展意识淡薄，在一定范围内依然存在“等、靠、要”的依赖思想；二是群众整体素质不高，重教意识淡薄，素质提高工作开展难度大；三是农业产业结构不合理，增收渠道单一粗放，农民增收困难、增收缓慢的问题依然存在；四是农业产业抵御自然灾害的能力弱，群众管理提高能力不强，存在投入和产出的比例不协调、产量产质波动幅度大的问题；五是配套产业发展的基础设施依然不足，制约了种植产业规模扩大和牧场开发利用，产业规模化发展达不到预期总体目标。

六　三个秉持：独龙族“整族脱贫”的经验启示

一是秉持“少数民族一个都不能少”的初心使命，夯实脱贫责任。全面加强独龙江乡整体提升行动工作的组织领导，按照“州统筹、县负责、乡村抓落实”的工作原则，建立三支队伍，即州级协调领导小组（由州委常委、州委组织部部长王刚为组长，以州人大常委会副主任和志阳、州人民政府副州长娜阿塔、州政协秘书长赵振中为副组长）、县级领导小组（以贡山县委副书记、县委组织部部长赵在良为组长，以挂钩联系独龙江乡各村处级负责人为副组长）、独龙江整体提升工作队（以独龙江乡党委书记和进义为组长，以独龙江乡人民政府乡长孔玉才以及驻村扶贫工作队队长为副组

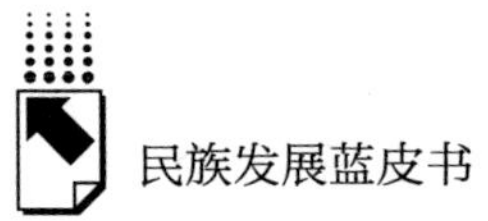

长），做到氛围营造到位、环境提升到位、“两违”整治到位、典型打造到位、组织领导到位、发动群众到位。

二是秉持“一分耕耘、一分收获”的多元投入保障理念。其一，盘点项目，抓实投资。把政策用充分，把项目理清楚，把投资算明白，要加大资金筹措力度，州级部门要主动向上对接衔接，积极争取，有效解决资金缺口，贡山县要用好国家涉农资金整合政策，加大统筹力度，提高资金保障能力，确保规划投资的项目，能落地、见成效。其二，严格“三禁”，净化环境。实行污染物严格禁入制度，严禁白色垃圾、玻璃瓶罐流入独龙江乡境内。其三，狠抓“扫黄打非”工作，坚决将“黄赌毒”拒于独龙江乡之外。其四，要在落实“四员”政策上先行先试，全面落实河道管理员、生态护林员、农村乡村环境保洁员、地质灾害监测员制度，把更多的指标向独龙江乡倾斜，确保“四员”应保尽保。其五，健全村规民约，强化基层自治。提高群众自我管理、自我治理、自我约束的意识和能力，帮助每个村制定一套村规民约，把约定俗成的好传统写进去，把好的家规族规传下来，把各家各户的责任定起来，让群众自定规矩、自愿参与、自觉监督。

三是秉持“少数民族群众脱贫，干部‘脱皮’”的责任保障理念。其一，责任落实要到位。州、县、乡三级要围绕独龙江乡整体提升行动责任职责，主动作为，主要领导要对涉及的重大事项亲自安排、亲自部署、亲自协调、亲自检查，相关涉及部门和单位要在人、财、物给予更多倾斜。其二，督查工作要跟上。实行督查检查的常态化机制，围绕清单目录，一一督查检查。其三，整改问题要及时。把整改纠正贯彻于各项工作全过程，正视矛盾和问题，对工作推进中的不足和短板，要强化力量，迅速行动，及时整改，一抓到底。其四，问责处理要到位。对在工作中作风散漫、主动积极性不够、不敢担当、推诿扯皮、效率低下、工作成效不明显的，要启动问责机制，该处分的处分，该降职的降职，让先进者得到表彰奖励，让后进者受到处分问责。

参考文献

中共中央宣传部：《习近平新时代中国特色社会主义思想学习纲要》，学习出版社，2019。

《习近平谈治国理政》（第一卷）、（第二卷），外文出版社，2018。

卓仑·木塔力甫、谭刚、刘新平、李钊：《精准扶贫背景下贫困人口持续脱贫问题研究——基于新疆维吾尔自治区乌恰县的分析》，《中国农业资源与区划》2019 年第 9 期。

关靖云：《边疆深度贫困地区精准扶贫案例分析与启示——来自新疆南疆四地州深度贫困村的经验》，《旅游纵览》2019 年第 8 期。

陈宗胜、张杰、史乐陶：《政府主导　市场运作　企业参与　全力提升对口支援就业扶贫工作水平——基于新疆和田地区就业扶贫工作的调查研究》，《理论与现代化》2019 年第 4 期。

程静：《新疆对外劳务扶贫的优势及障碍分析》，《荆楚学刊》2019 年第 3 期。

王磊、潘红宇：《新时代教育事业推进精准扶贫路径研究　以新疆南疆三地州高中教育为例》，《宁波广播电视大学学报》2019 年第 2 期。

王钢、王杰、石奇：《深度贫困地区资金互助社扶贫模式的经验、问题和对策——来自新疆南疆和田地区 C 县的实践》，《新疆社会科学》2019 年第 3 期。

阿班·毛力提汗：《新疆扶贫攻坚的进展及成功经验》，《新西部》2019 年第 13 期。

王喜莎：《新时代新疆多民族地区文化精准扶贫问题探析》，《喀什大学学报》2019 年第 2 期。

王冰、余国新、苏武峥:《浅析南疆三地州扶贫开发历程》,《安徽农业科学》2019 年第 8 期。

潘浩:《新疆南疆四地州就业扶贫问题及对策建议》,《新疆社科论坛》2019 年第 2 期。

《新疆维吾尔自治区农村扶贫开发条例》, http://www.xjslt.gov.cn/2018/08/01/szyw/63639.html。

王伟:《新疆产业扶贫的现状及对策思考》,《北方经济》2018 年第 11 期。

胡建元、姚栋梅:《供给侧结构性改革视角下新疆少数民族地区精准扶贫研究——基于南疆三地州面板数据的全面 FGLS 实证》,《农村金融研究》2018 年第 10 期。

温清:《新疆南疆精准扶贫问题研究——以南疆 A 乡为例》,《克拉玛依学刊》2018 年第 5 期。

马东亮:《民族地区精准扶贫有益于民族团结》,《中国民族报》2017 年 3 月 24 日第 7 版。

韩俊主编《实施乡村振兴战略五十题》,人民出版社,2018。

魏后凯、闫坤主编《中国农村发展报告——新时代乡村全面振兴之路》,中国社会科学出版社,2018。

葛新权:《促进我国农村产业融合发展的政策取向》,《经济纵横》2017 年第 5 期。

陆益龙:《乡村振兴中精准扶贫的长效机制》,《甘肃社会科学》2018 年第 4 期。

欧阳煌:《精准扶贫战略落实与综合减贫体系构建思考》,《财政研究》2017 年第 7 期。

汪三贵、胡骏、徐伍达:《民族地区脱贫攻坚“志智双扶”问题研究》,《华南师范大学学报》(社会科学版)2019 年第 6 期。

张丽君、吴本健等:《中国少数民族地区扶贫进展报告》,中国经济出版社,2019。

李尧磊、余敏江：《乡村振兴与精准扶贫的战略关联》，《中国社会科学报》2019 年 10 月 16 日。

周丽琴：《精准扶贫背景下对农业产业扶贫模式的研究》，《现代农业研究》2019 年第 10 期。

聂君、束锡红：《青海藏区精准扶贫绩效评价及影响因素实证研究》，《北方民族大学学报》2019 年第 1 期。

杜青华：《多维贫困视角下青南藏区产业扶贫路径探析》，《新西部》2018 年第 1 期。

〔美〕迪恩·卡尔兰、雅各布·阿佩尔：《不流于美好愿景——新经济学如何帮助解决全球贫困问题》，商务印书馆，2014。

〔印度〕阿比吉特·班纳吉、〔法〕埃斯特·迪弗洛：《贫穷的本质》，东方出版社，2014。

〔美〕西奥多·舒尔茨：《报酬递增的源泉》，四川人民出版社，2008。

刘青山、殷丰收：《央企探路“后扶贫时代”》，《国资报告》2019 年 10 月刊。

王小林、Sabina Alkire：《中国多维贫困测量：估计和政策含义》，《中国农村经济》2009 年第 12 期。

刘青山：《央企精准扶贫路径》，《国资报告》2017 年 10 月刊。

刘青山：《中央企业助力深度贫困地区脱贫攻坚纪实》，《国资报告》2018 年第 6 期。

《习近平谈扶贫》，《人民日报（海外版）》2016 年 9 月 1 日第 7 版。

《央企去年向深度贫困地区投入 5.9 亿元》，《人民日报》2018 年 5 月 22 日第 2 版。

《在中央扶贫开发工作会议上的讲话》（2015 年 11 月 27 日），《十八大以来重要文献选编》（下），中央文献出版社，2018。

《脱贫攻坚战的央企担当：结对帮扶 42% 的国家级贫困县》，新华网，2018 年 6 月 11 日，https://mbd.baidu.com/newspage/data/landingsuper?context = {%22nid%22%3A%22news_ 8984257990033307009%22} &n_ type =

1&p_ from =4。

《春运期间南航新疆将计划执行航班5700余班次》，中国民航网，2018年1月26日，http://www.caacnews.com.cn/1/6/201801/t20180126_1239388_wap.html。

《国家电网捐建玛多4.4兆瓦光伏扶贫电站并网发电》，人民网－青海频道，2018年10月13日，http://qh.people.com.cn/n2/2018/1013/c337695-32152954.html。

《中国移动怒江独龙族精准脱贫新实践》，人民网－云南频道，2016年4月26日，http://yn.people.com.cn/GB/news/yunnan/376106/。

《央企扶贫基金完成三期募资总规模超314亿元》，中国经济网，2019年8月31日，http://baijiahao.baidu.com/s?id=1643336970918250775&wfr=spider&for=pc。

《脱贫攻坚战　央企勇担当》，中国政府网，2018年6月11日，http://www.gov.cn/xinwen/2018-06/11/content_5297756.htm。

周鹏：《孟凤朝出席中央企业深度贫困地区脱贫攻坚现场推进会和中央企业助力建设幸福美好新甘肃座谈会》，《中国铁道建筑报》2018年5月24日第1版。

《南方航空2017年度报告》，同花顺财经，2019年3月27日，http://news.10jqka.com.cn/20180327/c13654127.shtml。

《中国一汽雪域援藏十六载为“老西藏精神”注入新内涵》，搜狐汽车，2018年1月23日，http://www.sohu.com/a/218414190_125977。

《中化集团：构筑中化扶贫模式打赢精准脱贫攻坚战》，中化集团官网，2018年6月4日，http://www.sinochem.com/s/1375-4178-119784.html。

《中粮集团扎实推进产业扶贫　夯实稳定扶贫基础》，新浪网，http://k.sina.com.cn/article_7053390364_1a46a321c00100n8ds.html。

《招商局集团上下联动　点面结合　打好扶贫攻坚战》，国务院国资委官网，http://www.sasac.gov.cn/n2588025/n2588124/c9104657/content.html。

《央企扶贫成绩单！不获全胜，决不收兵！》，国资小新微信公众号，2019

年 10 月 17 日，http：//baijiahao. baidu. com/s？ id = 1647620863449222420&wfr = spider&for = pc。

《中共中央国务院关于打赢脱贫攻坚战的决定》，国务院扶贫开发领导小组办公室官网，http：//www. cpad. gov. cn/art/2015/12/7/art_ 46_ 42386. html。

《中办国办印发关于〈建立贫困退出机制的意见〉（全文）》，国务院扶贫开发领导小组办公室官网，http：//www. cpad. gov. cn/art/2016/4/29/art_ 46_ 48830. html。

《脱贫攻坚责任制实施办法》，国务院扶贫开发领导小组办公室官网，http：//www. cpad. gov. cn/art/2016/10/17/art_ 46_ 54504. html。

《中办国办印发意见支持深度贫困地区脱贫攻坚》，国务院扶贫开发领导小组办公室官网，http：//www. cpad. gov. cn/art/2017/11/27/art _ 46 _ 73993. html。

《中共中央国务院关于打赢脱贫攻坚战三年行动的指导意见》，国务院扶贫开发领导小组办公室官网，http：//www. cpad. gov. cn/art/2018/8/20/art_ 46_ 88282. html。

《国务院扶贫开发领导小组关于印发〈中央单位定点扶贫工作考核办法（试行）〉的通知》，国务院扶贫开发领导小组办公室官网，http：//www. cpad. gov. cn/art/2017/8/8/art_ 1747_ 862. html。

《中国所有央企都是它的股东，谁这么牛?》，新浪网，http：//news. sina. com. cn/c/zs/2018 – 03 – 30/doc – ifystvcm4335887. shtml。

《新闻办就中央企业 2019 年前三季度经济运行情况举行发布会》《2018 年中央企业收入与利润均两位数增长》，中国政府网，http：//www. gov. cn/xinwen/2019 – 10/17/content _ 5441276. htm，http：//www. gov. cn/xinwen/2019 – 01/15/content_ 5358068. htm。

《郝鹏主持召开中央企业经济运行座谈会和宏观经济及重点行业专家座谈会强调推动央企稳增长高质量发展发挥在国民经济中的“稳定器”作用》，国务院国资委网站，http：//www. sasac. gov. cn/n2588025/n2643314/c12711449/content.

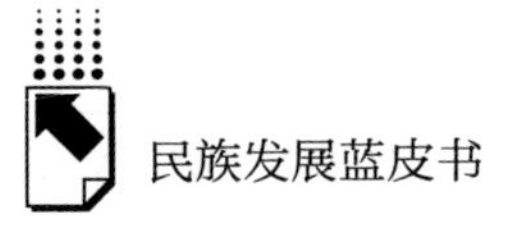

html。

《国资委与中央企业签订经营业绩责任书郝鹏强调要全力以赴稳增长切实发挥好“稳定器”作用》，国务院国资委网站，http：//www. sasac. gov. cn/n2588025/n2643314/c11482959/content. html。

《习近平在全国国有企业党的建设工作会议上的讲话》，共产党员网，2016 年 10 月 10 日，http：//www. 12371. cn/special/xjpgqdjjh/。

《国务院国资委拟新增试点企业国有资本投资运营公司试点将扩围》，国务院国资委网站，2018 年 11 月 26 日，http：//www. sasac. gov. cn/n2588025/n2588139/c9863059/content. html。

《央企扶贫力度到底有多大？看完这篇文章你就知道了》，中国青年网，2018 年 6 月 12 日，https：//baijiahao. baidu. com/s？id = 1603049498624506015&wfr = spider&for = pc。

《央企扶贫基金快速起航》，国务院国资委网站，2017 年 8 月 3 日，http：//www. sasac. gov. cn/n4470048/n4470081/n7447289/n7510879/c7510928/content. html。

《人民日报：信托扶贫是个新办法》，搜狐网，2018 年 6 月 11 日，https：//www. sohu. com/a/235170682_ 681919。

《习近平：落实教育扶贫，切断贫困代际传递》，国务院扶贫开发领导小组办公室网站，2017 年 2 月 23 日，http：//www. cpad. gov. cn/art/2017/2/23/art_ 624_ 59661. html。

《对十三届全国人大一次会议第 1421 号建议的答复》，国务院国资委网站，2018 年 10 月 12 日，http：//www. sasac. gov. cn/n2588020/n2588072/n2591148/n2591150/c9684113/content. html。

《中共中央关于坚持和完善中国特色社会主义制度推进国家治理体系和治理能力现代化若干重大问题的决定》，新华社，2019 年 10 月 31 日，http：//www. xinhuanet. com/politics/2019 -11/05/c_ 1125195786. htm。

Abstract

Poverty rate decreased significantly and many achievements of poverty alleviation had been made in ethnic areas of China in 2018 - 2019. Overall, the successful experience of poverty alleviation and building and all-round moderately prosperous society are mainly concluded as three aspects: firstly, poverty alleviation was the focused work, the goal and responsibilities are clear by different level of the government in ethnic areas of China which determined the system advantage and efficiency of China. Secondly, the quality and effect of the poverty alleviation is paid more attention by the whole China, government finance expenditure on poverty alleviation and counterpart assistance from different provinces increased very quickly compared to previous years. Industries development is the central way and the local governments have innovated new ways of poverty alleviation which pushing the region economies to development and focused on generating the stable and sustainable system of poverty alleviation. Party building works on poverty alleviation have made great effect; each level of the army, state-owned enterprises and units made supporting measures such as fixed-points, cadres staying in village and family pairing to strengthening the human capital and anti-poverty strength of the poor.

The challenge and problems in reality are mainly on as follows: Firstly, it is not only very hard to finish the task of poverty alleviation in poorest regions and more works on decreasing the risk of becoming a poorer again should be done; but also difficult on how to make a decision of the period which poverty alleviation policies lasting in different regions. Secondly, the advantage industries are still less than expected, the poverty region and poverty people are short of self development capabilities. Thirdly, the poverty people are disadvantage on market competition and finding opportunities, poverty across generations are not easy to stop because of weak education in the poverty regions.

There are six branch region reports in the book which show the specific actions, experiences, achievements, problems and challenges in Three Regions and Three Prefectures. Based on these, policy suggestions are pointed out in the chapters.

There are five special reports refer to tourism poverty alleviation, relocation of poverty alleviation, targeted poverty alleviation by industry development, Central State-Owned Enterprises' Poverty Alleviation and the practice and enlightenment of the Dulong in realizing its "Overall Poverty Alleviation". These will be helpful to understand the poverty alleviation and building an all-round moderately prosperous society in ethnic areas of China.

Contents

Ⅰ General Report

Abstract: Poverty rate decreased significantly and many achievements of poverty alleviation had been made in ethnic areas of China in 2018 – 2019. Overall, the successful experience of poverty alleviation and building and all-round moderately prosperous society are mainly concluded as three aspects: firstly, poverty alleviation was the focused work, the goal and responsibilities are clear by different level of the government in ethnic areas of China which determined the system advantage and efficiency of China. Secondly, the quality and effect of the poverty alleviation is paid more attention by the whole China, government finance expenditure on poverty alleviation and counterpart assistance from different provinces increased very quickly compared to previous years. Industries development is the central way and the local governments have innovated new ways of poverty alleviation which pushing the region economies to development and focused on generating the stable and sustainable system of poverty alleviation. Party building works on poverty alleviation have made great effect; each level of the army, state-owned enterprises and units made supporting measures such as fixed-points, cadres staying in village and family pairing to strengthening the human capital and anti-poverty strength of the poor. The challenge and problems in reality are mainly on as follows: Firstly, it is not only very hard to finish the task of poverty alleviation in poorest regions and more works on decreasing the risk of becoming a poorer again should be done; but also difficult on how to make a decision of the period which poverty alleviation policies lasting in different regions. Secondly, the advantage industries are still less than expected, the poverty region and poverty people are short of self development capabilities. Thirdly, the poverty people are disadvantage on market competition and finding opportunities, poverty across generations are not easy to stop because of weak education in the poverty regions. Based on these, the chapter points out the policy suggestions.

Keywords: Poverty Alleviation; All-Round Moderately Prosperous Society; Poverty Alleviation by Developing Competitive Industries; Improving Education

Ⅱ Branch Region Reports

Abstract: This paper discusses the poverty current situation and characteristics, summarizes and analyzes the achievements, problems and dilemmas of poverty alleviation in Tibet, which is the only province classified entirely as a deep poverty area at the national level. The article holds that in order to achieve the goal of poverty alleviation effectively by 2020, as well as the goal of long-term and stable poverty alleviation in "post -2020 poverty alleviation era", Tibet must also pay attention to the following aspects: some poverty alleviation policies and work intensity still need to maintain a certain continuity and stability; Focus on preventing and resolving various risks; Take greater care and handle the relationship between central concern, national aid to Tibet, self-reliance and self-development; On the basis of basically completing the task of poverty alleviation this year, further

B. 4 Overcoming the Deep Poverty and Building All-Round Moderately Prosperous Society in All Respects in Liangshan Prefecture of Sichuan Province *Guo Xiaoming*, *Gao Jie* / 079

Abstract: Liangshan Prefecture is one of the most poverty-stricken areas in China. The poverty in Liangshan has been greatly alleviated, and the production and living conditions have been greatly changed since the implementation of the anti-poverty strategy. During the period in the fight against poverty, liangshan still needs to deal with some contradictions through policy adjustment and mechanism innovation.

Keywords: Deep Poverty; Xiaokang (a Moderately Prosperous Society in All Respects); Liangshan Prefecture; Yi People

B. 5 Poverty Alleviation and Building All-Round Moderately Prosperous Society in Linxia Prefecture, Gansu Province

Ma Zhongcai, *Han Fengying* / 092

Abstract: This article is based on many field investigations, including poverty alleviation by relocation community named Shuian Huayuan and its surrounding skill training points in Guanghe County, poverty alleviation in tourism industry of Ba Fang Shi San Hang in Linxia , brick carving factory of Shenyun and food processing poverty alleviation workshop named Swallow's house, Summarizing the practice and effect of poverty alleviation work in Linxia prefecture. The main performance is as follows:

Infrastructure construction is improving and public cultural services are advancing continuously; Strengthening and promoting professional skill training ; Setting up poverty alleviation workshop to increase employment; The model of "party building + cooperatives + farmers" has been basically established and the industrial poverty alleviation has achieved remarkable results; Strengthening the training of cadres and establishing an effective assistance mechanism. At the same time, it also analyzes the realistic predicament of building a well-off Society in Linxia and puts forward relevant policy Suggestions.

Keywords: Poverty; Poverty Alleviation in Tourism Industry; All - Round Moderately Prosperous Society

Abstract: Nujiang prefecture is one of China's "three regions and three prefectures", main areas of extreme poverty. Since 2016, government of Nujiang prefecture has been strengthening the top-level design, conducting multiple policies for poverty alleviation, and adjusting policies to local condition for specific areas. Moreover, a system for targeted poverty alleviation has been established and improved. As a consequence, poverty reduction of Nujiang prefecture has made a significant progress. However, the problems of condition poverty interweaving with culture quality poverty, as well as the problem of capability poverty still exist. Some policies are lack of pertinence and it is difficult for the industry to develop. Therefore, high risk and challenge could be face in steadily bringing the poor out of poverty and avoiding returning to poverty. Aiming to effectively solve the problem of extreme poverty and achieve high-quality poverty shaking off, this paper suggest that, in terms of policy mechanism, combining poverty shaking off with sustainable development, material poverty resolving with ability improving should be focused on. Specifically, improve industry poverty alleviation policy based on quality improvement; adjust the policies to local condition to effectively promote labor's employment transfer; perfect the policy of relocating the poor; promote the quality of "improving education" policy; explore and establish mechanism for unifying education policies of urban and rural area; enhance the connection between training and demand from the society.

Keywords: Nujiang; Extreme Poverty Resovling; High-quality and Steady Poverty Shaking off; Building a Moderately Prosperous Society in all Respects

B. 7 Cracking the Deep Poverty and Winning Building All-Round Moderately Prosperous Society in Qinghai

Abstract: Qinghai is located in the western region of China and the minority communities, the natural conditions are harsh, the ecological environment is fragile, the overall economic and social development lags behind the national average level, the development is insufficient and unbalanced problem is prominent, the construction level of a well-off society is still in the national low level. In a poor crack depth and the way to build a well-off society in an all-round way, in the new urbanization, the cause of the people's livelihood, depth, continued poverty population out of poverty, the balanced development of urban and rural area, the social governance, ecological environment and many short weaknesses, especially green south alpine pastoral areas and drought in eastern mountain area is not balanced development, and basic public services is relatively lagging and other issues still need to strive to solve. Currently, build a well-off society in an all-round way has entered the crucial stage of runoff, the need to focus on key areas, highlight key crowd, swallow the short board weaknesses, focus on improving the quality of ecological environment protection and construction, promoting high-quality economic development, ensuring and improving people's livelihood, at the same time to effective solve the problem of deep poverty, to ensure Qinghai and the whole country will build a well-off society in an all-round way together as scheduled.

Keywords: Qinghai Targeted; Poverty; Reduction; Well-off Society

Ⅲ Special Reports

Abstract: This report summarizes the main promotion measures of tourism poverty alleviation in ethnic areas in recent years, analyzes the effectiveness and existing problems of tourism poverty alleviation, and puts forward relevant recommendations. In recent years, ethnic minority areas have actively used their resources, policies, markets and other advantages to continuously increase support for rural tourism, promote the integration of rural tourism and targeted poverty alleviation, focus on strengthening planning leading poverty alleviation, strengthen infrastructure construction in poor areas, implement demonstration projects of rural tourism poverty alleviation, strengthen marketing promotion in poor areas, strengthen the training of rural tourism poverty alleviation talents, promote cooperation between the eastern and western regions in tourism poverty alleviation, and guide tourism enterprises to help overcome poverty. Nowadays, as a powerful hand and an important support for poverty alleviation in ethnic areas, tourism has made some achievements in poverty alleviation. Rural tourism has gradually become a pillar industry in poor areas. The effect of continuous income increase for farmers and herdsmen is obvious. The rural living environment has been continuously improved, and the level of rural social civilization has been continuously improved. However, due to the influence of geographical location, history and culture, economic foundation, development investment and other factors, there are still some problems in tourism poverty alleviation in ethnic areas, such as the lack of county scientific system planning, the weak development foundation of tourism industry, the low level of industrial integration and development, the lack of endogenous development power in rural areas, and the single function of rural tourism poverty alleviation. In order to improve the quality of tourism poverty alleviation, and better assist in poverty alleviation and rural revitalization, all regions need to further integrate resources, innovate the mechanism of tourism poverty alleviation, promote the work of tourism poverty alleviation as a whole, strengthen the efforts of supporting talents and aspirations, pay attention to protecting the rights and interests of the poor, mobilize all forces to participate in poverty alleviation. We will simultaneously advance work such as "people's livelihood improvement, national unity, excellent cultural heritage, and ecological environment construction", and finally realize the ternary integration of "production, life and ecology".

Keywords: Ethnic Areas; Rural Tourism; Poverty Alleviation

Abstract: the relocation project is an important measure of poverty alleviation in ethnic areas in China. Based on the field research in Qinghai and Yunnan, this chapter explains the actual work of the relocation of poverty alleviation, discusses the difficulty in solving the problems of the sustainable livelihood in the relocated villages, as well as the universal problems of acculturation and development in the new living environment. In particular, Yanjin county case shows that the change of supporting policies in the relocation of poverty alleviation caused the dissatisfaction of the local people. Emphasis on housing construction, but contempt for industry and employment. Finally, the corresponding countermeasures and suggestions are given.

Keywords: Poverty Alleviation; Relocation; Effectiveness

Abstract: This paper expounds the multiple effects of poverty alleviation by industry. Taking Guangxi Zhuang Autonomous Region as an example, this paper summarizes its innovative measures to promote industry targeted poverty alleviation, starting with six major mechanism innovations, including promoting ideas innovation and activating endogenous power, improving interest connection, demonstration guidance, investment guarantee, scientific and technological service support, production and marketing docking, and three major model innovations, namely, "loan to cattle for cattle", "chain development" and "multiple drive", and makes an evaluation to its results of industry targeted poverty alleviation. At the same time, the paper analyzes the problems of weak sustainability from the aspects of homogeneity of industrial choice, weakness of industrial infrastructure, shortage of factors, and inconspicuous effect of industrial support. Finally, it puts forward countermeasures and suggestions from four aspects: who will do it, what to do, how to do it and how to help.

Keywords: Ethnic Minority Areas; Poverty Alleviation by Industry; Policy Innovation; Practical Effect; Sustainable Development

Abstract: Anti-poverty is a global problem that needs to be addressed by mobilizing and integrating all social actors. Central state-owned enterprises (central SOEs), as the backbone force in the "jointed government, society, and market" poverty reduction pattern, have made significant contributions to poverty alleviation. Based on their business advantages, taking the specific situations of the "three regions and three prefectures" into consideration, central SOEs have implemented comprehensive and three-dimensional poverty alleviation, including industrial, infrastructural, financial, and educational poverty alleviation measures. In order to reduce poverty effectively, according to the arrangements made by

SASAC, central SOEs have established and have been improving the system and mechanism to ensure that poverty alleviation efforts are carried out following the instructions of the CPC Central Committee and the State Council. Concerning poverty reduction and alleviation, central SOEs have some advantages such as a keen sense of political responsibilities and tremendous enterprise-strength, while the enterprises are experiencing pressure in pursuing "steady growth". Meanwhile, the poverty alleviation task in the "three regions and three prefectures" remains arduous. Therefore, it is necessary for central SOEs to strengthen confidence and determination. They need to do the anti-poverty supply-front reform in accordance with market-oriented principles in the "post-poverty alleviation" era, strengthen the in-depth research on poverty alleviation projects, enhance the publicization of central SOEs' practices and achievements in the poverty alleviation in the "three regions and three prefectures," and make their contributions to the success of the fight against poverty.

Keywords: Central State-owned Enterprises; Social Poverty Alleviation; Three Regions and Three Prefectures; Market-oriented Poverty Alleviation

B. 12 The Practice and Enlightenment of the Dulong Nationality in Realizing its "Overall Poverty Alleviation"

Nong Huifeng, *Lu Peng* / 244

Abstract: General secretary Xi Jinping has given high hopes for the Dulong nationality's overall poverty alleviation. Through great efforts, the Dulong nationality have made eight major achievements in poverty alleviation, including breakthroughs in targeted poverty alleviation, improvements in infrastructure, development in ecological construction, improvement in human settlements, changes in market towns, advances in characteristic industries, improvements in social undertakings, and improvement in their quality and capability. However, there are still formidable tasks to improve the effectiveness of poverty alleviation, such as weak infrastructure, mountainous terrain that still restricts the economic structure and traditional concepts that still restrict the quality of farmers. Here we can gain three enlightenments: The first is that we should uphold the mission of "not a single minority" . Second, we need to strengthen our responsibility for poverty alleviation and uphold the concept of "no pains, no gains" of multiple inputs. The third is that poverty alleviation of Ethnic Minorities can't be don't without cadres' great efforts and responsibility.

Keywords: Dulong; Overall Poverty Alleviation; Poverty

皮书

智库报告的主要形式
同一主题智库报告的聚合

❧ 皮书定义 ❧

皮书是对中国与世界发展状况和热点问题进行年度监测，以专业的角度、专家的视野和实证研究方法，针对某一领域或区域现状与发展态势展开分析和预测，具备前沿性、原创性、实证性、连续性、时效性等特点的公开出版物，由一系列权威研究报告组成。

❧ 皮书作者 ❧

皮书系列报告作者以国内外一流研究机构、知名高校等重点智库的研究人员为主，多为相关领域一流专家学者，他们的观点代表了当下学界对中国与世界的现实和未来最高水平的解读与分析。截至 2020 年，皮书研创机构有近千家，报告作者累计超过 7 万人。

❧ 皮书荣誉 ❧

皮书系列已成为社会科学文献出版社的著名图书品牌和中国社会科学院的知名学术品牌。2016 年皮书系列正式列入“十三五”国家重点出版规划项目；2013~2020 年，重点皮书列入中国社会科学院承担的国家哲学社会科学创新工程项目。

中国皮书网

（网址：www.pishu.cn）

发布皮书研创资讯，传播皮书精彩内容
引领皮书出版潮流，打造皮书服务平台

栏目设置

◆ **关于皮书**

何谓皮书、皮书分类、皮书大事记、
皮书荣誉、皮书出版第一人、皮书编辑部

◆ **最新资讯**

通知公告、新闻动态、媒体聚焦、
网站专题、视频直播、下载专区

◆ **皮书研创**

皮书规范、皮书选题、皮书出版、
皮书研究、研创团队

◆ **皮书评奖评价**

指标体系、皮书评价、皮书评奖

◆ **互动专区**

皮书说、社科数托邦、皮书微博、留言板

所获荣誉

◆ 2008 年、2011 年、2014 年，中国皮书网均在全国新闻出版业网站荣誉评选中获得“最具商业价值网站”称号；

◆ 2012 年，获得“出版业网站百强”称号。

网库合一

2014年，中国皮书网与皮书数据库端口合一，实现资源共享。

S 基本子库
UB DATABASE

中国社会发展数据库（下设 12 个子库）

整合国内外中国社会发展研究成果，汇聚独家统计数据、深度分析报告，涉及社会、人口、政治、教育、法律等 12 个领域，为了解中国社会发展动态、跟踪社会核心热点、分析社会发展趋势提供一站式资源搜索和数据服务。

中国经济发展数据库（下设 12 个子库）

围绕国内外中国经济发展主题研究报告、学术资讯、基础数据等资料构建，内容涵盖宏观经济、农业经济、工业经济、产业经济等 12 个重点经济领域，为实时掌控经济运行态势、把握经济发展规律、洞察经济形势、进行经济决策提供参考和依据。

中国行业发展数据库（下设 17 个子库）

以中国国民经济行业分类为依据，覆盖金融业、旅游、医疗卫生、交通运输、能源矿产等 100 多个行业，跟踪分析国民经济相关行业市场运行状况和政策导向，汇集行业发展前沿资讯，为投资、从业及各种经济决策提供理论基础和实践指导。

中国区域发展数据库（下设 6 个子库）

对中国特定区域内的经济、社会、文化等领域现状与发展情况进行深度分析和预测，研究层级至县及县以下行政区，涉及地区、区域经济体、城市、农村等不同维度，为地方经济社会宏观态势研究、发展经验研究、案例分析提供数据服务。

中国文化传媒数据库（下设 18 个子库）

汇聚文化传媒领域专家观点、热点资讯，梳理国内外中国文化发展相关学术研究成果、一手统计数据，涵盖文化产业、新闻传播、电影娱乐、文学艺术、群众文化等 18 个重点研究领域。为文化传媒研究提供相关数据、研究报告和综合分析服务。

世界经济与国际关系数据库（下设 6 个子库）

立足“皮书系列”世界经济、国际关系相关学术资源，整合世界经济、国际政治、世界文化与科技、全球性问题、国际组织与国际法、区域研究 6 大领域研究成果，为世界经济与国际关系研究提供全方位数据分析，为决策和形势研判提供参考。

法律声明

"皮书系列"（含蓝皮书、绿皮书、黄皮书）之品牌由社会科学文献出版社最早使用并持续至今，现已被中国图书市场所熟知。"皮书系列"的相关商标已在中华人民共和国国家工商行政管理总局商标局注册，如LOGO（ ）、皮书、Pishu、经济蓝皮书、社会蓝皮书等。"皮书系列"图书的注册商标专用权及封面设计、版式设计的著作权均为社会科学文献出版社所有。未经社会科学文献出版社书面授权许可，任何使用与"皮书系列"图书注册商标、封面设计、版式设计相同或者近似的文字、图形或其组合的行为均系侵权行为。

经作者授权，本书的专有出版权及信息网络传播权等为社会科学文献出版社享有。未经社会科学文献出版社书面授权许可，任何就本书内容的复制、发行或以数字形式进行网络传播的行为均系侵权行为。

社会科学文献出版社将通过法律途径追究上述侵权行为的法律责任，维护自身合法权益。

欢迎社会各界人士对侵犯社会科学文献出版社上述权利的侵权行为进行举报。电话：010-59367121，电子邮箱：fawubu@ssap.cn。

社会科学文献出版社